生活文化史選書

日本食と出汁

―ご馳走の文化史―

松本仲子　著

はじめに

近年は日本の料理が世界的に受容されるようになり、その要因のひとつが、世界一の長寿をもたらした健康的な食事であるとして、「一汁三菜」の語が一般に広がっていった。そして、二〇一三年に和食がユネスコの無形世界文化遺産に登録されると、食物のあれこれを教えることを長年の生業としながら、日本人の食事について、まともに考えることをしてこなかったことに気づかされた。米を主食とし、気候の変化に伴う多様な食材が副食に用いられてきたこと、もっとも宗教の関係から獣肉食が忌避されることはあったが、そうした中にあって四季の移ろいを楽しむ情緒が育まれ、素材の味わいを活かす調理技術や器が発達してきたこと、日常的に和中洋折衷の料理が食卓に並ぶなどのことが日本人の食事であろうかと、ひとまず頭に浮かぶ。しかしその食事が成り立ってきた経過の道筋については殆ど知らずにきた。

実際、食事の計画をたてる演習では「一汁三菜で」と、条件をつけ、料理の配膳は「ご飯は左、汁は右」と、深く考えることもなく教科書のままに伝えてきた。献立を立てることは、外目には簡単にみえるが、案外と厄介な作業で、その際の手立てとして役立つのが「一汁三菜」である。汁と主菜、副菜、副々菜の三菜を組み合わせれば栄養的には満たされるが、喫食者の嗜好、買物・調理時間、台所設備・手間、経済などの条件を満たしながら一日三回の献立を「一汁三菜」で整えるとなるとかなり難しく、加えて日ごとの変化も要求される。実生活は理想とおりにはいかず、食事調査の記録をみると、必ずしも「一汁三菜」ではないことが多く、その乖離は大きい。では、日本の基本の食事とされる「一汁三菜」は、どこから来たのであろうかと、これを機に考察をすすめてみると、辿りついたのは次のようなことであった。

「一汁三菜」は、これに香物が加わった「一汁三菜香物」がもとの形で、本膳の形式が成立したころから、非日常のハレの日の饗宴の基本であった。もっとも、料理の数は別として、「汁と菜と香の物」の組み合わせは、長く日本人の食事形態であったが、戦後に高度の経済成長を遂げて豊かになると、主食のご飯の摂取量が激減し、加えて減塩をめざす栄養的指導もあって、「香物」が姿を消してゆき、その結果「一汁三菜」が現在の食事の基本とされるようになったのである。また、豊かさによって、ハレの日の御馳走とされてきた食事が日常のケの日になったことも付け加えておく必要があるだろう。

本書では、第一部「日本の食事のかたち」として、おめでたい時の食事と日常の食事の変遷をまとめた「ハレの日の食事」、「ケの献立。日本人の日常の食事」。日本食のベースとしてある出汁についてを文献を紐解き、どのように鰹、昆布などの出汁が親しまれるようになったかを見る第二部「料理書にみる出汁の変遷」。また香物についてをコラムとしてまとめた。

現在の日本人は、食品の多くを輸入に頼る危うさは知りながら、あえて深く意識することはせずに殆どの人が豊かな食事を享受している。

富裕者は天然や一本釣りの鰤、庶民は養殖や冷凍の鰤を購入する違いはあるが、塩焼きやあら炊きなどに調理すると、天然と養殖の違いを間違いなく指摘出来る程の味わいの差はない。また、年中いつも白いご飯や、望めば卵かけご飯でも、にぎり寿司でも、食べることができ、毎日がお祭りのご馳走で、ハレとケの区別がなくなっている。格差社会が問題にされながらも、食べものに関しての較差は他に比べると小さいといってよい。

「ハレの食事」と「ケの食事」の区別がなくなったのは遠い昔のことではないにもかかわらず、その違いの大きさは、今では想像もつかないほどであった。しかも、ハレの日は年間を通して多くとも数十日に過ぎないから、日本人の食事という視点から捉えるには、日常の食事を対象とするのが当然のことだろう。ハレとケの食事をそれぞれ別途に辿っていく前に、両食事の違いの大きさを知っておくのは無駄なことではない。日常のありふれたこと故か、ケの食事の資料は少なく、綿密に考察を進めることは難しいが、信頼できる資料を繋げることで、献立構成の変化の大略を追跡してみることにした。

ハレとケの食事の相違については文献上で比較することもできるが、私自身が子供の頃にその違いを実体験したので、ここに書き残しておきたいと思う。

昭和二十二年四月から三年間、当時の地名では、大分県北海部郡四浦村落ノ浦。半農半漁の小さい村落で暮らした。九州の東岸は、丸っこい国東半島の南に大きくくびれた別府湾を抱き、それを過ぎて南に下ると、豊後水道に面して狭長の半島が数本とげのように突き出ている。地図を見る限りでは、人が住んでいるとは思えないその半島の一つに、幾つかの集落を点在させて村は存在していた。

厳しいリアス式の半島は山地が海岸にせまって、自動車はおろか自転車ですらも全ての集落を結ぶことが出来る平たん地はなかった。交通といえば、村中は徒《かち》、特別の買物と云えば大分県臼杵市と津久見市の二市を一日一往復するポンポン船に頼るのみであった。生業は豊後水道を前にした漁業で、今では関アジ、関サバと呼んで珍重される高値のサバとアジが豊富に獲れ、それに、だしじゃこの熬子《いりこ》を加えて主な現金収入としていた。

地勢の関係で耕地が狭く、特に水田が少ないために米は買わねばならなかった。絵にかいたような段々畑に自家のための麦とサツマイモ、傍らにおかずのための野菜を植えた。たんぱく質源はアジやサバを生魚で食べるほか塩魚、干物に加工し、ほかには商品にならない雑魚で充分だった。海産物としては、これに海藻が加わる。

麦は裸麦で、唐臼でついて精麦する。サツマイモは秋に収穫すると、生芋のまま、あるいは芋の粉にして保存した。生芋は畑に穴を掘って囲い、翌年の初夏まで保存する。芋の粉は、生芋を五㎜厚さに切り、むしろに並べ

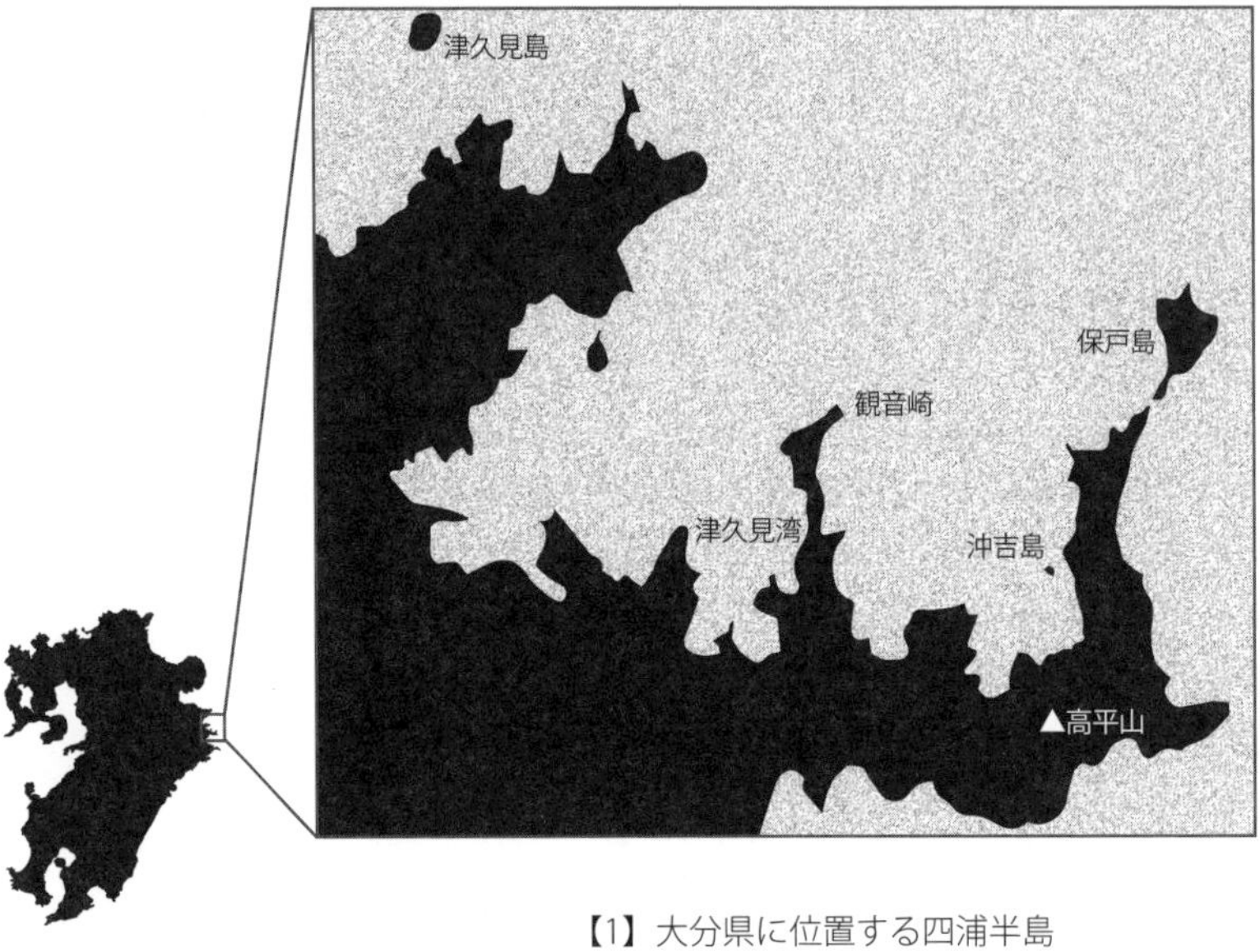

【1】大分県に位置する四浦半島

て素干しにし、乾くと唐臼でついて粉にした。

麦とサツマイモが毎日の主食で、米ばかりのご飯を食べるのは、正月や盂蘭盆会、年に五、六回の祭りの日のみで、一年のうち十日余りに過ぎなかった。正月の準備で最も重要なことは、食べ物と燃料を確保することが家長の責任であり、おかずは何であれ、家族はお腹いっぱいに食べられる米のご飯を期待した。

普段の日は、朝、昼、夕食の他に、二回の小昼《こびる》を合わせて一日五回の食事であった。小昼は十時、三時頃の食事で、一般にはおやつの時間だが、働き手にとっては、おやつと言う軽食ではなく、ほぼ一回の食事で小昼といった。主食は、朝昼夕の三食は裸麦の麦飯、小昼はサツマイモで、秋から冬にかけては生鮮の芋、春から夏の間はサツマイモ粉である。おかずは、主菜が、アジかサバの塩焼きや煮付け、商品にならない雑魚をすり流しやかまぼこにした。菜のものは、ふだん草やだいこんなどを汁や煮物、沢庵漬けなどにし、これに自宅での食事には味噌汁がつく。

麦は胃内の滞留時間が長いために満腹感が持続し、

空腹感の減少効果がある。現在では、食物繊維の摂取を目的に、米に僅かの麦を加えるのみだが、それでも美味しさを優先して、麦食へ切り替える人は多くはいない。

当時の麦飯は、ほとんど麦だけに近いものだった。釜に四升の水、麦一升と僅かの米を入れ、煮立つまではじめは強火、沸騰してきたら二時間ほど弱火で炊く。炊き上がると蓋を取り、しゃもじで釜内を掻き混ぜる。掻き混ぜて麦粒をこわし、中のでんぷんを押し出して、ぽろぽろする麦飯に粘り気をもたせ、食べやすくしたものである。

麦飯以外では、生のサツマイモは蒸して主食にした。時には、こねた小麦粉に賽ノ目に切った生芋を加えて蒸す石垣餅にすることもあった。

芋の粉は水で耳たぶよりは少し硬めにこねて両の手につかみ取り、握りながら指跡を残した細長の形に整えて蒸した。ツヤ光する芋の粉の団子は、ういろうのような口当たりで、生芋の切れる間に食したものだ。

十六世紀に南蛮船によってもたらされたサツマイモは、寛政元（一七八九）年には、甘藷の料理を百種集めた『甘藷百珍』が発刊されるほどに普及した。江戸後期には、九州、瀬戸内など温暖で乾燥した地域は稲作には難しいものの、甘藷と言われたサツマイモの栽培に適しているところから、主食として食べるようになった。

ハレの日は、白飯、赤飯、またはちらしずしなどの米食が食卓に上がった。これにかまぼこや卵、船便で届く肉製品の類など、二、三日前から準備されて大皿や切溜《きりだめ》に色とりどりに盛り付けられて、特別な日にそれは賑やかな食卓となった。とりわけ印象深く覚えているのは、天神社の夏祭りに作られる酒饅頭だ。この地の薫り高い酒種が醸し出す酒饅頭は、非常に美味しいもので、未だに当時を思い出す味となっている。

このようにハレとケの食事は明らかに違いがあった。

ハレの日を待ちわびる気持ちには、段々畑に水や肥料を運び上げ続ける過酷な労働から解放されることにもまして、白米のご飯が食べられることにあったことも頷ける。年に十余日しか食べることが出来ない白米のおいしさは、格別なものだったのである。

米とサツマイモを栄養面からみてみる。

一日に必要な栄養量は熱量二千キロカロリー、たんぱく質は六十五gとすると八～九膳のごはんで二千キロカロリーと三十五gのたんぱく質が摂れる。

サツマイモの場合は、五～六本で二千キロカロリーとなるが、たんぱく質は十八gとなってしまう。サツマイモを主食にした場合、米の半分のたんぱく質を補う必要があるのだ。

日本人の主食を研究する小山・五島は、米の移入後に粟、稗、オオムギなどの雑穀が加わり、十六世紀にはサツマイモが導入されて、西日本の主食となったとし、さらに「サツマイモを多く生産している地域は、ひとしく海岸部にある」と指摘している。

米がとれず、サツマイモの生育に適した土壌、海岸部に位置する四浦村が麦食とサツマイモを主食にしつつも、豊富な魚介類を副食として、たんぱく質を補い栄養バランスを保っていた。自然に適した食生活だったのだ。

サツマイモは、ビタミンCが多く、一日の必要量を十分に満たす量を含んでいる、野菜不足を補う役も果たしていたのだ。

『都鄙安逸傳』天保四（一八三三）年序は、米の増量材として根菜や芋などを加える粮飯や粥、団子汁などの作り方や健康、経済的な効果、また地方の名物ご飯などを紹介する料理本である。

麦と甘藷を主食とする地方の状況について、

「当所にては米を焚て喰うは稀にして朝夕は此藷を食し昼一度は麦飯を食す。されば昼ならでは麦飯とてもなければ是をまいらするなり。此国々の田家にては皆如斯　薯はかりを朝夕食すれども各壮健なり。都会にてたまたま米価貴き時にあひ。わずかに麁食《そしょく》したりとも暫くの事なるべきに。つらや堪がたし抔いひて恨みかこつは。勿体なきことなり。右九州辺の人々の事を思ひやり都会の難有事をしり平日に倹約を守り玉ふべし」

と記している。

四浦村では、朝昼夕が麦飯で、そのあいだがサツマイモ食の違いはあるが、米を食べることは稀であったという事情は江戸時代と変わらず、この地の主食が、麦から白米のご飯へと替わるのは、信じがたいことだが、高度経済成長を遂げつつあった昭和三十九（一九六四）年の東京オリンピックのころだったと聞く。

日本中のだれもが、お腹いっぱいに白いご飯が食べられるようになったのは、まだ七十年ほど前に過ぎない。四浦村は、アジの漁獲高が激減し、漁業での生計が成り立たなくなってきた。また高度成長期の日本列島改造の一端であるトンネル掘削工事に従事するため、村を後にする者が多くなった。

トンネルが通り、村へバスが走り得る道路が作られて、確かに便利にはなった。

が、トンネル掘削工事に従事した人々は、塵肺を患い、帰郷するなり若くして亡くなった人も少なくなかった。

その後、村は津久見市に合併され、現在の四浦半島は、海の自然公園として観光地へと変容しているが、村の中心部落であった落ノ浦には、高校生以下の子供は一人もいず、小学生と中学生が共同で使用していた三階建の鉄筋の校舎は、使われることなく潮風にさらされている。

目次

「ハレ」の日の食事

食事を共にすることは、武士にあっては主従関係、農民にあっては村民の結びつき、一般の人も、人と人との関係を和やかに保つために欠かせないもので、ハレの日には饗膳を囲むのが常である。饗宴の形は社会の体制や文化を背景に変化し、古代には貴族の大饗、中世には武士の本膳と茶の湯に伴う懐石、近世には会席の形式が整って現在に至る。「一汁三菜」は本膳形式の基本の献立であり、日本人の食事は、献立をはじめ配膳、作法などにわたって本膳の形式を規範としてきた。本膳形式を中心に、饗宴の変化のあとを辿ってみる。

そもそも「ハレ」とは

ハレとは、はれがましいこと、正式なこと、非日常的なことである。

農耕民族である日本人が最も大切としてきた非日常的な食事は稲作に関わる宴であろう。

山から田の神を田んぼに迎えて稲の生育の無事を願い、収穫の後には豊かな稔りを感謝して山へお送りする。

神への願いや感謝に供え物をして、そのお下がりを皆でいただく直会《なおらい》は、いまも残る風習である。

直会と云えば畏《かしこ》まった宴と考えてしまうが、実は、神と人が共に楽しむものであり、神に楽しんでいただくために、神饌を供え、酒を汲みかわし神楽を舞い納める。今では、歳の神を迎える正月が国民こぞっての行事で、餅をついてお節料理を準備し、氏神に詣でる。また、仏教の行事として先祖の霊を迎えて、供え物をし、盆踊りの輪に加わる。

饗宴についての古い記録としては、朝廷や貴族では節会や大臣大饗など年中行事や政務の儀礼的なものが多く残され、庶民の記録は数少ないが春の祭田や秋の収穫祭など農耕儀礼の後に供される酒食の記録をみることが出来る。近世にはいると町人の花見の会や料理茶屋、遊里など酒食を伴う人の集いが盛んになっていく。

酒食をともにすることは武士にあっては主従関係、農民にあっては村民の結びつき、また一般でも人と人の円滑な関係を保つために欠かせないものである。

目的はさまざまだが、いずれの饗宴においても一定の時間の中で酒食が進行するわけで、その過程が饗宴のかたちとしてほぼ整ったのは、公家では平安時代、武家では公家の行為を組み入れつつ室町時代に本膳形式という形で成立した。また、江戸時代には、それに茶席での懐石の形式などの要素を取り込みながら会席の形式が生じ、現在に至っている。

現在、宴会といえば、宮中の晩餐会から年忘れや暑気払い、結婚式や法事なども含む飲食を伴う会合などがある。宮中のことはさておいて、庶民が日頃経験する宴会にしても、着席や立食の別があり、和中洋折衷の料理が出されるのも普通になった。もとは神への祈願・感謝のための宴であった発生の意味は次第に忘れられ、その後は人同士が楽しむ宴会として展開し、宴会がどのように行われているのかについては詮索することなく無意識のうちにその場を楽しくやり過ごしている。

宴会の流れを簡単にいえば、西洋料理の場合は乾杯にはじまって、パンを食べつつ、ワインを飲みつつ、前菜―魚料理―肉料理を楽しみデザートでおえるというように凡その見当がつくが、自国のことながら、結婚式の披露宴などでは、本日は日本料理でのもてなしとはいっても、ステーキやサラダも顔をのぞかせ、デザートにはアイスクリームやゼリーが出されたりして、お箸やナイフ・フォークを忙しく取り換えながら酒や料理を飲み食いし、ほとんど無秩序のように思える。

しかし、本膳の様式に則って催された日本のかつての饗宴や茶事での食事は、酒宴に移る前のものであり、その時の食事が「一汁三菜香物」を基本とする献立として供されていたのである。

日本の饗宴のかたち

高い階層の饗応

饗応とひと口にいっても、公的か、私的か、目的は何かなど、条件には限りがない。

高い階層の宴会としては、古くは天皇や大臣が特別の日に催す大饗《だいきょう》、武家社会になって御家人が将軍を招く御成《おなり》などがある。大饗は、本膳の形式以前のことで本書の目的からは少し外れるが、参考までに、藤原忠道が左大臣に任じられた時に催された平安期の大臣大饗をみておくことにしたい。そのあとで、三好義興が足利義輝を自宅に招いた室町期の御成の饗宴をみることにする。

《**大饗**》

大臣大饗は、平安期、宮中又は大臣家で行われた饗宴で、正月に行われる「大饗」、大臣に任官したときに行われる「任大臣大饗」がある。

【2】は、永久四年に藤原忠道が左大臣に任じられた時に催された任大臣大饗の献立である。身分によって料理の数が異なり、左は向かい合う形で二人分、右は正客一人分の献立である。正客は生物・干物二十種に唐菓子・木菓子八種をあわせた二十八種、三位以上の公卿はそれが十四種と六種を合わせた二十種、従五位では十二種の料理数という。同じ宴会に出席しながら、身分によって料理数に差があるなどということは、今では考えもつかないことである。また、殿上人は殿上で、地下は庭上で振舞を受けるという違いもあった。

ついでに、この図から平安時代の饗膳の様子を垣間見ると、ご飯の右に酢、酒、醤の三枚と空の皿を加えて四枚が並んでいる。空の皿はおそらく塩であろう。調味料を入れた四枚の皿のことを四種器《ししゅき》と言う。加熱しながら味付けする煮物は後の調理法である。また、箸と匙が並んでいるのは、当時の貴族は大陸への憧れが強く、食卓や食具などは中国に倣うなど、大陸の影響が色濃いからとされる。因みに、日本人の箸の使用については、奈良時代には宮殿跡の遺跡から発掘されるにすぎないが、平安時代になると都全体から出土するようになり、日本人が箸を使うことが普通になったことを示している。

《**御成**》

御成《おなり》とは、本来は身分の高い人が出かけることをいう尊敬語であるが、室町時代のころには、将軍などが家臣を訪ねることを意味するようになった。御成が行われた当初の本意は、その時々の権力者の権威を誇示するためのものであったが、次第に性格が変化して遊興的な色彩が強くなっていったとされ、前者の御成りを特に「式正」の御成とい

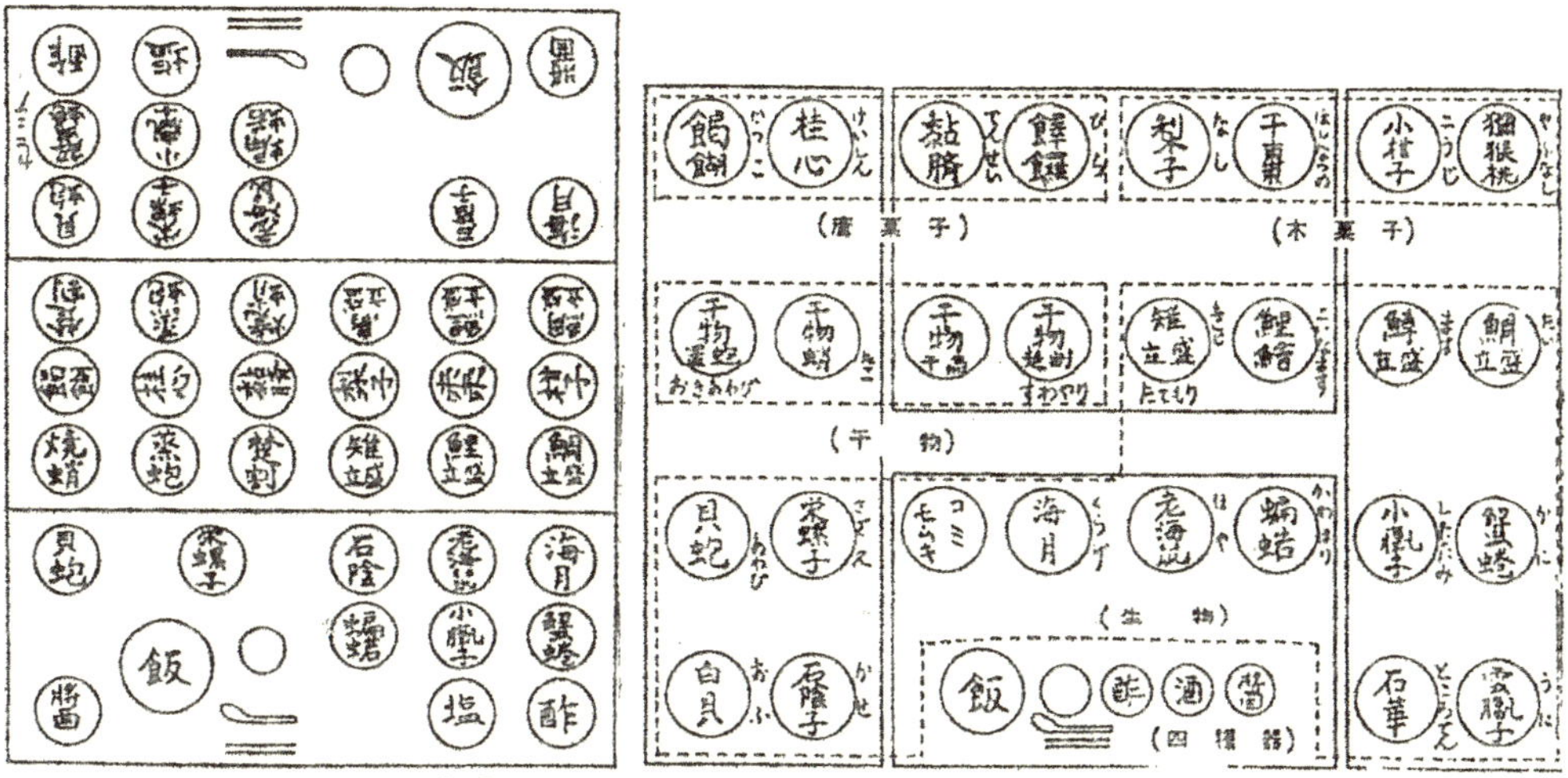

【2】大臣大饗の献立永久4（1116）年『類聚雑要抄』

式三献。御手掛。
初献……鳥《亀足》① 亀ノ甲 雑煮
二献……熨斗《スルメ》 角蓋《ツベタ》② 鯛
三献……鱠 蛸 醤熬《ヒシホイリ》③
本膳……御湯漬 塩引 和雑《アヘマセ》④ 焼物 桶 蒲鉾《カマホコ》 フクメ⑤ 香物
二膳……鯛汁 集汁⑥ 蛸 カラスミ《辛塩（辛螺・ニシ）》 海月 海老
三膳……コサシ⑦ カサメ《擁劒》 鵠鳥 鯉
四献……酒ヒテ⑨ 貝鮑 ヲチン⑩ 鯨
五献……鮨 鶉 鯏《ソク》 鯒《コチ》
六献……鯛《ハム》 赤貝《魁蛤》 鱏《エイ》
七献……クマヒキ《熊引》⑪ 鴫 鮒
御菓子……コンニャク亀足《キソク》 麩 胡桃《クルミ》 打栗《キソク》《搗》⑫
薯蕷 苔 結花《昆布》 串柿《カラ花》
四献……麦 御ソイモノ⑬ 橘焼⑭
五献……ヲチン 鯛 芋籠《イモゴミ》⑮
六献……饅頭 御ソイモノ《押物》 龍刺《レウサシ》
七献……鯛 青鱠 鱏
八献……三方膳⑯ 御ソイモノ 魴《マナカツホ》
九献……鱏 鮓 鯆《イルカ》
十献……羊羹 御ソイモノ 赤貝
十一献……鯛《ゴンギリ》⑰ 海蠃《バイ》 桜熬《イリ》⑱
十二献……キヨカン《魚羹》⑲ 御ソイモノ鰤ノ指躬《サシミ》
十三献……削物 酒涵《サカビタシ》 ウケ熬《浮》⑳
十四献……巻魚 栄螺 鯨
十五献……クマビキ《熊引》 海月 鮍
十六献……鵯 鯛子 鳬《カモ》
十七献……加良須美《カラスミ》 蛤 鮬《セイコ》

【3-1】『三好邸御成記　御献立』永禄4（1561）年より作成。
「膳＝食事」、「献＝酒宴」と見渡すと、一連の流れを窺い知れる。

①**亀足**：持って食べれるように紙に巻くこと。②**ツベタ**：つべた貝。③**醤熬（煎）**：魚肉の醤を摺りいれた汁で山芋などを煮る料理。④**和雑**：和え物。⑤**フクメ**：鯛や鱈の干物を炙って叩き繊維をほぐしたもの。⑥**集汁**：魚のつみれなどに、いろいろな具材（主に野菜）を取り合わせた汁。⑦**こさし（小指）**：小ぶりの串物。⑧**カサメ**：（カザメともいう魚の名）。⑨**酒涵（酒浸）**：生又はひと塩の魚のつくり身を酒に浸しておく料理。⑩**ヲチン**：魚の子。⑪**熊引**：シイラの別名。⑫**打栗**：勝栗を蒸して砂糖を加え叩いて砕いた菓子。⑬**ソイモノ（添物）**：吸物。⑭**橘焼**：魚のすり身を丸め、クチナシで色づけし味噌で煮たもの。⑮**芋籠**：小麦粉にすりおろした山芋を加えて丸め、垂味噌で煮たもの。⑯**三方膳**：三色の羹を杉盛りしたもの。⑰**ごんぎり**：鱧を素乾したもの。⑱**桜熬（煎）**：蛸の足を切り出し、醤油で煮たもの。⑲**魚羹**：魚と野菜を煮たもの。⑳**ウケ熬（煎）**：つみいれと同じ。魚の摺身に卵白などを摺り交ぜ、つまみとって汁に入れて煮たもの。

い、家臣にとっては将軍の御成を仰ぐというのは大変名誉なことであった。御成がきまると御成門を構築したり御成座敷を設えるなど建屋にも手を入れることからはじまる大がかりなもので、膳や器にも金箔を施し、饗宴の仕度も含めるとその出費は大変なものであった。尤も、伊勢貞丈は「式正の膳は白木にて飯も汁も菜も皆かはらけに盛るなり土器は浅くて食物多く入らさるゆへ高く盛るなり」という。白木の膳も土器も、度毎に新調するもので、費用がかかることには変わりない。また、後述の【4—1】（24頁）の配膳図にみられるように、ご飯や菜を高く盛り上げるのは、土器は浅くて多く盛れないからと説明している。

「式正」の御成は、まず、儀式的な式三献《しきさんこん》、賜物《たまわりもの》の拝領・献物《けんもつ》の献上が行われる。儀式を終えると席をかえて食事をとり、能楽などを楽しみながら盛大な酒宴をはるという大がかりなものである。

【3—1】で紹介した『三好邸御成記』は、摂津、河内、大和の畿内から讃岐、阿波などまでを支配下におく大大名の三好義興が足利義輝を自宅に招いた式正の御成の記録である。以下に述べる御成の次第については今谷明氏の研究の成果を参考にさせていただいた。

この日、式三献は奥四間の座敷で行われ、盃事を終えると、義興は銘刀七腰と銘馬を献上した。ここで西向九間の部屋に席を移して食事、酒宴がはじまる。先ず、一、二、三献と軽く酒を酌み交わし、ご飯の代わりである湯漬けを載せた本膳、二膳、三膳……七膳が並ぶ食事である。次いで九種の菓子が供される。記録によれば、ここで公方様も亭主も別室で休息したと記されている。

一休みして、いよいよ酒盛りとなり四〜十七献が続く。この間、前庭に設けた舞台では、式三番に始まって、老松、熊野、猩々など十四番のお能が演じられた豪華な宴会である。ここに示す献立は、足利義輝と相伴衆と亭主側をあわせた八人分で、このほか客人の従者や亭主の家来達の振舞として湯漬二百膳、菓子、酒肴七献も準備され、さぞかし、出費は莫大であったろう。

ところで、式正の御成で重要なのが冒頭の式三献である。格式が高い饗宴で行われる儀式で、主人と客が酒を介して主従関係の確認をするためのものであった。宴に移るとまず前酒から。ここでは、初献には雑煮、二献にはのし鮑、三献には鯣などの肴が据えられている。

【3―2】は、『當流改正節用料理大全』に示された式三献の道具と飾りの挿絵である。

『三好邸御成記』の式三献にみる手掛、二重、瓶子、置鳥、置鯛などが描かれている。御手掛《おてかけ》とは、喰積とも云い、一般には、正月に年賀の客に出す取肴で、蓬莱台や三方《さんぼう》に勝栗、熨鮑《のしあわび》、昆布、干柿などを取り揃えるものである。

『御成記』では、魚肉を乾燥して薄く削って食べる削物五種となっているが、この図では、巻きするめ　焼小鳥　串鮑　蒲鉾　串海鼠　結熨斗の削り物がえがかれている。二重とは菓子を置く台。置鳥や置鯛が、この図では置鳥は雉、置鯛は鯉になっている。

『茶之湯献立指南』では、式三献の肴や飾り付けなどの具体的な例がみられる。【3―3】に添えた説明では、一番の肴は、きざみあらめ、くらげを高盛り、塩、酒、二番の肴はそり鮒、三番の肴はうちみ鯉を高盛にしている。初献の膳に箸や調味料が添えてあるが、実際に箸をつけたか否かは不明である。『食物服用之巻』では、初献、二献、三献の膳を示しながら、「式三献はいづれもくはざるもの也　はしをもいろはず」と記している。食べるものでなく、箸にも触れないというのである。しかし、他には箸についての記述はみられず、実際のことはわからない。『当流料理献立抄』（刊年不記）に、「夫料理は日本神代のむかし保食神《うけもちのかみ》より始り…今の世にくわしく成たるは将軍義満公の時　今川氏頼礼法を定められしより事委細《くわしく》なりたるとかや」とあり、このような決まりごとが定まったのは、義満のころからという。

式三献、初献など、献の字が盛んに出てきたところで、「献」について、すこし触れておくと、一献というのは、摂関家、将軍などの酒には肴を添えるのが通例で、肴に酒を組み合わせた形をいう。伊勢貞丈は『秋草』安永六年写において

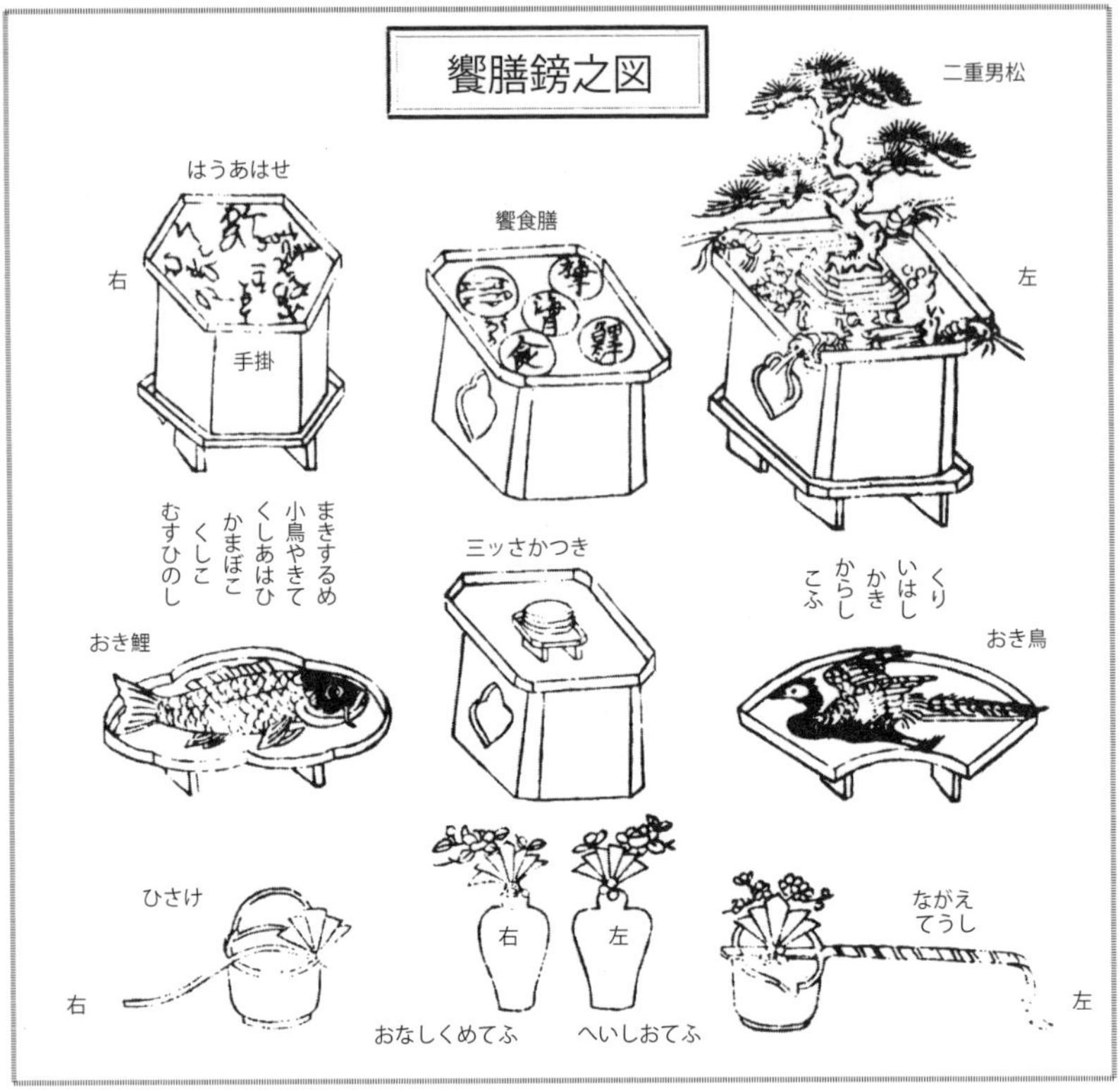

【3-2】 饗膳鎊之図『當流改正節用料理大全』 正徳 4（1714）年
（『江戸時代料理本集成』臨川書店 1980 年）

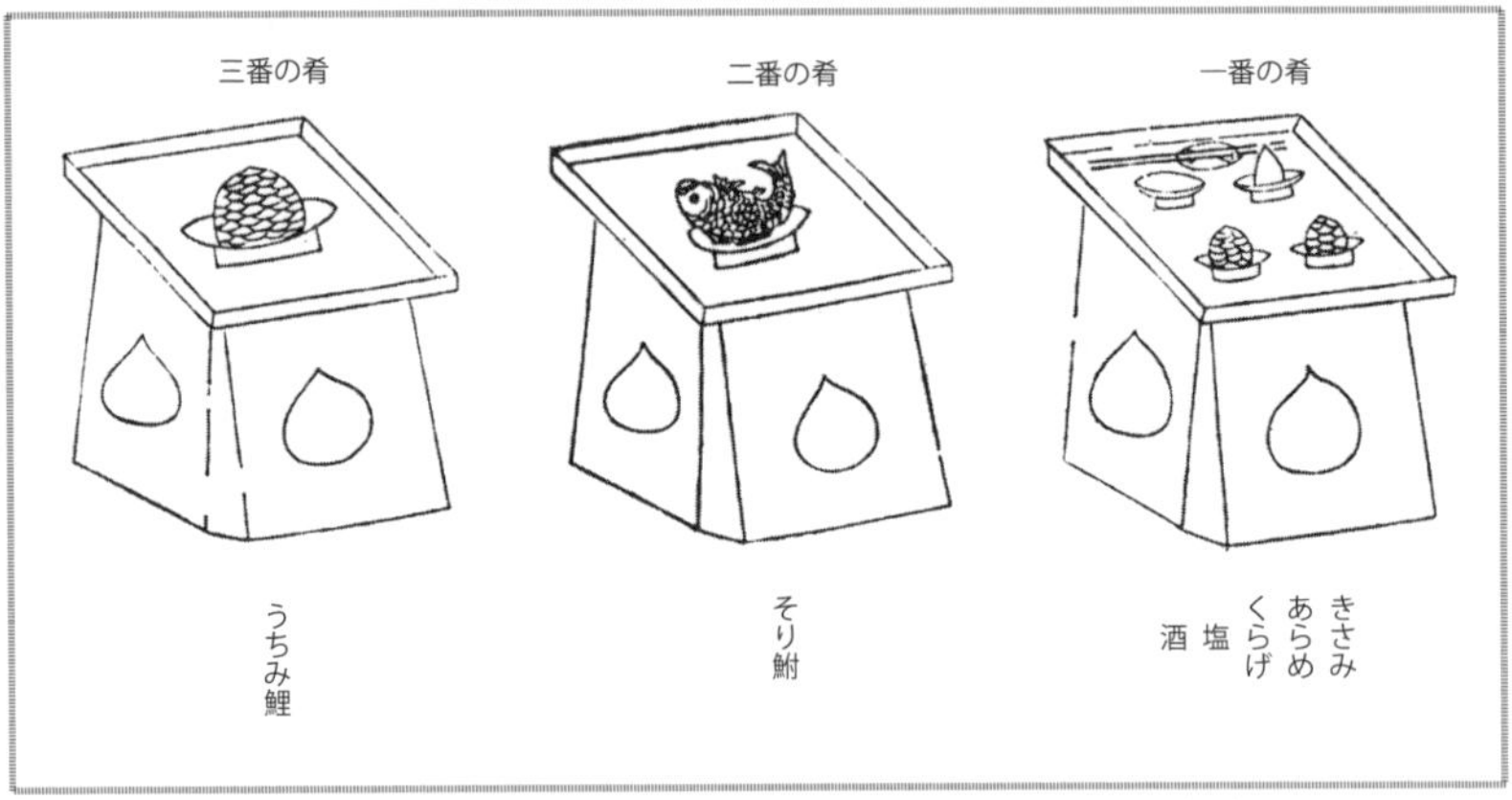

【3-3】 式三献の図 『茶之湯献立指南』元禄 9（1696）年
（『江戸時代料理本集成』臨川書店 1980 年）

献数の事　一献といふは何にても肴すい物も肴なりを出し　盃てうしひさけ銚子に付て出る也を出し候て三度三盃の事也すすめて其肴膳もとり
盃もてうしも入る是一献也　次に又さかなを出し　盃銚子を出し三度すすめて　肴も盃も銚子も入る是二献なり
幾献勧むるも皆同じ事なり

また、

今世　一盃《はい》二盃の事を一献にこんといふ人あり　誤りなり

としている。肴を一品出して、盃と銚子を持ち出し、三度酒を勧めるのが一献で、一品の肴ごとに区切りをつける飲み方をいうとしている。何時のころからか使われなくなった慣用句だが、訪ねてきた男性客に「一献いかがですか」と声をかけて、するめや塩辛など簡単な肴と少量の酒をすすめることがあった。

肴《な》は動物性食品のおかず、菜《な》は植物性食品のおかずというのが本来の意味だが、実際には肴《さかな》といえば酒に添える料理、菜《さい》といえばご飯に添える料理という意味に使われている。

献立については、もとは酒宴での肴の組み合わせを云ったのであろうが、現在では、食事を構成する料理の種類や組み合わせ、順序などをいうようになっている。ついでながら、式三献は、盃三枚と銚子を組にした酒と肴の組み合わせが三回供される。「盃三枚×三献＝九回」で、現在の三三九度の盃は「式三献」の名残りである。

饗宴の進行

室町時代以後、武家の礼法が定まるにしたがって宴会の形も整ってきたが、この宴会においてとる食事の形式を本膳形式といい、以後、日本の食事様式の基礎となる。日本の饗宴はこの本膳形式による食事と酒宴を基礎として変化してきた。では、日本の饗宴はどのように進められるものであったろうか、また、現在ではそれがどのように変わってきているのであろうか。現在の宴会を理解するにしても、日本の饗応の元の形を知っておくと解りやすい。

式三献を行う特別な場合と式三献を行わない一般の場合とに分けて、宴会の基本的な進めかたをまとめてみるとつぎのようである。

式正の御成では「式三献─前酒─食事─中酒─茶」の順に進み、式三献を行わない一般の場合は「前酒─食事─中酒─茶」の順を追うことが多い。つまり、「酒─飯─酒─茶」の順が基本で、食事をしっかりとってから酒宴へと移るわけで、食事の役割も大きく、この飯のコースの食事が本膳の形式で供される。飯のコース後の酒盛りを中酒という。式三献が行われる場合も、席を移しての宴会では、二、三献軽く前酒をとってから食事へと移る例が多い。『三好邸御成記』でも、式三献のあと前酒を三献汲みかわしたあとで食事、菓子、酒宴と展開している。しかし、多くの例をみると、必ずしも、決まった順を踏むとは限らない。

現在、日本の宴会は乾杯ではじまり、そのまま酒盛りに移り、酒盛りが終わったところでご飯・味噌汁・香物が出され、果物で締めくくるのが一般的である。飯のコースと酒のコースが逆転しているが、乾杯はさしずめ挨拶の前酒と考えられよう。本来の日本の饗宴は、まずご飯を食べてからお酒を楽しみ、お茶で締めくくるものであった。

本膳について

《食事形式の種類》

本膳という語は、一つには日本料理の膳立てで、一番目の膳のことを本膳と云う。二番目を二の膳、三番目を三の膳というが、一番目の膳は一の膳とはいわず本膳という。二つには、本膳の形式に則って供される食事全般を指す。一般に、本膳料理ということが多いが、本膳の形式に則って供される食事の形式を指すのであって、本膳の形式でとる食事に限って出される特有の料理はないので、正しくは本膳の形式というほうがよいと考える。銘々が一つの膳を使い、ある決まりに従って食事する形式で、室町時代の頃に成立したとされる。

歴史書や料理本に見られる〇〇料理と称する言葉を拾ってみると、神饌料理、大饗料理、精進料理、南蛮料理、本膳料理、懐石料理、普茶料理、卓子《しっぽく》料理、会席料理などがある。〇〇料理といいながら、これには料理自体を指す場合と食事形式を指す場合とに分けられる。このうち料理自体を指すのは、精進料理（調理材料に動物性食品を使用しない料理）、南蛮料理（南蛮人によってもたらされた料理で、いまだ決定的ではないが、てんぷらがある）、普茶料理（精進の中国料理）、卓子料理（江戸時代にあっては中国料理、現在は長崎の郷土料理）で、大饗、本膳、懐石、会席は、そこで出される特定の料理はなく、供食の形式である。大饗は公家の、本膳は武家の宴の形式であり、懐石は茶の湯における食事の形式である。会席は懐石の要素を受け入れながら本膳形式も加味しつつ成立した江戸時代以降の宴会の形式である。

ここでは、本膳の形式を中心に説明を進めるので、一般に使われる本膳料理の語は避けて本膳形式と記すことにする。また、後出の懐石料理は懐石の形式、会席料理は会席の形式と呼ぶことにする。

《本膳の形式とは》

本膳には、基本として飯・汁・菜・香物が置かれるが、現在、「ご飯は左、汁は右」とする配膳の基本は、この本膳の形式に基づいており、本膳にて「飯は左、汁は右に置く」と定まっている。また、何汁何菜という呼び方も本膳での菜の数の数え方が元になっている。

「飯のコース↓酒のコース↓茶のコース」と進む饗宴において、しっかりと食事をしてから酒宴に臨む大切な飯のコースが、本膳の形式で供されるのである。しかし、ひと言に本膳の形式といっても、流派や年代による違いなどもあり、一定しないことも多く、正直なところ非常にわかりにくい。「ご飯は左　汁は右　と置き合わせ、膾は右向う、煮物は左向うに配膳するのが正しい」という一文に〝○×〟をつける試験問題があったが、多くの献立例をみると、ご飯は左、汁は右とする以外は一定の決まりなさそうで、食べやすさで配置すればよく〝○×〟はつけられないように思う。

《七五三の膳》

本膳の形式において、最も正式とされるのが、七五三の膳で、御成などはこの方式でとり行われるが、方式の解釈には緒説があり大きく二つの説に分かれる。

一つ目は「本膳に七菜、二膳に五菜、三膳に三菜を組付ける」とする説。

二つ目は「三は式三献のこと、五は五献のこと、七とは七膳まで出す」とする説。

故実家の伊勢貞丈は『四季草』（安永七（一七七八）年）において、「本膳に七菜、二膳に五菜、三膳に三菜を組付けることだ」とする人がいるが、それは間違いであるとしている。ポルトガルの宣教師ジョアン・ロドリゲスは『日本教会史』において「最も豪華な食卓は、七の膳の料理である。さらに荘重な七つの食台すなわち盆（膳）の宴会では三十二の料理がつき、その中に八つの汁が含まれ、その五つは魚のもの、一つは貝類のもの、二つは肉のもので、その肉の一つは宴会の主要な料理をなす鶴のものであり、その他すべての料理がそれに添えられる」として貞丈の説を支持している。すでに江戸時代において、食事の形式に関することは曖昧になっていることが推察される。文献から、それぞれの例をみてみよう。

■一つ目の説「本膳に七菜、二膳に五菜、三膳に三菜を組付ける」とする例

【4―1】七五三本膳の図は、本膳、二ノ膳、三ノ膳の膳組を示したものである。本膳は、手前中央の大きな盃《かはらけ》はご飯がわりの御湯漬、手前の塩かはらけは調味のための塩、耳かはらけは箸を載せる台で箸置である。時計回りに七菜をみて行くと、ふくめ、かまぼこ、かうの物、あへまぜ（うお、くり、しやうが、きんかん）、塩引、やき物、小桶で七菜になる。二の膳は、かさめ甲盛、海月、からすみ、たこ、こん切の五菜、三の膳は、鯉さし身、鴨羽盛、海老船盛の三菜である。これに向詰、菓子などがつくもので、最上階層の客の食事である。甲盛とは、蟹の甲に焼蟹を盛ったもの。こん切とは、干した鱧のこと。

次の階層には五五三の膳、その他には三の膳が出されるというように、階層によって、食事内容が異なる。②の五五三本膳も同様に数えると、菜の数が五、五、三になっている。

膳の上をみると、ご飯は杉盛りと断って高く盛り上げており、他の料理についても同様に高盛である。また、焼物は小角かい敷木そくと添え書きしている。小角は三寸四方の小さな折敷、かい敷は料理の下に敷くもので南天や笹などの葉、紙などが使われる。木そくは串に刺して焼いた魚や焼いた鳥の足などを、手で持って食べても手が汚れないように、紙に包むもので、端をひねった形が亀の足に似ていることから、亀足と書くことが多い。手間をかけて高盛したご飯や料理は冷めて食べにくく、見た目には立派でも、美味しいといえるものではなかっただろう。御汁の具は五種と多く、器が浅いところから察すると、汁気が多い煮物に近いものではなかったかと思われる。

■二つ目の説「三は式三献のこと、五は五献のこと、七とは七膳まで出すこと」とする例

【4―2】式三献については、一、二、三の膳組が示され、一膳に三枚の盃が置かれている。次は、本、二、三膳とありこれが前酒で、その後に七膳が続く。本膳に主食としての御湯漬がみえる。酒宴は五献のはずだからであろう、最

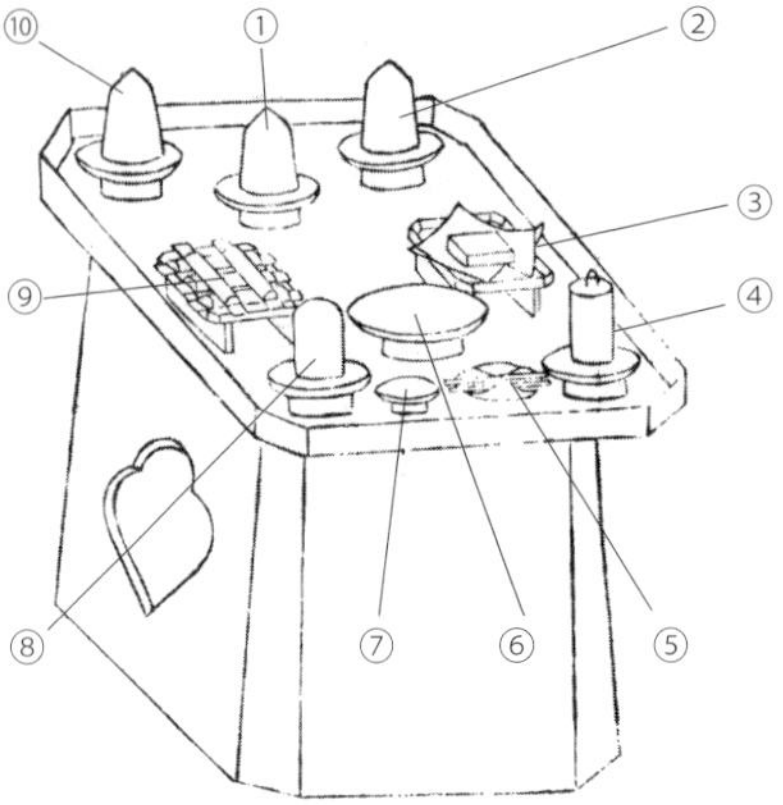

【七五三　本膳】　〔寸法〕
一さし渡シ　一尺四寸
一ふちノ高サ三寸
一とう　九寸五分
一高サ　一尺

①大ちうかはらけわ
あへませ(うを／くり／しやうか／きんかん)

②大ちうかはらけわ　塩引杉盛
③小角敷紙きそく　やき物壱重
④大ちうかはらけわ小桶きそく絵有
⑤耳かはらけはし
⑥五とうかはらけわ　御湯漬
⑦塩かはらけわ小ちう
⑧大ちうかはらけわ　ふくめ杉盛
⑨小角木そく　かまほこ五枚
⑩大ちうかはらけわ　かうの物

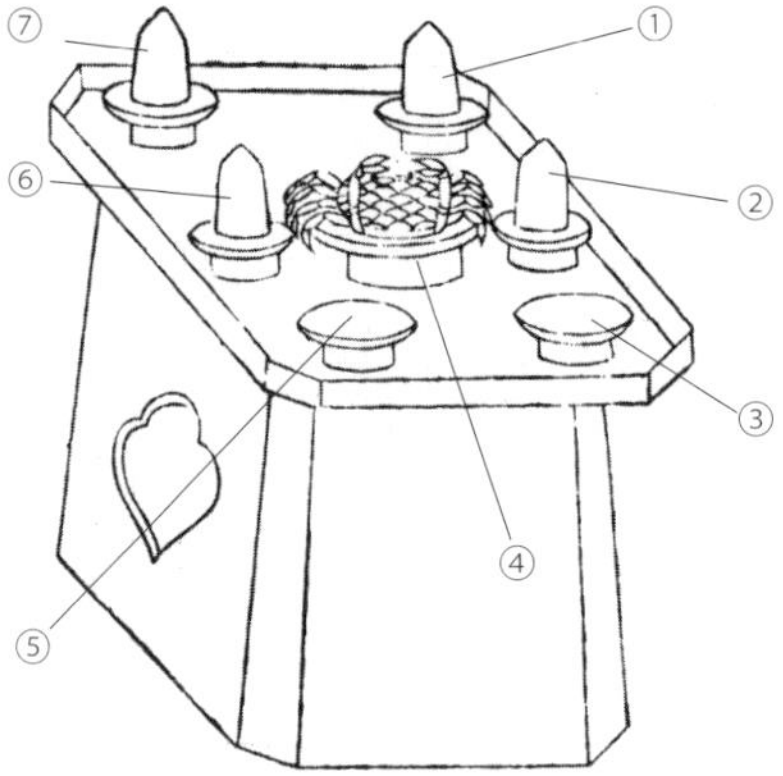

【七五三　二ノ膳】〔寸法〕
一さし渡シ　一尺三寸四分
一ふちの高サ　二寸八分
一とう　九寸二分
一高サ　九寸七分

①大ちうかはらけわ　たこ杉盛
②おおちうわ　そき物こん切

③御汁
（がん／ごぼう／やきふ／しい竹／みつば）

④三とうわきそく有
かさめ甲盛　口伝

⑤三とうかはらけわ
御汁　すまし（鯛／みやうが竹）

⑥大ちうかはらけわ　海月杉盛
⑦大ちうかはらけわ　からすみ杉盛

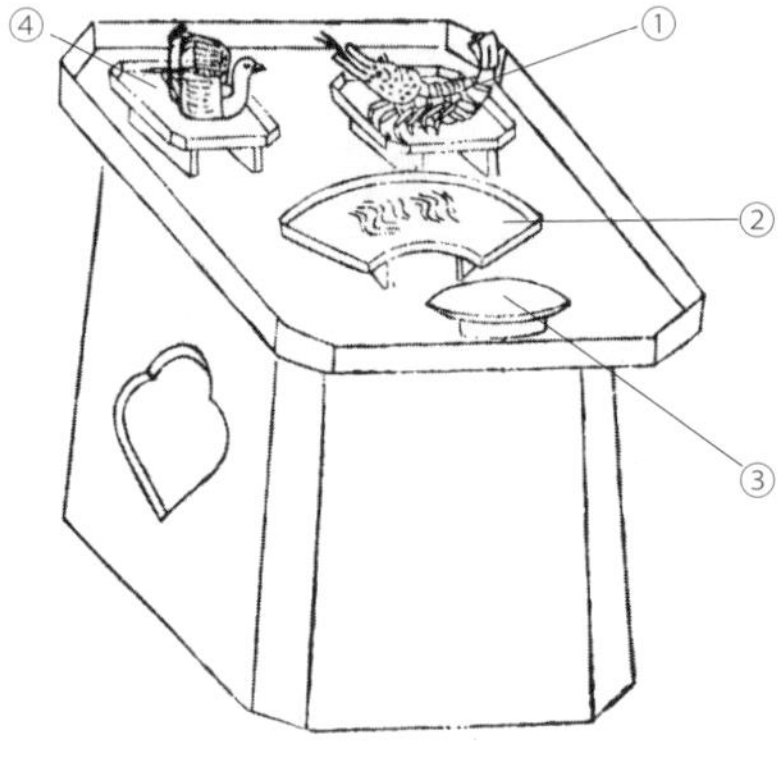

【七五三　三ノ膳】〔寸法〕
一指渡シ　一尺二寸八分
一ふちの高サ　二寸六分
一どう　八寸九分
一高サ　九寸四分

①小角金銀のつゆちらし　海老舟盛

②地紙かい敷
鯉刺身（煎り酒／わさび／ぼうふう）

③三とうかはらけわ
御汁（ほなか）

④小角きそく　鴨羽盛
かいしき有
金銀のちらし

【4-1】『當流改正節用料理大全』正徳4（1714）年
（『江戸時代料理本集成』臨川書店 1980年）

【五五三　本膳】

〔寸法〕
一さし渡シ　一尺三寸
一ふち高サ　弐寸五分
一とう　九寸
一高サ　九寸三分

①青鱠（たい／くり／せうか／きんかん）
②大ちうわ　塩引
③小角かい敷木そく　焼物鰤
④三とうわ
御汁（かも／しい竹／かはこほう）
五々三（みつは／大こん）
⑤耳かはらけ箸
⑥こちうわ　塩
⑦三とうわかう立有　御飯杉盛
⑧小角木そく　かまほこ
⑨大ちうわ　香の物

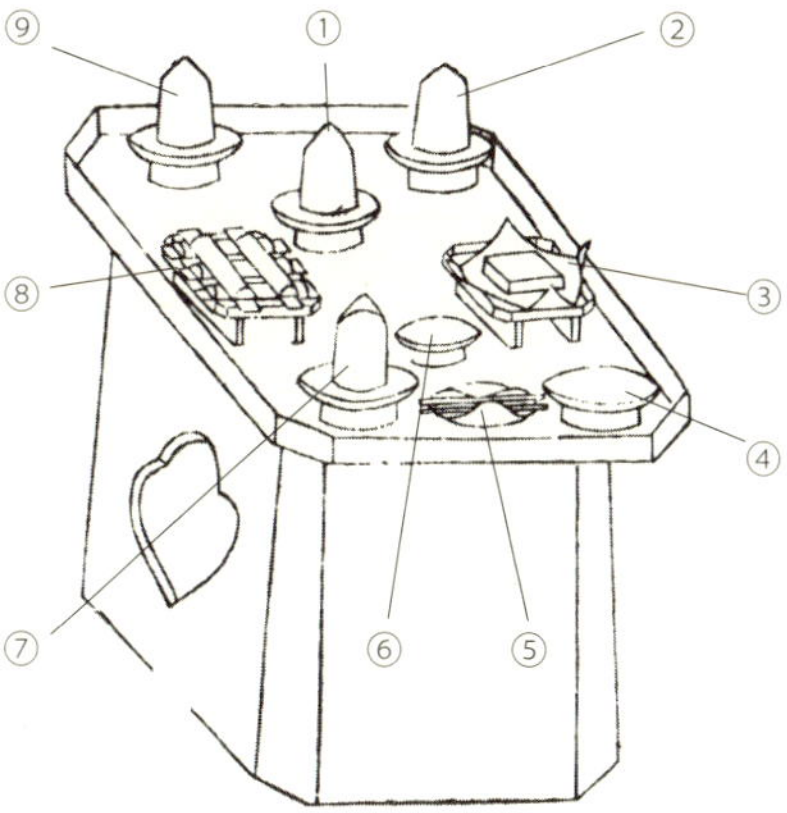

【五五三　二ノ膳】

〔寸法〕
一さし渡シ　一尺二寸五分
一ふちの高サ　二寸三分
一とう　八寸七分
一高サ　九寸

①大ちうわ　たこ杉盛
②大ちうわ　そき物たり杉盛
③輪きそく　にしうす盛
④三とうわ
御汁（白たま／いわ竹／いほり）
⑤大ちうわ　酒ひて杉盛
⑥大ちうわ　巻するめ杉盛

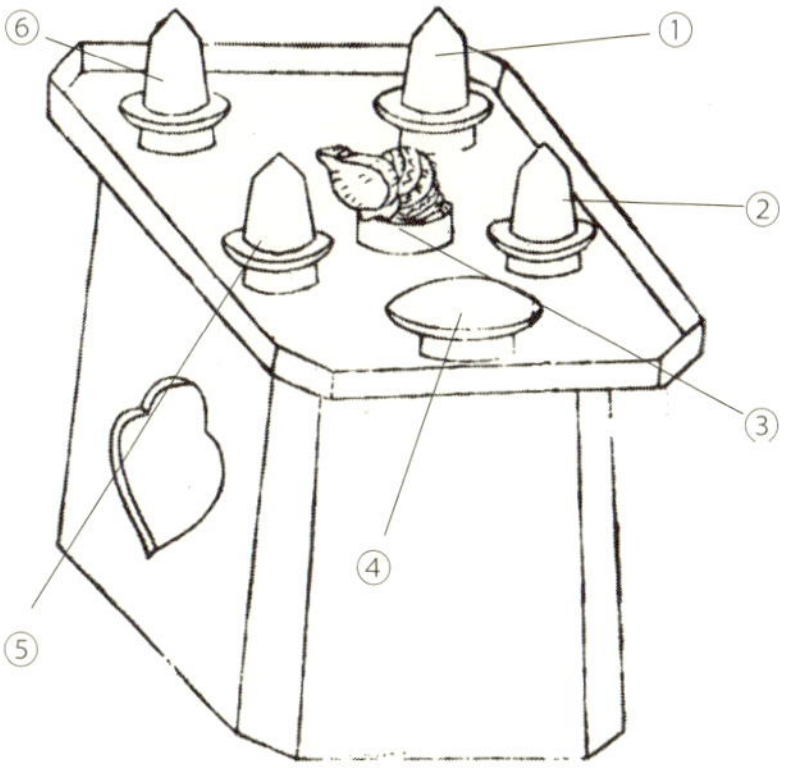

【五五三　三ノ膳】

〔寸法〕
一さし渡シ　一尺二寸
一ふちの高サ　二寸一分
一どう　八寸四分
一高サ　八寸七分

①小角ちらし　海老船盛
②地紙かい敷
刺身（鯉／わさび／ゆすう）
③御汁（ゑひ／みのり）
④小角きそくかい敷　しき

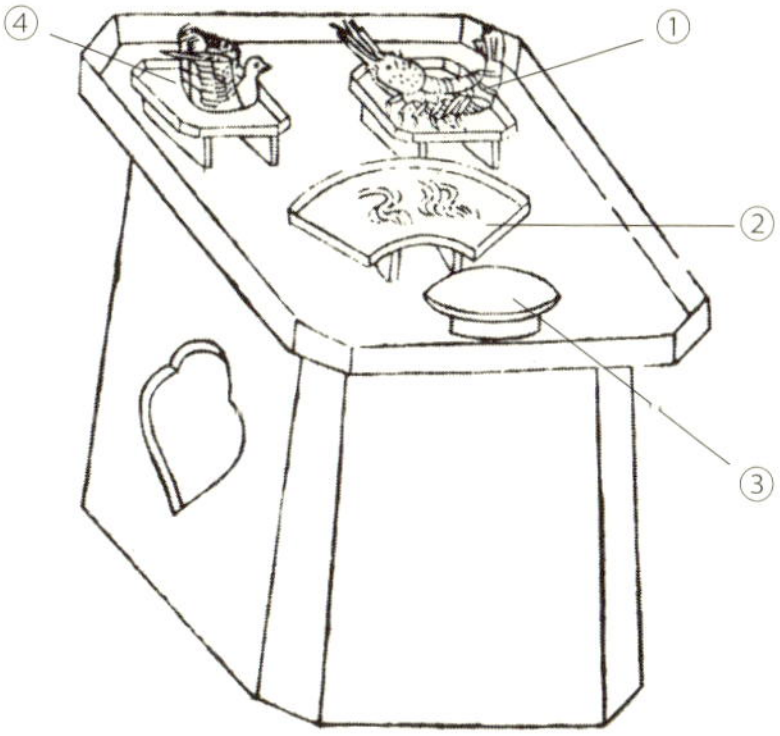

後は七と書きながら「五こん」とわざわざ添え書きしている。「最も豪華な食卓は七の膳の料理である」という前述の宣教師ロドリゲスの言葉が理解できる。装飾が施された七つの膳を前にして坐ると、確かに見事なものであろう。

末尾に、足利将軍家の包丁人であり、大草流の創始者である大草三郎左衛門尉公以と署名がある。大草流は料理の流派の名で、進士流、園部流とならんで武家に仕えた。公家に仕えたのが四条流である。

前出の『三好邸御成記』では、「三は式三献、五は五献」のところが三献までになっている。七は御湯漬が載る本膳から七膳までが並ぶ。ここでは酒のとりかたが型から外れており、前酒で三献、食事のあとの酒宴は四献から始って十七献で終わっている。実際の献立の記録は、むしろ形通りでないことが多い。

《「○汁○菜」の唱え》

本膳の形式においては、おかずの数え方を「○汁《じゅう》○菜《さい》」と唱える。

永禄十（一五六七）年、大友宗麟の島井宗室への振舞いの様子が島井家文書に残されおり、

六月二日　当夏は例年と違　暑気雖堪有之候に付　豊後え登城仕候処　大主公不斜御悦喜被成、其御意には暑中大儀、緩と休息可然由に候　難有御礼申上候　於御広書院二汁五菜之御料理被下候事

とある。

永禄十年の夏はことのほか暑く、博多の豪商島井宗室が、豊後臼杵の城主大友宗麟のもとへ暑中伺いに上ったところ、労《ねぎら》いの言葉を懸けて下さっただけでなく、二汁五菜のご馳走を下されたということである。

「二汁五菜」とあることから、大御馳走でも粗餐でもない食事の様子が窺われる。

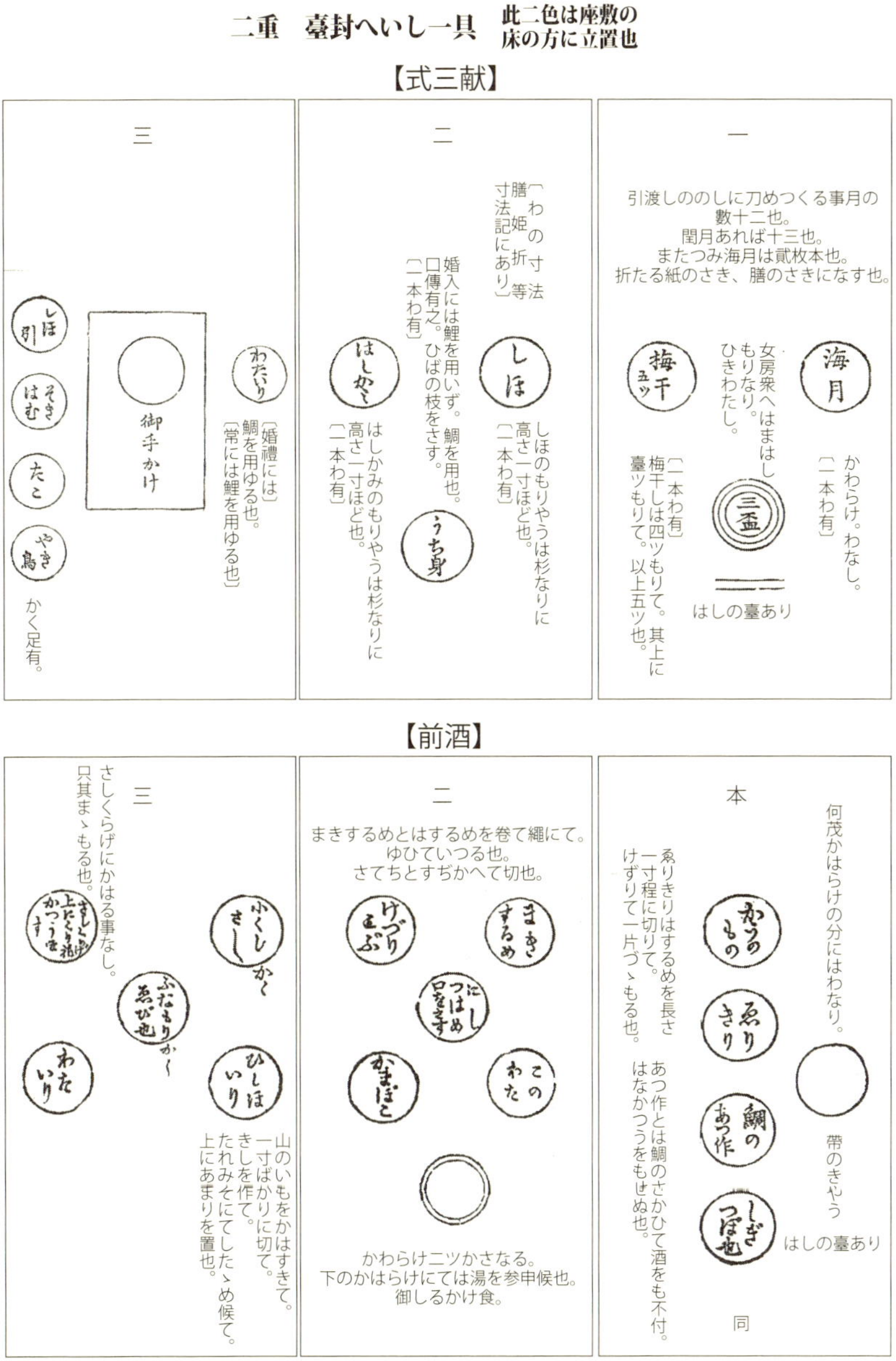

【4-2】『式三献七五三膳部記』續群書類従 巻第 563　より

作者は大草公以である。慶長 11（1606）年の成立とされている。

食膳仕立の伝書で、式三献の膳組と、七五三の膳組とが図示されており註釈が加えられている。

【本膳】

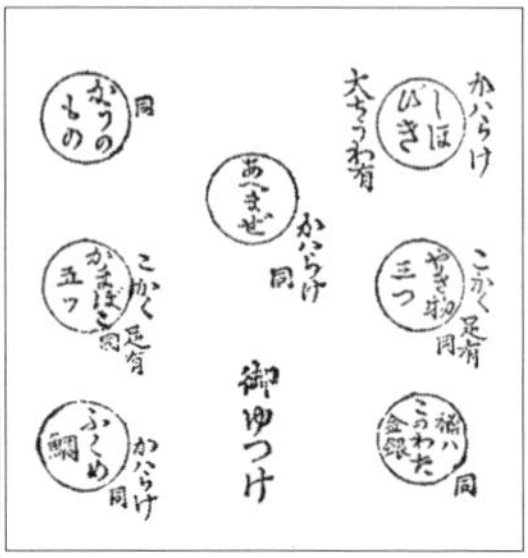

一

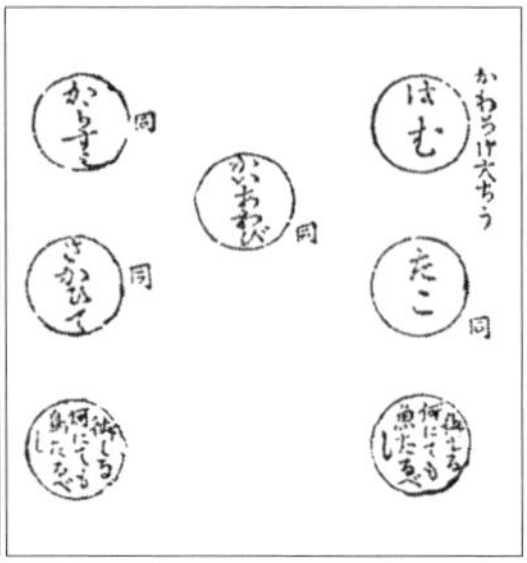

二

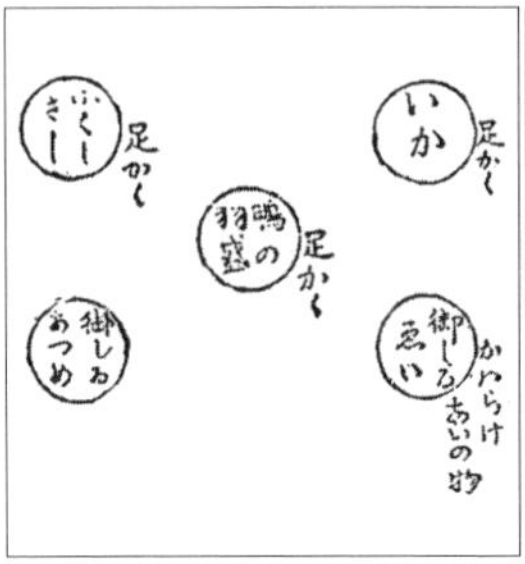

三

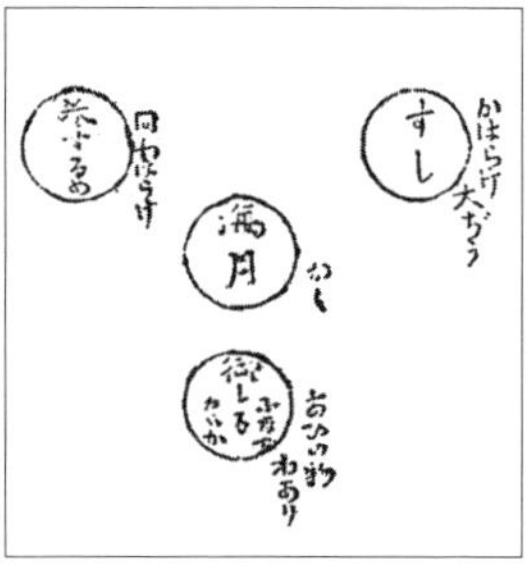

四

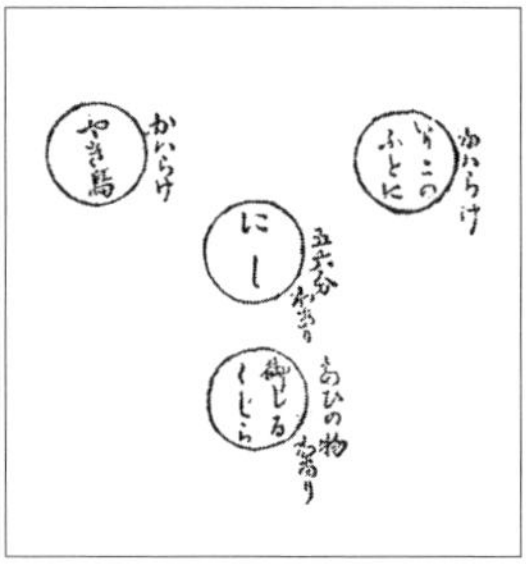

五

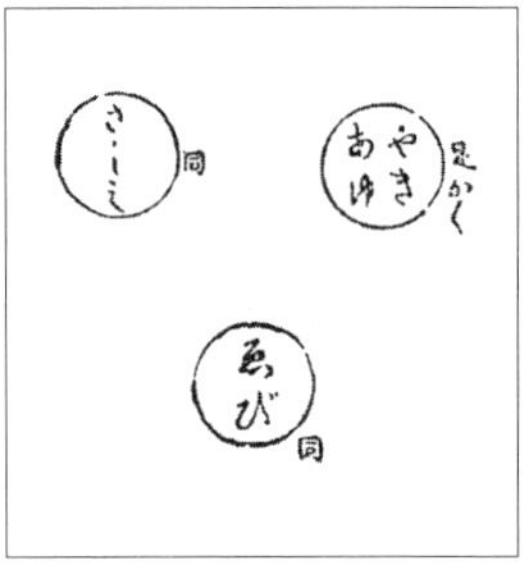

六

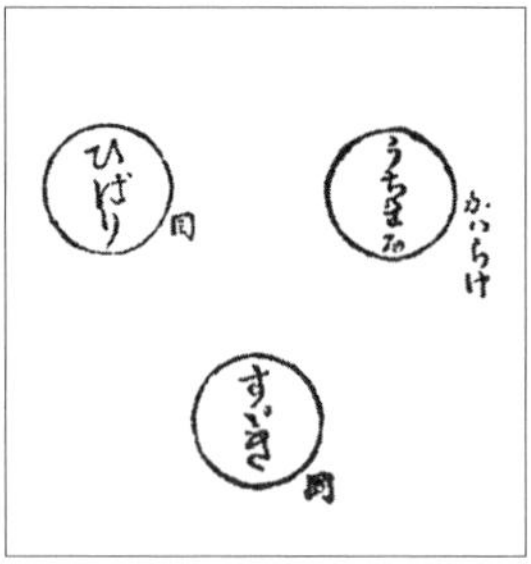

七

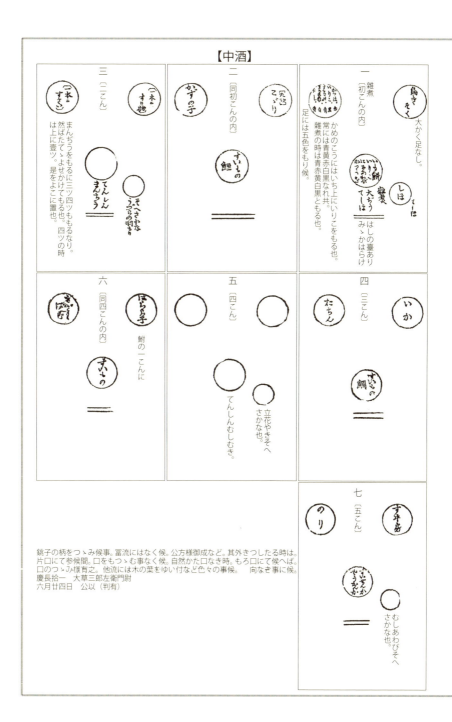

【中酒】

一 雑煮〔初こんの内〕

大かく足なし。

しほ

はしの臺あり
みゝかはらけ

かめのこうにはいち上にいりこをもる也。常には青黄赤白黒なれ共。雑煮の時は青赤黄白黒ともる也。足には五色をもり候。

二〔同初こんの内〕

かずの子

すいもの 鯉

三〔二こん〕

てんしん まんぢう

そへさかな うづらの羽もり

まんぢうをもるに三ツ四ツももるなり。然ばたてゝよせかけてもる也。四ツの時は上に壹ツ。是をよこに置也。

四〔三こん〕

いか

たちん

すいもの 鯛

五〔四こん〕

立花やきそへさかな也。

てんしんむしむき。

六〔同四こんの内〕

はらゝ子

鮒の一こんに

すいもの

七〔五こん〕

のり

むしあわびそへさかな也。

銚子の柄をつゝみ候事。冨流にはなく候。公方様御成など。其外きつしたる時は。片口にて参候間。口をもつゝむ事なく候。自然かた口なき時。もろ口にて候へば。口のつゝみ様有之。他流には木の葉をゆい付など色々の事候。　向なき事に候。
慶長拾一　大草三郎左衛門尉
六月廿四日　公以（判有）

因みに、原田信男氏によると「〇汁〇菜」の唱えは、弘治二(一五五六)年の『結城氏新法度』※にみえる「一汁さんさい」が初出ではないかと指摘されている。(※『結城氏新法度』弘治二年十一月二十五日 中世法制史料集(三))

献立作成の演習では「エネルギー〇〇キロカロリー、たんぱく質〇〇gの条件で一汁三菜の献立を立てなさい」といった課題が出されるが「〇汁〇菜」の指示があれば大体の献立が想像され、献立を立てる上で便利な指標である。実際の献立は基本通りとはいかず様々に変化するが、本書では、江戸時代の料理本から、できるだけ基本的な献立を拾い出して、これを手掛かりに本膳の形式を理解してみたいと思う。

献立を読む

宴会は、多くは三献を酌み交わす前酒からはじまり、「飯のコース→酒のコース→茶のコース」の流れに沿って進む。色々の宴会を例に献立をみていく上で、一つ知っておくと便利なことがあるので、ここで、先にそのことに触れておくことにする。

【5】「春　一汁三菜こん立」は、左下の膳の図に見られる基本的な一汁三菜香物の献立である。

古文献や料理書で目にする献立は、料理を配膳のままビジュアルに書きこんでいるのが普通で、一見したところ漠然として全体を把握するのが難しいことがある。

その場合は、膳を囲むと配膳の様子が浮かび上がってくる。

ここでは、飯・汁・香物・煮物・和え物が本膳に配置され、焼物が本膳の先の膳に置かれることが理解できる。

春《はる》　一汁三菜《いちじゆうさんさい》こん立

饗食交《あへまぜ》

けん

うすやき玉子いと切

若大こんたんぎく

木くらげ糸切

若みつば

せうがはり切

三はい酢

白みそ

汁《しる》　けづりはし大こん

とめなこま〳〵

香物

冬漬《ふゆづけ》大こん

青《あを》漬なずひ

平皿《ひらさら》

笋羹煮

すくい玉子

うくいす菜《な》

輪柚《ゆず》

飯

焼物

でんがく

青《あを》串ざし

平煮たまご

わさびみそ引

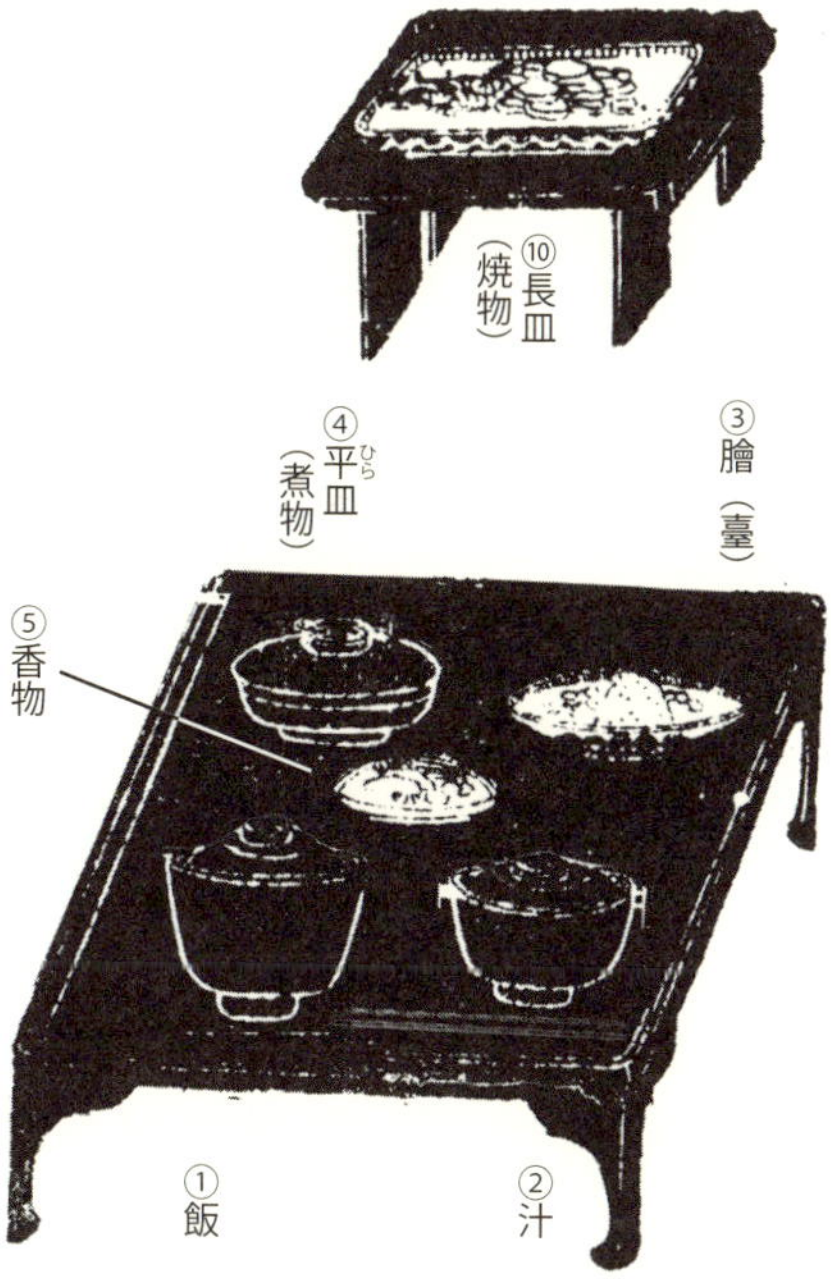

【5】「一汁三菜」の配膳例。
『料理早指南』享和元（1801）年より引用、作成
（『江戸時代料理本集成』臨川書店 1981 年）

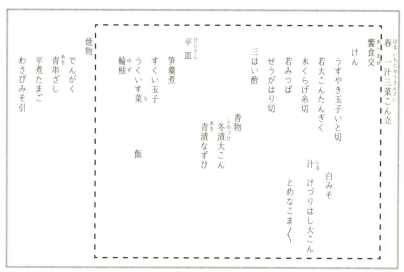

宴会の条件

《大がかり・豪華な宴会》

■葛原家の文書に見る宴会　永正九（一五一二）年　紀伊国伊都郡隅田庄　葛原家文書　献立注文

しょこん（初献）　さうに（雑煮）しほ（塩）
ゑひ（蝦）
五しゆ
二こん
こい さしミ（刺身）
けつり物（削）　くしら（鯨）しほ　御のふ（能）はしまる、
三こん　わきあ□□ハ
こくし
□ひしほ　たい（鯛）
御ゆつけ（湯漬）　かう〻（二番 項羽）
しほひき（塩引）　そほろ あわひしほ（鮑）　やき物（焼）
あへませ御ゆつけ上ハはし□
かうの物（香）ふくめ ひたい　きんく かまほこ（蒲鉾）
二セん（膳）　はせう（三番 芭蕉）
からすミ（鰡子）　かわいり
きんく このわた（海鼠腸）
たこ（蛸）　三セん　こいのしる（汁）
すし（鮨）　うけいり
きんく こくし
くらけ（水母）　あつへしる
一物

【6-1】　葛原家の文書に見る宴会『葛原家文書』永正９（1512）年より作成

かつて、紀伊国（現・和歌山県）紀の川流域には武士団の隅田党が領有しており、葛原家は隅田庄における在地領主である。在地領主とは、中世、荘園公領制のもとで、現地において農民、漁民を実際に支配する領主のことで、大きな権限を持っていた。

【6―1】が示す葛原家の祭礼の日の饗宴も極めて豪勢なもので、細部にまで書き残された記録である。隅田党の廿人余りの饗膳は、前酒が初献《しょこん》、二献、三献で、それぞれにお膳がついている。

初献の肴は「雑煮・海老・五種類の肴の盛り合わせ」、二献は「鯉の刺身・削り物・塩鯨」、三献は「たい」（虫食いで読めないところがあるが□ひしほ・濃しょうである）。「三こん」と書かれた下に「御のふはしまる」とあるのは、能楽が始ることを示している。当時の宴会は、ご殿の前庭に舞台をしつらえ、能楽や田楽舞などの芸能を観賞しながらの酒宴であった。

また、このあたりで、贈答品のやり取りが行われ、馬を贈ることが多かったという。贈答の馬をご殿前に引き出してお披露目するのである。馬を引き出すところから、現在も、結婚式で招待客に持た

(鮭)ゑいのしる　□□(鶴)ぬ　へ
一物
こいのさしミ　五番(源氏供養)けんしくやう
御くわし(菓子)
こくし　(揚)あけ物　(胡桃)くるミ
(乾瓜)ほしうり　(海苔)のり　(松茸)まつたけ
けつり花　(山芋)やまいも　(煎餅)せんへい
よこん　六番
らすミ　(善界)せかい
し　(七)(鯒)こち
五こん　□番　(浮舟)うきふね
(饅頭)まんちう　□そへ物　こち花やき
六こん
こくし《きんく》　八番　□□□い
けつり物　ふとに
(冷麦)ひやむぎ　七こん　九番　かけきよ
御そへ物　いりこさけ
八こん
□□□はむ
すし　十番　たけふ　(鱸)すゝき
九こん
(砂糖羊羹)さたうやうかん　御そへ物あしをたむ、ひ□り
十こん　十一番(鉢)はちの木
さしミ《こい》　□
たいのこ　□□□《しほ》

せる土産を引出物と呼んでいる。

前酒が済むと食事に入る。御ゆつけ（湯漬け）、二せん（二膳）、三せん(三膳)、一物、一物までが本膳を中心とした飯のコースである。〝御ゆつけ〟は、ご飯の代わりである。お湯つけのところに本膳と書くと解りやすい。

本膳には六品と香物、二膳には汁と四品、三膳には汁と四品、一物には合わせて一汁と二品で、三汁十六菜香物の献立で、そのあと九種の菓子と御茶が出されて、飯のコースがおわる。

次に酒のコースに進むが、前酒で三献済ませているので、酒宴は四献《よこん》からはじまる。

この日の宴会は大掛かりで十五献におよぶ。

また、「とおり百人方」とあるのは、次の百人には三の膳まで、そのまた次の二百人には本膳のみが振る舞われており、その大変さが思われる。

御成やこのように大きな宴会では、身分や立場によって規模は異なるが、家来や随行の能楽者などにも食事が振る舞われた。

随行者への振舞については、周防を本拠とする守護大名大内家の家法『大内家壁書』（明応四（一四九五）年）の椀飯《おうばん》に関する儀礼的規定の個所に、

十一こん
いそうほ（磯魚）十二番□うた□
十二こん
まつかさいりいわふね十三番（岩船）
十三こん
ゑちつし十四番（猩猩）しやう〳〵
十よこんし〻十五番
のりかうみ
十五こん
さしミ《まなかつほ》
とおり百人方
やき物
あへませ　御ゆつけ
たこ
かうの物ひたい
二せん
かまほこ
「　」あつへしる
あわひ
三せん
すし
ゑいのしる
さんしよはむ
同二百人分
やき物
あへませ 御ゆつけ
□ひしほ
あつへしる
永正九年六月廿九にち
兵庫にてのこんたて（献立）

大しま
とまつ
かなた

御相伴衆までは本膳に御さい六ツ、二の膳に御さい三ツ、三の膳に御さい三ツ、御汁は本膳に一ツ、精進二の前にひやしたるへし、近習衆は本膳にさい三、汁二ツたるべし、外様衆は本膳にさい三、ひやしる一ツたるべし

などの例がある。大饗において、身分による食事内容が違うことをみてきたが、本膳の形式においても、身分の違いによって食事に差があることは同じである。

濱田らは、膳組の格式を区別する要素として「最初に並べられる膳と菜の数、それに続く酒宴の膳と菜の数、料理に使用する材料の相違、菓子の種類と供し方、膳と器の種類、膳に据える器の組み方の六つの要素があり、膳組の格式は、饗応の種類と客の身分・役職で決定される」としている。

葛原家の饗宴の記録では、能楽も十五番と豪勢さが、事細かく記録されているが、日本の宴会では、歌舞、奏楽等を伴うことが多い。神事における神楽に始まり、平安時代には今様を歌い舞う白拍子が宴席に登場し、中世には猿楽・田楽が生まれ、武家の宴席では能楽も組込まれるようになった。演芸を伴う宴の形は、現在にも変わりなく引き継がれており、結婚式あとの披露宴でも余興はつきものである。

■津田宗及が信長に振る舞った茶事

【6―2】は、津田宗及が天正四年六月四日昼、信長に振る舞った茶事の記録である。津田宗及は堺の豪商天王寺屋の主人で、織田信長、豊臣秀吉の茶頭をつとめ、秀吉が開催した北野大茶会でも利休、今井宗久とともに重要な役割を果たしている。

『宗及茶湯日記』には、御供衆などの記載もなく、単に「上様へ　御茶申候」と、記録されているにすぎないところをみると、誤った憶測かもしれないが、私的にさりげなく訪れたのかもしれない。

というのも、天正六（一五七八）年九月三十日の午前巳刻（午前十時ころ）、前関白の近衛前久を始め多くの御供之衆を従えて天王寺屋を訪問しており、この機会では、御茶と御菓子を振る舞ったのみだが、信長が堺を来訪したときは「自邸に訪問を受けた」と史書に刻まれているからである。尤も、この時のお菓子は「九種　ミつから　かや　つはきもち　きんかん　打栗　からすミもとき　油物　すいとん　さくろ」とあり、また　御供衆には「各々そとにて御菓子色々、御酒など参候」と記している。

この日の振る舞いは、本膳には香物を含め七品の菜を据え、本汁は二膳におき、ご飯は別膳の四方に乗せている。二膳は本汁と二の汁の二種の汁と五品の菜、三膳は三の汁と三品の菜、四膳以降には汁がついていず、四膳は三品の菜、五膳は一菜と見られる。

とすると、菜の数が香物を含めて三汁十八菜香物の献立となる。そのあとで十一種の菓子と御茶が出される豪勢な宴である。但し、「たこ」「いか」「なます」を三品と数えたが、「たこといかのなます」とも読み取ることができ、そうすれば二膳は三品と数えられ、このように実際のところは解らないことも多い。

四方とは、正月に鏡餅を飾る台は三面に穴が空いているので三方という、四方は四面すべてに穴が空いた台で、身分の高い人が使用する。また、本汁のすえ方について、本汁を本膳に据えるようになるのは寛永以後のことで、それ

天正四年六月四日昼　於天王寺
上様《信長》へ御茶申候、
一タイスニ平釜　桶　合子　柄杓立
一文琳　臺天目　冷ふたおき
一團繪かけ候、平かうらい茶碗、茶筅入、
御茶、切目之茶桶
御本膳　何もたミ申候、きり《桐》・からくさ《唐草》を繪ニ書、

塩引	すし	鯛之焼物
	あへませ	御飯　四方ニ、
かうの物	ふくめ	やき小鳥

二膳　四方ニ、

たこ	貝	冷汁
	なます	
いか	かまほこ	鯛汁

三膳

くらけ	
こくし《小串》ニとへたゑひ	白鳥汁
あわのし	

四膳

にしのつほ入
おけ　ミやうかあへて、

五膳

さしみ、まなかつを

菓子十一種

【6-2】　津田宗及が信長に振舞った茶事『宗及自會記』天正 4（1576）年より作成

一武家のサカナノスエヤウ。

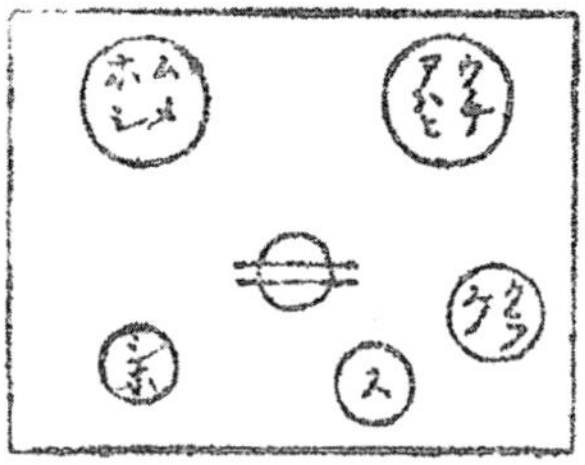

承久以後武家ノ肴ノ様ヲミルニ如此。

【6-3】武家の肴『世俗立要集』推定 1220 ～ 1300 年

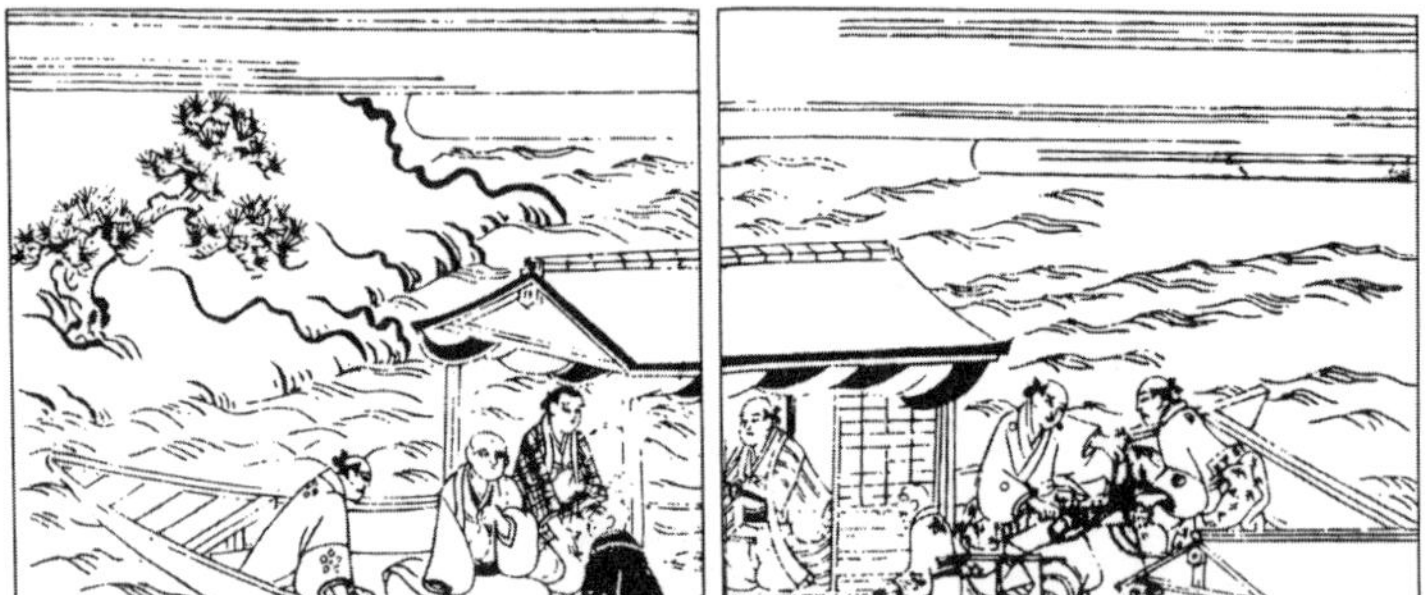

【6-4】『万の文反古』「来る十九日の栄耀献立」挿絵　（新日本古典文学大系 77　岩波書店 1989 年）

以前は、二膳に本汁、二汁を配し、そのうちのひとつは集汁であったと、川上氏は指摘しておられる。

中世、武家の時代は質実剛健を旨として料理も簡素なものとなったという見方がされ、それを裏付ける一例として『世俗立要集』（推定一二二〇〜一三〇〇年）【6―3】では、「武家ノサカナノスエヤウ」として、梅干し、打ち鮑、海月の三品を膳に据えて、「承久以後武家ノ肴ノ様ヲミルニ如此」としている。宗及のこの振る舞いは一茶人のもてなしであるにもかかわらず、先に見た、公家の大饗をはるかに凌ぐ豪華なものになっている。質実剛健の風は次第に薄れて貴族化してゆき、一部では、このように贅を尽くした宴会もみられるようになるのである。

■町人の豪勢な接待

井原西鶴が『万の文反古「来る十九日の栄耀献立」』（元禄九（一六九六）年）【6―4】に書いた献立は、実際の記録ではないが、江戸時代においては、豪華さ第一とされるものである。

江戸の呉服商人が、商売の資金を借りている大坂の大商人の手代に充てた手紙に対する返事で、内容は大商人を招待するにあたって、このような料理を隅田川の川船で差し上げたいと思うが如何かとお伺いを立てた献立にたいして、細かな注文をつけて返してきた返答である。

大汁の集め雑魚一段、竹輪皮鰒御のけあるべし。やかましく候。膳のさき鮎鱠御用捨、川魚つづき申候。面々杉焼をこれに付けて御出しあるべく候。これも鯛青鷺二色に御申付け、煮さまし真竹一種しゃれてよく候。割海老、青豆のあへ物。吸物鱸雲わた、引肴小鯵の塩煮、たいらげの田楽、又吸物燕巣にきんかん麩、いづれも味噌汁の吸物無用に候。酒三献で膳は御取りなされ。後段に寒曝のひやし餅、又吸物きすごの細作り、酒ひとつ呑まれて後早鮨、蓼はたべられず候。山椒はじかみ置合せて御出し、その跡に日野真桑瓜に砂糖かけ御出し、御茶は菓子

なしに一服づつ、たて切りになさるべし
――本膳の集め汁の実は雑魚で良いでしょう。しかしふぐの皮と竹輪は省くこと。ごたごたしすぎます。膳の向うに置くことになっている鮎鱠はやめて下さい。川魚が続きますから。代わりに、鯛と青鷺の杉焼を出して下さい。煮冷ましが真竹だけというのはなかなか洒落ています。海老と青豆の和え物もよいでしょう

ここまでが飯のコースで、注文は本膳にたいしてのみだが、三膳以上が並ぶもてなしであったろう。吸物が出されて酒のコースに入る。

――鱸の雲腸や燕巣の吸物、小鯵の塩煮、たいらぎの田楽などの肴はいずれも良いでしょう。味噌仕立ての吸物はいりません。酒が三献まわったら膳は下げて下さい。後段には寒曝のひやし餅を出して下さい。また、吸物ときすの細作りで酒をひと飲みし、その後の鮨ですが、主人は蓼を食べられませんから、山椒とはじかみを置き合わせて出して下さい。その後で、日野の真桑瓜に砂糖をかけてお出し下さい。お茶はお菓子なしで、一服ずつの立てきりになさるのが良いでしょう。

というものである。

招待されながら、献立にうるさく注文をつけているのである。更に、注文は続いて、隅田川での接待ならば、小さい屋形船に湯船を準備してひと浴び出来るようにして下さい、とつけ加えている。西鶴は、資金を借りたとは言いながら、これほどのもてなしをするのは、さぞ大変なことだろうと書いている。

財力をつけてきた町人の贅沢さをみせつける宴である。

《ささやかな宴会》

『鈴鹿家記』延元元(一三三六)年六月の条の一文である。

七日丙午少雨天卯ノ中刻聖護院村西ノ方南北百貳拾九間ノフカサ七尺八寸ニホリタテサセ申~中略~未ノ上刻聖護院ハ両人ヨリ貳百五拾人夕飯出ル　汁サクサク　アエ物　ヤキ物　香物　大樽五荷仕廻普請西ノ下刻ニ仕舞申帰ル

用水工事で村人を徴集し、その労をねぎらって二百五十人に振舞われた食事である。汁・和え物・焼物・香物で一汁二菜香物の献立構成である。汁のみ料理名を示しているのは、二百五十人と多数であるため和え物や焼物などの料理は同一ではなかったのかもしれない。〝汁サクサク〟とあるのは、さくさくと刻んだ菜あるいはその菜に豆腐を加えた味噌汁である。サクサクは、菜を刻む音という。大樽五荷とあるので、酒も振る舞われたのであろう。

《「ささゆ」の宴》

「ささゆ」とは、酒をまぜた湯のこと、またその湯を浴びること。子供の疱瘡が治ったとき、「ささゆ」で身体を拭ったり、笹の葉を「ささゆ」に浸してふりかけるなどして回復を願う風習である。

【7】は、『桑原治四郎疱瘡見舞帳』(安永四(一七七五)年四月二十五日)に書かれた美濃国一之瀬村文書桑原家文書に見られる「ささゆ」の宴の献立である。この宴に招かれた客は、医者、娘の産婆、母方の隠居、当主の妻というこじんまりした内祝の宴である。献立には材料がきちんと記されている。膳の上にはご飯と味噌汁(菾・鰹)、膾(夏大根・筍・菾・山椒)、平皿は煮物で(串海鼠・筍・菾・蕨・山椒)これに香物が置かれている。引而で煮浸し(うぐい・けずり鰹入)が追加されて一汁三菜香物の食事で、酒肴(あゆのあわとうるか　花鰹入・干鱈・車海老)も出されている。

平皿 くしこ・たけのこ ふき・わらび・さんせう	かうの物 飯	膾 なつ大根・たけのこ ふき・さんせう 汁 ふき・かつを

引而
　　うぐひ　煮びたし　けずりかつを入
酒肴　あゆのあわとうるか　花かつを入
　　干たら
　　くるまえひ

【7】「ささゆ」の宴『桑原治四郎疱瘡見舞帳』安永4（1775）年4月25日
美濃国一之瀬村文書桑原家文書より作成

【8】普茶料理における着座『普茶料理抄』明和9（1772）年
（『江戸時代料理本集成』臨川書店 1980年）

【9-1】本膳によらない平素の献立『江戸流行料理通』文政 5（1822）年
（『江戸時代料理本集成』臨川書店 1981 年）

二月六日晩、定例之通時斎相勤、客併賄左
之通　　　おとい
円成寺　於も和　別ニ呼也
不参 於八尾　不参 於茂勢　不参 於ては
不参 於喜佐　不参 於せ代　於やも
不参 於もゐ 代録助　於常 代於ろく
向皿　蒟蒻白和
壺　豆腐
銀杏
猪口　座禅豆
胡桃
隠元
菠薐草
分銅芋
平　牛房千
干瓢
焼麩
茶飯
中酒
鉢　菊味
片栗
薄葛引　簾麩
大平　五分葱
蓮根
夜喰
小皿　香の物
雪吹餅
砂糖添

【9-2】須坂領における法要の宴席。安政 4（1857）年。
『長野県史近世史料編八巻（一）北信地方』長野県史刊行会刊より作成

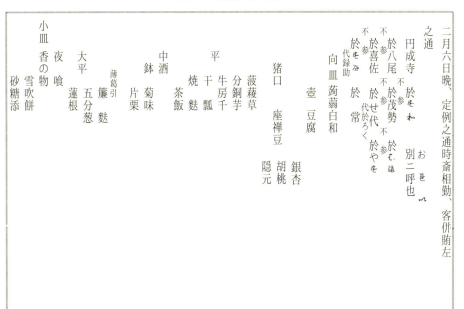

食事の前にはおそらく祝いの前酒が出されたことであろうが、記録されていない。

《身分秩序》

普茶《ふちゃ》料理は、江戸時代、禅宗の一派である黄檗宗万福寺から広まったとされる精進の中国料理である。

当時の日本では、一人が一つの膳を使うのが普通であったが、普茶料理はもとが中国料理であるところから四人が一つの食卓を囲んで、大皿に盛って出される料理を銘々が取り分けて食べるのが習わしである。

しかし図に見られるように、身分差がある場合には、一つの食卓を囲むことはできないからであろう一人ひとりが別々の膳についている。士・農・工・商という社会的身分制度、武士の階級間の秩序を基幹とする当時の封建社会においては、宴会や食事においても、その関係が無視されることはなかった。

【8】の左上の図は、三人が別々の膳を使い、下の図は、四人が普茶料理の慣習に従って、一つの卓を囲んでいる。

《規制》

宴会で出される料理数について規制されることがあり、いろいろの事例がみられる。

（一）「紀州徳川家正徳新令」正徳元（一七一一）年

年中料理之次第定法左之通

一、正月元日より三日迄雑煮三献　三汁九菜
一、同四日より五日迄　二汁七菜　一、六日より晦日まで　二汁五菜
一、参勤下向之節　三汁九菜　一、五節供　三汁七菜
一、毎月朔日十五日二十八日　二汁五菜　一、平日　一汁三菜

右之通代々定法立置可申候　右定式倹約計にて無之不断美食給候ては短命なるもののよしに候
又平日菜数給候ては不珍品へは箸をも不附品も有之候間巳来定法立置可申候時として好之品は別段の事に候

とある。

紀州徳川家内における規制で、平日は一汁三菜と質素であるのに対して、正月三が日は三汁九菜、五節句は三汁七菜とハレの日とケの日の相違がはっきりしている。また、参勤下向の際は三汁九菜と菜の数が多いのは外聞を気にしてのことであろうか。日常が簡素なのは、倹約ばかりでなく健康に良くないとしているのは興味深い。藩主の日常の食事は、思いのほか質素である。

（二）御触書に見る振舞膳の規制

「振舞膳部之覚」（寛文三（一六六三）年『御触書寛保集成』から）

寛文三（一六六三）年九月、幕府は武家の宴を規制するために法令を出した。諸大名も振舞膳の内容が規制され、老中階級の大名で三汁三菜と肴五種、国持大名でも臨時の場合で二汁七菜と肴五種に限った。寛文八（一六六八）年には、町人に対して、貧富に関わりなく二汁五菜以下と規制している。贅沢を戒める法令は各国でも出されることだが、宴会の料理の品数まで規制する法令は世界的にも珍しいことであると聞く。

《本膳によらない平素の宴席》

これまでに、本膳の形式による宴席を見てきたが、江戸時代の宴が全て本膳の形式に従っていたわけではない。

【9―1】は、江戸の料亭八百善の主人が著わした『江戸流行料理通』（文政五（一八二二）年）の挿絵である。

本膳の足付きの膳は使われず、料理は大皿や大鉢に盛って畳の上に直に供されている様子が見てとれる。気が合う者が集まってのくだけた宴席は、すでに、次章に示す会席の形式に移行したということだろう。

【9—2】は、安政四（一八五七）年に須坂領において定例の法要が行われた際のお斎《とき》の宴席である。客は氏名からみて女性中心である。主食は茶飯で、菜は向皿（蒟蒻の白和え）、壺（豆腐）、猪口（座禅豆）平の煮物（ほうれん草、分銅芋、牛蒡、干瓢、焼麩）の四菜である。汁がないことから、本膳の形式から外れたとみたが、壺が椀の書き間違えとするなら、一汁三菜の献立となるものの香物も見当たらない。

中酒の肴は、鉢（菊味、片栗）と大平（簾麩、蓮根、葱）の煮物であるが、鉢（菊味、片栗）はどのような料理かわからない。話がはずんだのであろうか、小皿に盛りつけた香物と砂糖を添えた吹雪餅が夜喰として出されている。

日本の饗宴の変化

本膳形式の変化—ご飯主導から飲酒主導へ

本膳の形式による饗宴は、儀礼としての「酒↓飯のコース↓酒のコース↓茶のコース」で進行し、ご飯をすませてから酒宴に入るものであった。

しかし幕末から明治の初めころにかけて、本膳の形式自体が、ご飯主導から飲酒主導の饗宴へと変化していく。儀礼を伴う饗宴では、「酒—飯—酒—茶」の規範的な形のもてなしが行われつつも、本膳の形式は形を崩しはじめ、そこに懐石の形式を取り込んだ「会席形式」と呼ばれる飲酒を中心とする新たな饗宴へと変化していく。

食事様式の変化の過渡期には、武家の食事を重んじる正式な本膳の形式、料理屋における飲酒を楽しむ会席の形式、そして庶民も手軽に利用する居酒屋や割烹など、宴は目的に応じた三つに大別されるといえよう。

【10】本膳様式による宴会『素人庖丁』二編　文化２（1805）年
（『江戸時代料理本集成』臨川書店 1981 年）

本膳の形式から会席の形式へ

《本膳の形式の簡略化》

本膳の形式による宴会から新しい饗宴の形へと変化していく背景には、本膳の形式通りに料理を供するとなると、膳の数の多さはともかく、膳を並べる部屋の広さ、配膳のための人手、また塗物が多い什器の後始末など大変なことばかりである。【10】の饗宴では本膳のみのようだが、これに二膳、三膳が加わると、さぞ、大変であったろう。

本膳形式をひとまず簡略化したものとして袱紗料理《ふくさりょうり》がある。袱紗料理とは、食事のための二膳つきの膳組に、酒宴が続くときには、肴は別に後からつけ加えてゆくというものである。

しかし、町人が力をつけて、あれこれの目的で集まりあるいは楽しむ機会が増えてくると、本膳での宴会は影をひそめて、袱紗料理なども見られるものの、おのずから更なる簡略化の方向に向かい、大きな流れとして、懐石の形式を取り込んだ「会席」が形成されていくことになる。

会席《かいせき》と懐石《かいせき》は音が同じであるために混乱するが、懐石はお茶をおいしく味わうことを目的として茶道の中で行われる食事であり、会席は酒を飲むことに主眼をおいて料亭・料理屋で行われるものである。

《懐石の形式》

現在の宴会でもある会席形式の誕生には、本膳に懐石の形式が関わる。

ここで、簡単に懐石の形式に触れておくことにする。

懐石とは茶道において、お茶をおいしく飲むために、前以て摂る軽い食事のことである。

『南方録』には、

懐石は禅林にて薬石と云に同じ　温石を懐にして懐中をあたたむる迄の事なり　禅林の小食夜食など薬石共點心共云　同意なり　草庵相応の名なり　わびて一段面白き文字なり

とある。

懐石は禅宗の寺院で薬石と称するものと同じで、温石を懐に入れて飢えをしのぐ程度の軽い食事であるとしている。『南方録』は、弟子の南方宗啓が書き留めた利休の言行録で、一時行方知れずとなっていたのが、元禄三（一六九〇）年に発見されたとされる。

しかし、宗啓が実在したとする確証がなく、偽書ではないかとの説もあるが、利休に関する書として、偽書の可否はともかくとして、懐石のことを含めて引用されることが多い。

懐石のことについては、禅宗の道場の食事は、仏教の教えに従って料理は、野菜や大豆製品を材料とする精進料理で、献立は一汁一菜香物、食事は午前中にとり、昼以降は食事をしないのが決まりである。午後からは食事を摂らないため、飢えや寒さをいくらかでも和らげるために温めた石を懐に抱いたという。

薬石とは、この温めた石のことであり、懐石料理とは、その温石を懐に抱く程度の軽い食事の意であり、ひいては夜食を指すこともある。道元が寺院の食事をつかさどる者に示したとされる『正法眼蔵　示庫院文』寛元四（一二四六）年では「…若過午後　檀那供飯　留待翌日　如其麪果子諸般粥等　雖晩猶行」とあって、若し午後になって、檀家からご飯が供されれば、翌日まで食べずにおくが、麵や菓子、果物、粥などならば、夜食にとっても良いとしている。

ある禅宗僧堂における平成十三（二〇〇一）年九月の食事の一例をみると、朝は小食と称して、玄米粥、漬物、梅干し、胡麻塩、昼は中食と称して麦飯、味噌汁、切干大根の煮物、漬物、夕は薬石として、わかめご飯、清汁、山芋・南瓜・切り昆布の煮物、胡瓜と麩の酢の物という献立であった。

点心は薬石と同じであるとしているが、現在では、中国料理における軽い食事代わりになるものを指し、塩味系では麺類や餃子、肉饅頭など、甘味系では八宝飯や餡饅などがある。

つまり、懐石とは質素な食事で、『南方録』には、「小座敷ノ料理ハ、汁一ツサイ二カ三ツカ　酒モカロクスベシ」と、記しており、一汁二菜又は一汁三菜で良いということである。飲酒の要素は抑え、食事を中心とする様式である。

しかし現在、「懐石料理〇〇屋」と云えば、極めて贅を尽くした料理が並ぶ高級の日本料理屋であって、利休の思うところの茶席での食事とはかけ離れたものになっている。

そのため、最近では、茶席での食事を茶懐石、料亭での饗応を懐石料理と呼び分けることもある。

本膳と懐石の饗応の相違は、本膳の饗応は料理を載せた膳が並べられるのに対して、懐石では料理が順次運ばれることである。

茶懐石の饗応は、はじめに　飯・汁・向付の三点を足がつかない折敷にのせて出し、汁と飯をひと口いただいた頃合いを見て、向付を肴に酒をすすめる。次に椀盛・焼物と続き、ここまでが一汁三菜の食事である。

一般には続けて箸洗いと呼ぶ吸物、取肴の八寸が出されて飲酒に移り、肴として預け鉢・強肴などと称して料理が出される。最後に、菓子が出され、目的の茶で締めくくるという順序である。

焼物や強肴などは、取り回しの形で人数分が供される。出された料理は食べきるのが作法とされ、供する側も、一尾魚や飾りではあっても野菜のへたなど食べられないものを出すことはしない。

また、懐石形式で供される料理は、旬を大切にする利休の思いを根底にしながら、次第に盛り付けの繊細さを洗練する傾向が強まり、懐石料理屋で目にする息をのむ美しい日本料理へと進化していく。

ところで、会席の形式への移行について『四季献立　会席料理秘嚢抄』の序に

茶事の世に行わるゝや巳に久し　往古は貴族雅族の睦なりしも　当時《いま》は四民の専ら楽しみとなれるも全く豊けき大御世の御功績になん

とあり、茶事は、かつては公家や風雅な人たちの楽しみであったが、当時の身分に関わりなく愉しむものになっているとし、食事のあり様が茶事から馴染んでいったことが示唆される。

【11①〜④】は、『会席料理細工庖丁』の挿絵である。本膳、懐石、会席の各形式が混ざっていて興味深い。

①茶事において、準備が整うまで待合で待つ様子。
②つくばいで口や手を清め、にじり口から茶室に入る様子。
③膳は足付きの本膳を使用しているが、茶室で食事をしている様子。
④茶室から席を移しての酒宴である。

くつろいだ宴会の様子が描かれ、畏まった本膳や懐石の形式とは異なる饗と言えよう。

会席の形式について、『守貞謾稿』嘉永六（一八五三）年は、

天保初比以来　會席料理ト云事流布ス　會席ハ茶客調食ノ風ヲ云也

と、茶懐石の影響を受けたものとし、

口取肴ナド人数ニ応シ出之テ　餘肴ノ数ヲ出サズ　其他者モ准之　前年ノ如ク多食ノ者ハ更ニ餘肴無之腹モ飽ニ至ラス

と、出される料理は人数分に限り、数に余裕がないと不満を述べている。

因みに、茶懐石では、取り回しで出される場合でも、人数分が出される。内容については、

今世　會席茶屋ニテ最初煎茶ニ蒸菓子モ人数限リ一ツモ多ク出サズ　口取肴モ三種ニテ織部焼ナドノ皿ニ盛リ是モ数ヲ限リ餘斗無之　口取肴ノ前ニ座付味噌吸物　次ニ口取肴　次ニ二ツ物ト云テ甘煮ト切焼肴等各一鉢　次ニ茶碗盛人数一碗宛　次ニ刺身　以上酒肴也　膳ニハ一汁一菜香物

と、数ばかりでなく量が少ないことを指摘している。口取肴とは、盛りあわせて出された肴を、各自が取り分ける肴のことをいうが、後には肴全般をさすようになった。

守貞が示すところの宴席の内容を具体的にみて行くと、最初に、煎茶と蒸し菓子が出され、時間をおいて酒宴に移ったであろう。宴席は「座付味噌吸物―口取肴―二ツ物―茶碗盛―刺身」の酒のコースが済んだ後に「一汁・一菜・香物」から成る飯のコースで締めくくっている。

「座付味噌吸物」の〝座付〟とは、宴席で最初に出される食物を座付きといい、座付吸物、座付肴、座付菓子などがある。座付菓子は、祝宴の席で最初に出されたものとされるが、現在では、旅館などの部屋に客の到着を待って茶器と共に置いてある菓子も座付菓子ということがある。また〝吸物〟といえば、現在では醤油仕立てが普通になっているが、江戸時代には味噌仕立ての味噌吸物があり、肴として出された。

① 食事の準備が整うまで待つ様子。

② 口や手を清めてねじり口から茶室に入る。

③ 茶室で食事を摂る様子。

④ 茶室より席を移しての酒宴。

【11】本膳、懐石、会席 『会席料理細工庖丁』文化三（1806）年
（『江戸時代料理本集成』臨川書店 1981 年）

「二ツ物」とは、煮物と焼物のことをさすが、刺身と吸物の二品をいうこともある。「茶碗盛」は蒸物であろう。茶碗蒸といえば、現在は卵料理の固有名詞であるが、卵とは限らず、いろいろの材料を蒸したものを江戸期では茶碗とか茶碗蒸ということが多い。

このように、会席の形式は、茶懐石風であり、肴などは人数分しか出ないために、量が不十分であることが気に入らなかったようで、大食の者はお腹いっぱいにならないと愚痴っている。つまり、会席の形式では、酒のコースから飯のコースへと順序が逆転するだけでなく、飯のコースが縮小して飲酒が中心になっている。

このコースの転換は懐石の形式の場合も同様で、茶席における茶懐石は「飯→酒」の順だが、懐石の名称を掲げながらも内容が贅沢になった懐石料理○○屋では飲酒の後に、ご飯・味噌汁・香物が供されるようになっている。

【12】は、『料理早指南』(享和元〈一八〇一〉年)から引用した会席の形式の挿絵である。同書の本膳の図と比較すると、本膳では足付きの膳が使われ、本膳、二膳と膳数が記入されているのに対して、会席では、足がつかない会席膳が使われている。ここで気を付けたいのは、「会席」とありながら、膳には、ご飯・味噌汁・香物が置かれており、一八〇〇年ころでは、まだ「飯のコース→酒のコース」であったことを示している。

①飯〜⑧茶碗までが飯のコース、重引や台引が肴で、菓子・茶で終わっている。膳は懐石の形式の足がつかない膳を使い、饗宴の順は本膳と同じく、当初から料理が膳に並べられており、移行の過程を示す図である。

これまで、飯のコースと酒のコースが入れ代わるのは、幕末の頃からであると述べてきたが、『素人庖丁』に「膳崩しといえるめずらしき振舞の料理あり」として、変化の様子を示す興味深い一文がある。

【13】は、二膳つきの宴会で、料理を供する順に番号を付けて図解しており、「酒のコース→飯のコース」となっている。「先　客来たりて座着の柔麺《にゅうめん》などを出し　客食し終らば　其膳を引きとり　酒を出さずして本膳を出すなり」とあり、酒のコースから始る。料理は、「一膾、二本汁、三平(煮物)、四焼物、五二の汁、六さしみ、七菓子椀、八吸物、九茶碗、

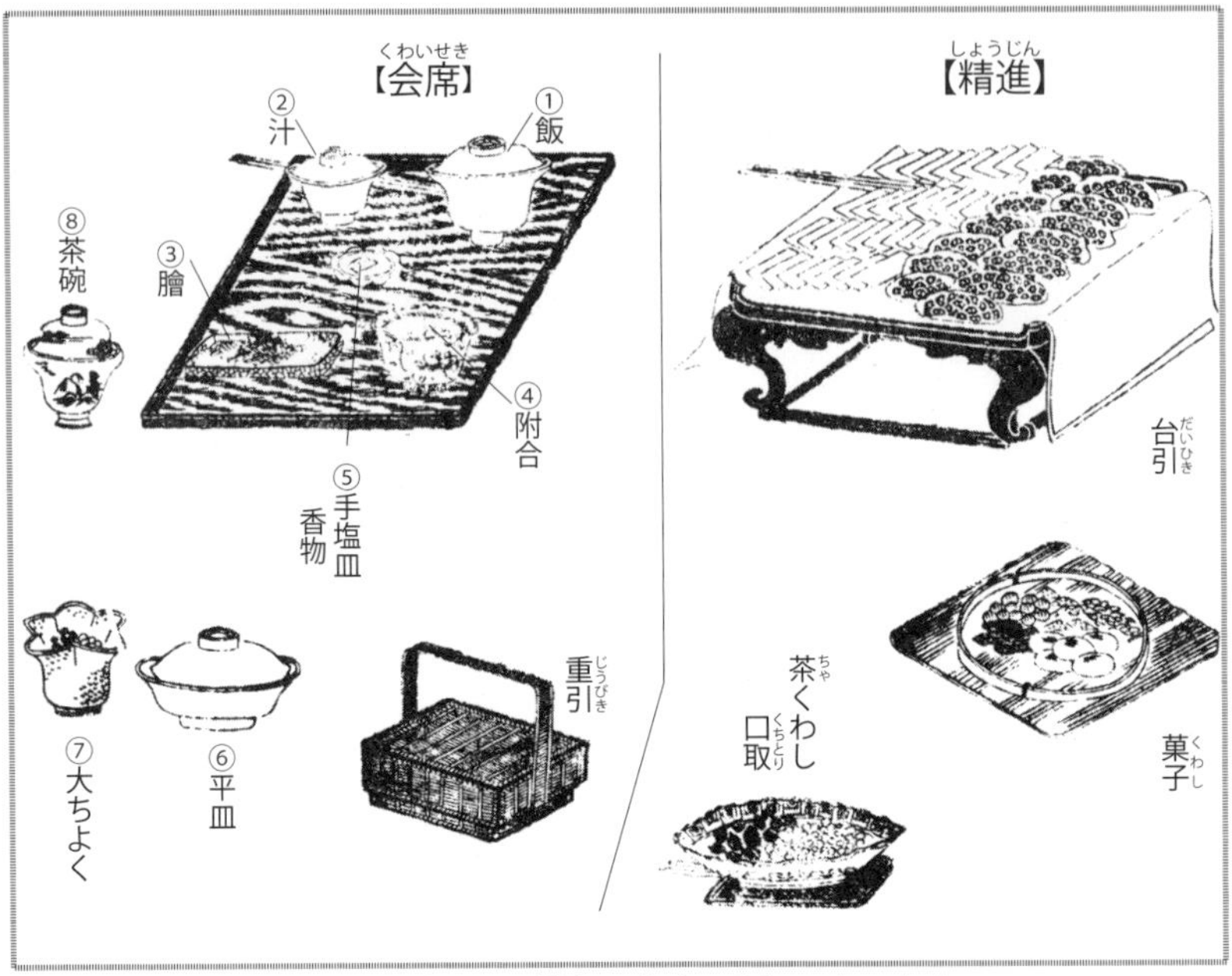

【12】会席の図『料理早指南』享和元（1801）年
（『江戸時代料理本集成』臨川書店 1981 年）

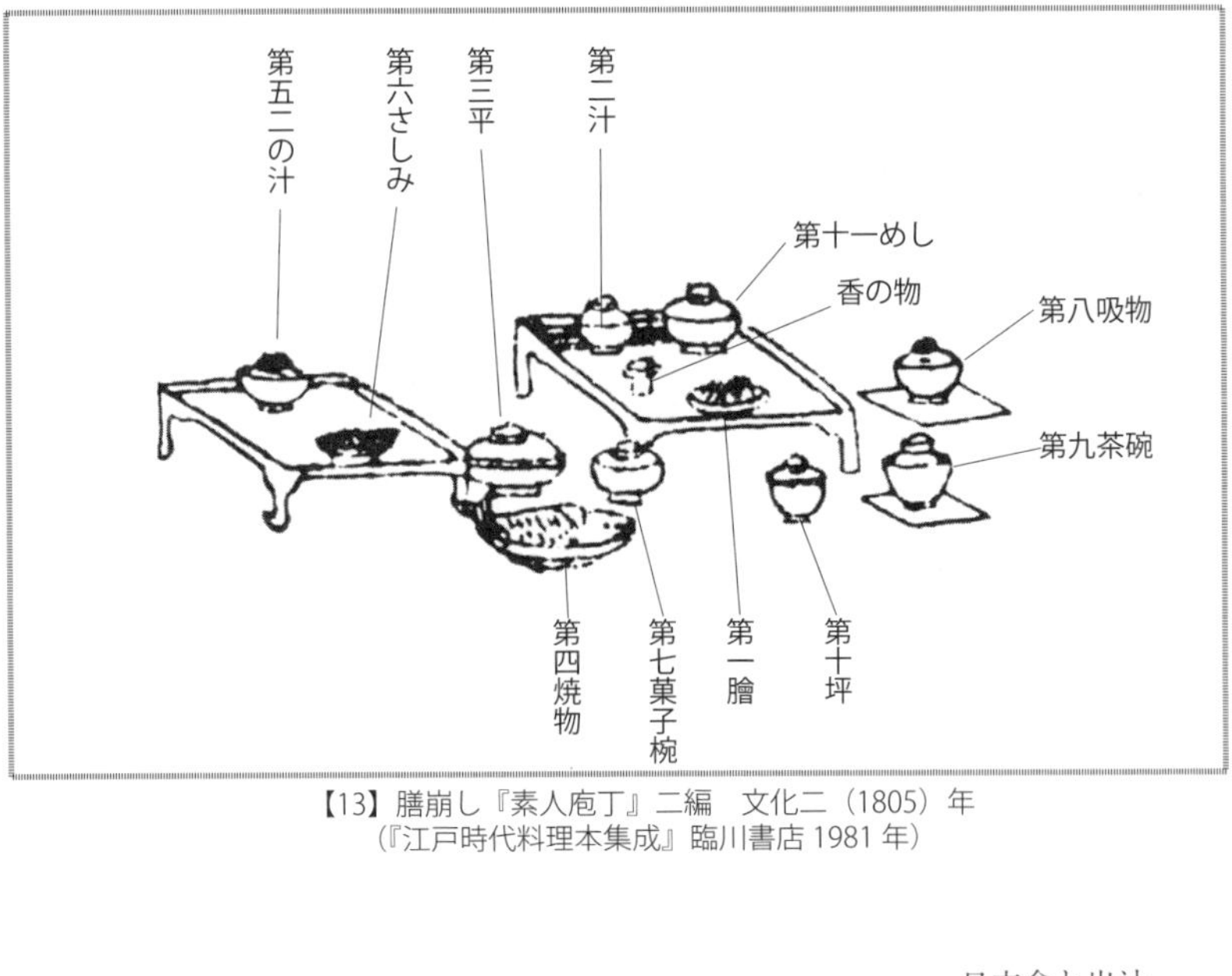

【13】膳崩し『素人庖丁』二編　文化二（1805）年
（『江戸時代料理本集成』臨川書店 1981 年）

十坪」の順に、追々に肴を一品ずつ出して、そのあと十一飯と香物で締める。香物に番号がついていないのは、香物を料理の一つと数えず、ご飯に付きものと考えてのことである。

膳くずしの料理は九州辺にてはやることなり　此料理　いかほどの客人多くありても　膳部を一度に出さず一色ずつゆるゆると焚き出すゆへ　勝手まはりせはしからずよろしく出来　其上　酒の肴に心を用ひず　膳部にて酒も飯もすすむる妙手段なり～中略～上戸も下戸も亭主も婢僕も　ひとしくこころよく相楽しむ最上の料理なり

としている。

料理を一品ずつ出すので、厨房の方は急ぐ必要がないので料理の出来栄えがよく、客には出来たてを供することが出来るので、誰もが満足する料理になるとしている。確かに良い饗膳と考えられるが、その後の文献ではみることがない。地方限定の料理提供の仕方だったのであろうか。

会席と懐石の基本的な形式の相違

会席と懐石の形式を比較してみよう。

共通するところは、ともに足が付かない膳を用いることであり、基本的に相違するのは料理の提供の仕方である。会席の提供では、料理を始めに、供される全てを並べてしまう平面的なもの（同時配置型、空間配置型ということもある）である。対して、懐石は、西洋料理のように料理を順次一品ずつ供する時系列的なもの（序次進行型ということもある）である。

会席の平面的な提供の長所は、本人があれこれと好みに合わせて選びつつ食べることが出来る。

一方、懐石に見る時系列的提供は、温かいものは温かく出来たての料理を食することができる点だが、その裏には給仕の人手がかかる短所がある。

宣教師ロドリゲスは『日本教会史』の中で、時系列的な提供について触れている。少し長いが、懐石の形式をよく言い得ているので引用してみる。

引用文中、懐石の形式を第四種としているが、第一種は三膳、第二種は五膳、第三種は七膳までついた本膳の形式を指している。七膳については七五三の膳の説明において「最も豪華な食卓」としている膳組のことである。装飾が施された七つの膳を前にして坐ると、確かにその全貌は見事なものであろう。

第四種の宴会は信長や太閤の時代から行われはじめて、現在王土に広まっている当世風の宴会である。というのは、その時代以降、多くの事をあらためため、余分なもの煩わしい物を棄て去って、その古い習慣をかえると共に、宴会に関しても、さらに平常の食事に至るまで大いに改善した。料理についていえば、ただ装飾用で見るためだけに出されたものと、冷たいものを棄て去って、その代りに温かくて十分に調理された料理が適当な時に食台に出され、彼らの茶の湯のように質のうえで内容を持ったものになった。

とある。

本膳の形式では、引而として後から追加の形で供することもあるが、多くの料理は、はじめから膳に配膳されているために汁などの料理も冷めてしまう。

一方、懐石の形式では、一品ずつを順を追って出すために、温かいものは温かく、冷たいものは冷たく調理された料理が時を見計らって給仕される。ロドリゲスはこの方式を良しとしている。また、どのようなことであったのか想像もつかないが、信長の時代には、平常の食事まで改善がみられたとあるのも興味深いことである。

尤も、本膳の料理は、食べるためというよりは、ご飯なども高盛にして豪華さを示すものであったから、少しばかりを口にすると膳は下げられ、代わりに、実際に食べるための引替膳が出されたとされる。

家庭や給食の食事も本膳の様式をもとにしているので、ご飯やお菜が平面的に並べられ、「ご飯―お菜―ご飯―お菜…」と、交互に食べることが食事の作法とされてきたが、現在のようにご飯量が少なくなると、この食べ方は難しくなっている。

この作法のもとをたずねると、『食物服用之巻』（永正元（一五〇四）年）の「本膳のさいと二三のさいとをかけまいる事いかゞ。本膳は本膳。二の膳は二の膳。三の膳はさんのぜん。それぱかり汁さいをまいるべし。又さい一つ皆まいり候事いかゞ。すこし宛いづれのさいにも手をかけらるべし」に辿りつく。

つまりは「本二三の膳にわたって、お箸をつけるのはいかがなものであろうか。各膳ごとに食べるべきであり、また、一つのお菜だけを食べてしまうのも良くない。少しずつすべてのお菜に手をつけるようにするべきである」と言うのである。

近代―現在の宴席

《近代の料亭》

石川天崖は『東京学』（明治四十二（一九〇九）年）において、

今の料理屋と云ふものは、どうしても飲食店といふものと区別してみなければならない。夫れであるから今日料理屋に登って一酔を買ほうと云ふ者は、唯飲食に行くのではないと云ふ考えがなければならぬ。遊びに行くのである。…芸者を呼んで遊ぶと云ふ考えを持たねばならぬ。

と記している。

本来、料理屋というのは、ただ飲み食いするのが目的ではなく、芸妓を呼んで楽しむということも含めて食事をするところであると言っている。

また、西洋料理による宴席の効用を説いた一文があり「西洋料理の長所は、簡易なるにあり～中略～西洋料理は、日本の会席の如く、献酬の面倒なく、多数の給仕を要せず、或は芸妓などを招くの要なきを以て、単に会食を目的とする人は西洋料理を好めど、勢力は日本料理に及ばず」としている。

献酬《けんしゅう》とは盃をやり取りすることである。忘年会で、「今年もお世話になりました」と、上司の座に行って盃を献じると「来年もいっそうの精進を」と、盃が返される。この盃のやり取りを献酬という。骨董市に行くと、小ぶりの丼にみえる器を盃洗として売っているのを見かける。戦前ころまでは、宴席の座の脇に水を入れた盃洗を置いて、与えられた盃を飲み干すと、口を付けた部分を軽く濯《すす》いで返したのである。献酬は、伺う時機や伺う人の順番などにも心配りが大切で、心も手間も確かに厄介なことである。

宴会の格が高い、いわゆる料亭と呼ばれるところにおける宴席は、飲食するだけでなく、歌舞音曲の芸なども楽しむ遊びの要素が強いものであり、現在では、京都祇園や浅草あたりなどのお茶屋の様子を映像などを通して知ることが出来る。

《一般の宴席》

現在の一般の宴席は「ビールで乾杯！」にはじまって酒宴に移り、そろそろ酒宴も終わり近くになると、ご飯・味噌汁・香物が出され、水菓子の果物で締めくくる。つまり「ビールで乾杯」は儀礼の酒であり、次いで本膳の形式で食事し、そのあとで酒宴の中酒となるところであるが、それが、本膳のご飯が味噌汁と香物のみを伴って、中酒の後へ移動してしまったために、本来ならばご飯のお菜であった料理が取り残され、取りのこされたお菜は飲酒のための菜になり、菜と肴の区分も不明瞭になった。ご飯本位でなく、飲酒本位の献立になったということができる。会席の形式における献立は、茶懐石や本膳の形式のように、一定の決まりには捉われない。たとえば、前菜、吸物、口代《くちがわ》り、刺身、和え物、蒸物、焼物、煮物などの料理を肴とし、これにご飯・味噌汁・香物が添えられ、殆ど制約のない自由な献立になっている。

こうした献立では、本膳の形式に則った「〇汁〇菜」の唱えは意味を失い、何品献立とよぶ。たとえば、五品献立例（刺身、口取肴、酢物、煮物、味噌椀、御飯・香物、水菓子）、七品献立例（前肴、椀、造り、焼物、口替り、煮物、止椀《とめわん》、飯、水菓子、菓子）など如何様な献立も考えられ、料理の呼び方も様々である。添え書きがなければ、盛られる料理が何であるのか解らないことは、本膳の場合と変わらない。

口代（口替）は、酒の肴になる料理数種を一皿にとり合わせたもので口取肴の代りの意味である。口取肴《くちとりさかな》はお節料理の重箱詰めなどでもよく見かける語で、もとは饗宴の最初に供されていた座付吸物と一緒に出されていた勝ち栗やのし鮑などをさしていたが、次第にきんとんや伊達巻、羊羹など甘味のある料理などをさすようになる。水菓子は果物のこと、止椀は最後にご飯・香物と出されるところからの汁の呼び名である。

結婚式の「三三九度」、「引き出物」の言葉は本膳の形式からきたものであることは既に述べたが、現在の会席でも、披露宴の卓上の先に鯛の塩焼きが飾り物のように置かれて持ち帰り用となっているのは本膳形式の名残といえよう。

現在の宴会は会席の形式であると述べてきたが、懐石料理〇〇屋と看板を掲げる店があるように、一部には、懐石の形式で料理を供する宴会もある。大まかに、懐石料理〇〇屋といえば懐石の形式、単に〇〇屋といえば会席の形式で日本料理が供されると思えばよいだろうか。また、近年は店主と客がカウンターを挟み、会話を交わしながら食事を供するカウンター方式の店が、流行りの料理屋の一端を占めるようになっている。この方式は、関東大震災で東京の料理屋が大きな打撃を受けたあと、関西の料理店が関東に進出して広まったものといわれる。現在の本膳の形式につけ加えるならば、地方の旧家の婚礼などでは稀に本膳の形式によることがあるが、平成四（一九九二）年、福井県の旧家の婚礼で三膳つきの宴会にあずかったのが、本膳での饗応の最後の経験である。

本膳の形式

一汁三菜の呼称や現在の日常の配膳の仕方は、本膳の形式がもとになっており、日本の食事を世界遺産に登録したときも、「一汁三菜を基本とする日本の食事スタイル」としている。

本膳の形式には、使用する膳や器、配膳の形、食事の順序など幾つかの決まりごとがある。食事はごく日常的なことのために、きょうの献立は一汁三菜と決めていたとしても、必要な材料が揃わなかったり、突然の到来物が届いたりして、予定が狂ってしまうことが屢々あり、献立の道筋を立てるのは案外と厄介なものである。

ここでは、できるだけ決まりごとに沿った献立例を拾い、実例を見ながら本膳の形式を説明してみることにする。

膳の種類

膳とは、料理を載せて供する台のこと、また、出来上がった料理のこともいう。また、台という語も同様に使われることがある。台に乗せて出されるものを台の物と記して、献立に度々登場する。ついでに、膳という語はまた、ご飯をお代わりしたときなど、最近では何杯目といういい方が一般化しているが、以前は何膳目というのが普通であったし、箸も二本を一対として数えるときは一膳という。

さて、本膳の形式で使用する膳は、脚付きの膳を用いるのが基本である。

【14】に『守貞漫稿』所載の膳の種類の一部を示した。ハレやケ、身分、男女、地方などによって、使用する膳の

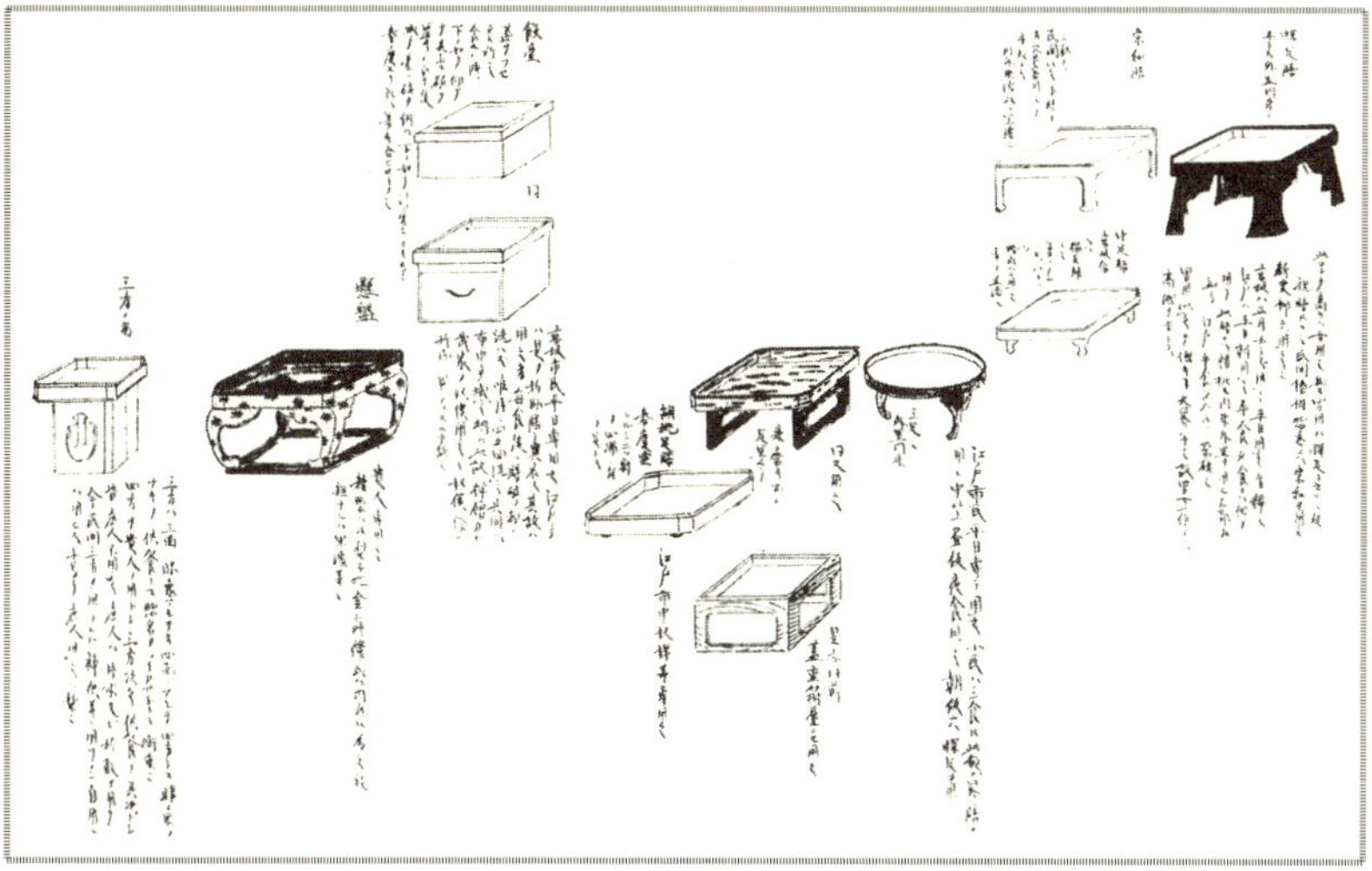

【14】膳の種類『守貞謾稿』嘉永6（1853）年

形や高さなどに違いがあるとしている。

懸盤《かけばん》は「貴人専用之」とし、専ら将軍家や大名が用いる膳で梨子地、金蒔絵などが施される。ひな祭りの道具でも見かける膳で、高位の人のためのものである。

足が蝶の羽のように広がった蝶足膳《ちょうあしぜん》は、「高キハ女用也。然モ男用ハ、蝶足ト云ザル歟。祝膳トモ云也」とある。高さの高いものは女用であり、しかも男が用いるときは蝶足膳とはいわないのではないか。祝い膳とも呼ぶとしている。

「民間婚姻惣客ニハ、宗和ヲ用ヒ、新夫婦ニハ、用之也。京阪ハ、正月必ラズ用之。平日用之者稀也。江戸ハ、平日朝用之。午食夕食ニハ、他ヲ用ウ」とある。婚礼の饗宴では、客は宗和膳、新夫婦は蝶足膳を使う。京、大坂では蝶足膳を平日に使うのは稀だが、江戸では、平日の朝に使い、昼食夕食には他の膳を使うという。京坂と江戸、朝昼夕の別などで使い方が異なるという。

宗和膳《そうわぜん》については「三都トモニ、民間以之本膳ト云。饗客用之ヲ本式トス。」とあり、京、大坂、江戸の三都ともに宗和膳を本膳といい、客用ではこれが本式であるとしている。【15】【16】に見られるのも宗和膳である。

胡桃足膳《くるみあしぜん》は「春慶塗、クルミ二ツ割ヲ、四隅ニ付テ足トス。江戸市中奴婢等、専用之」とある。春慶塗りで、胡桃を二つ割りしたものを四隅につけて足にしている。身分が低い人が使うとしている。

膳は足が高いほど正式或いは身分が高い人用である。脚付きの膳が基本とはいっても、低い階層では単なる削木板《へぎいた》の場合もある。元来、日本人の食事様式は、一人が一つの膳を使ってきて、家族が揃って一つの食卓を囲む現在の様式は、近代になってからのことである。

図中飯臺《はんだい》とあるのは、箱膳《はこぜん》とよばれてきた箱型の一人用の膳である。家族が一つの食卓を囲んで食事するようになるまでの間、使われていたのが箱膳である。

図の説明から食事の一端が窺えるので、やや長いが引用してみる。

上図蓋ヲフセタル所也　食スル時　下ノ如ク仰ケテ其上ニ碗ヲ置キ　食シテ後　拭テ臺ニ碗ヲ納ム

――上の図は、箱膳の蓋をしたところである。食事のときは、下の図のように、箱膳の蓋をあけて、茶碗を取り出して蓋の上に並べる。食事がおわると、各人が茶碗を湯ですすぎ洗い、布巾で拭いて箱に納める。

京坂市民平日専用之　江戸ニテハ是ヲ折助膳《おりすけぜん》ト異名ス　其故ハ用之者　毎食後ニ膳碗ノ類ヲ洗ハズ唯月ニ四五回洗之　其間ハ布巾ニテ拭キ納ム　此故禅僧及ビ武家ノ奴僕用之也　奴僕俗ニ折助ト異名スル申故也

――京、大坂の市民は平日これを使っている。江戸では、これを折助膳という　毎食後に茶碗は洗わず　月に四、五回洗う　その間は布巾で拭いて箱に納める　禅僧と折助と呼ぶ武家の使用人がこれを用いるとある。茶碗は毎食後洗うことはせず、月に四，五回水洗いするというのが習慣であった。

このように、東西の風習が判る内容が書かれている。

膳の据え方

【15―1】は、『魚類精進早見献立帳』文政二（一八一九）年、【15―2】は『精進献立集』（天保五（一八三四）年）の挿絵である。上は、二膳と引ものを据える様子である。上客には本膳の右にすでに二膳を据え終え、何かの料理を引物として追加しているところであり、二客にはいま二膳を据えようとしているところである。

膳を据えたあと、追加で出すことを引くと言い〝引而《ひきて》〟〝曳而〟と書くこともある。単に引而とある場合は、畳の上にじかに置くことも多く、【15―2】では、畳の上に四つの器が置かれている。盆を使う時は、この盆を引而盆という。正式なとき、大がかりなときは、盆や膳などが使われるが、くだけたあるいは小さな宴のときは畳にじかに置くことが多く、引き落としということもある。引いて出す肴や菓子を指すこともある。

図下は、いずれの客にも料理が出揃っているところから、左の給仕人は、一番左の客にご飯のお代わりを勧めているところであろう。三番目の客の膳には汁が見当たらないところを見ると、右の給仕人は、三番目の客に汁を運んできたのであろうか。

配膳

「ご飯は左。汁は右」に置き合わせるのが、配膳の決まりである。戦後迄は、箸と鉛筆・筆は右手に持つものとされ、生来は左利きであっても練習して右手に持つように躾られた。私の弟は強い左利きで、中学生のころまでも食事の都度、両親が厳しく注意していたほどであった。一昔前は、左利きを右利きに矯正される風習があった。

右手に箸を持てば、左手にご飯茶椀を持つので、左に配膳するのが自然であるが、現在のように、右利き、左利き

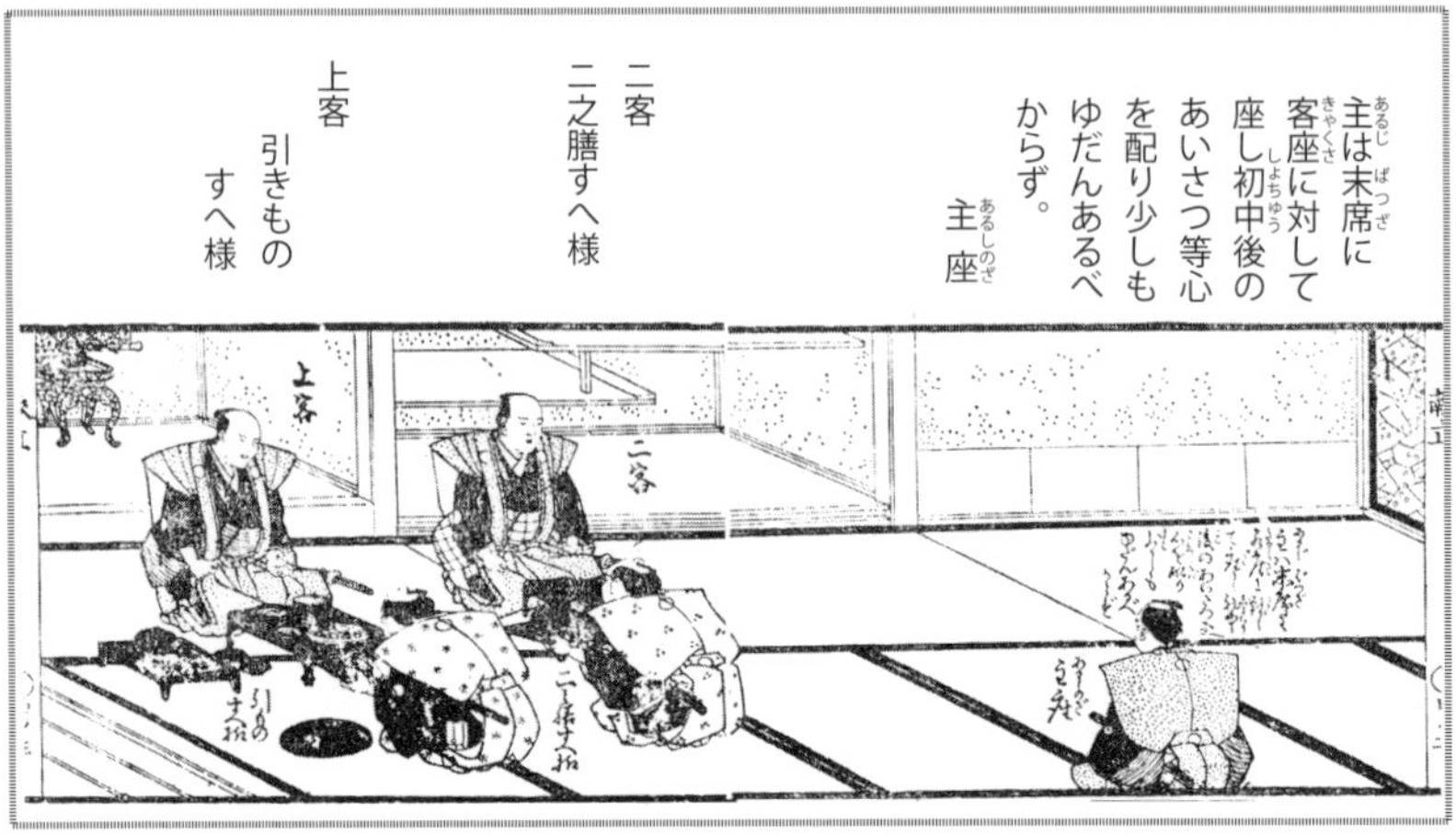

【15-1】引而之図（一）膳の据え方　「魚類精進早見献立帳』文政 2（1819）年
（『江戸時代料理本集成』臨川書店 1982 年）

【15-2】引而之図（二）給仕の仕方　『精進献立集』天保 5（1834）年
（『江戸時代料理本集成』臨川書店 1981 年）

が自由ならば、ご飯は左、汁は右の配膳の決まりは、近い将来には崩れるのではないかと予想される。

【16】は、『料理早指南』（享和二（一八〇二）年）の挿絵で、本膳の基本的な配膳になっている。客は、本膳と書いてある所に座る。二膳は本膳の右に据える。三膳がある時は、本膳の左に据える。

図中の数字を追って料理を見てみよう。

本膳の上には、左にご飯（①）、右に汁（②）、飯と汁の向うに膾（③）と壷（④）、中央に手塩皿（⑤）が配膳されている。坪には和え物が盛られているだろうか。手塩皿とは、もとは客が好みに合わせて塩加減できるように、小皿に塩を盛って出していたものであるが、単に小皿としてとりわけ用に使ったり、時には香物を盛ることがある。ここでは香物を盛ったのではないかと推測される。

二膳には、二汁（⑥）、刺身（⑦）、平皿（⑧）が置かれている。平皿には煮物が盛られる。大猪口（⑨）と吸物（⑪）は、膳に乗っていないので、引物であろう。長皿（⑩）は焼物で、膳に置かれている。この膳のことについては後述するが、汁が置き合されていないので三膳とは言わない。料理数が多くなると膳に置ききれなくなるので、このように焼物を別の膳に載せて焼物膳とか焼物台と言い、あるいは向詰《むこうづめ》ということもある。ここでは膳を「本膳、二膳、向」と呼んでいる。「向」とは、このように膳の呼び名としても使われるが、本膳上で飯と汁の向うに置き合わせる器あるいはその料理を指すこともある。現代にも続く「向詰」「向付」の略である。

【17】『当流料理献立抄』（一七八〇～一七九五年推定）では、料理の置き合わせ方を具体的に示している。他資料での料理の置き合わせとは必ずしも合致するとはいえないが、この類のものは珍しいので、一例として取り上げた。

「三汁十一菜　膳すへやう」をみると、本膳にはご飯と汁と（一）菜、二膳は汁と（二）菜、三膳は汁と（三）菜として（四）菜から（十一）菜を置く順を示している。（四）菜以降は、引而で運び出し、折敷や盆の上、あるいは畳の上に置くということであろう。

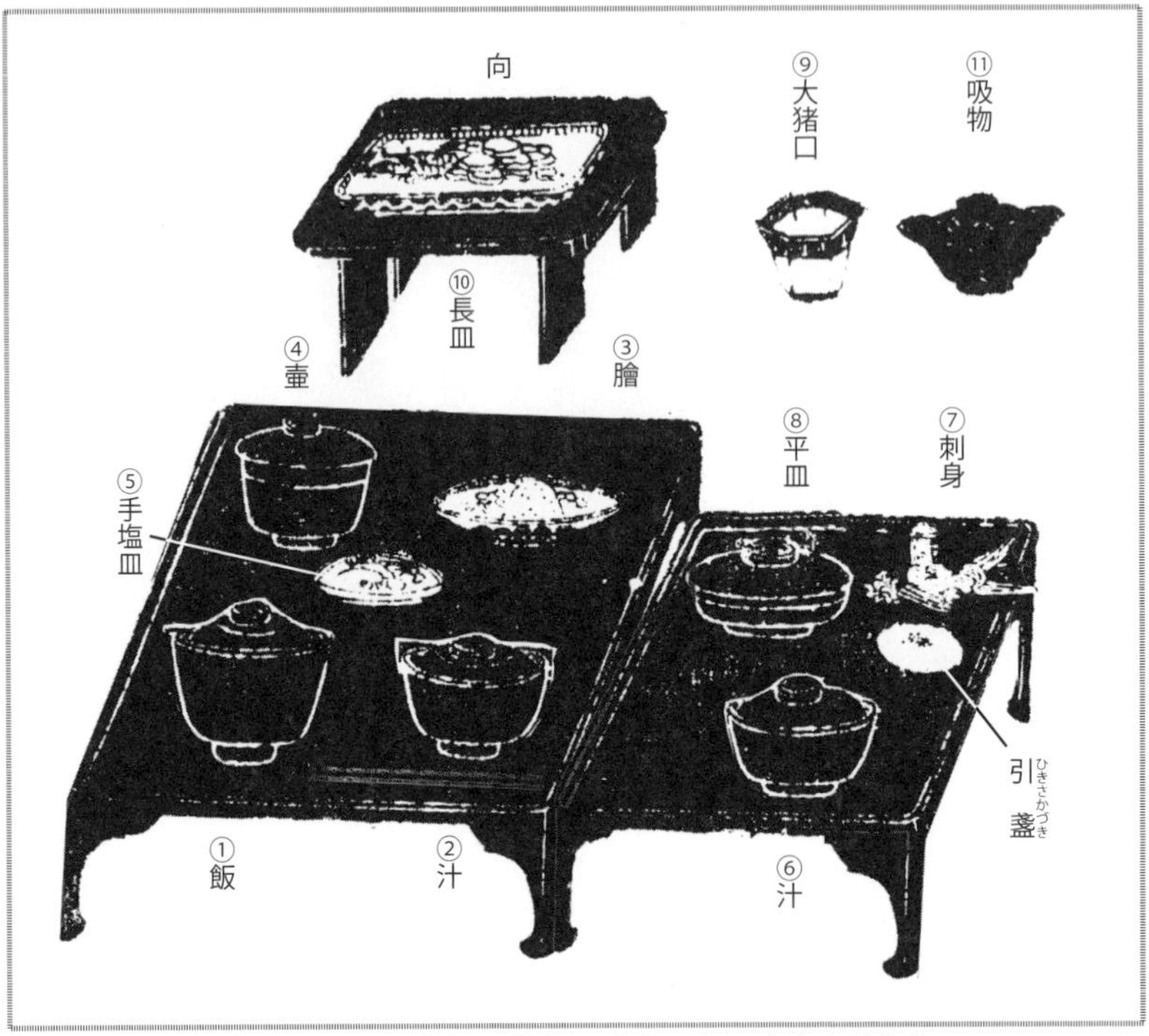

【16】本膳の図 『料理早指南』 享和 2（1802）年より作成。
（『江戸時代料理本集成』臨川書店 1981 年）

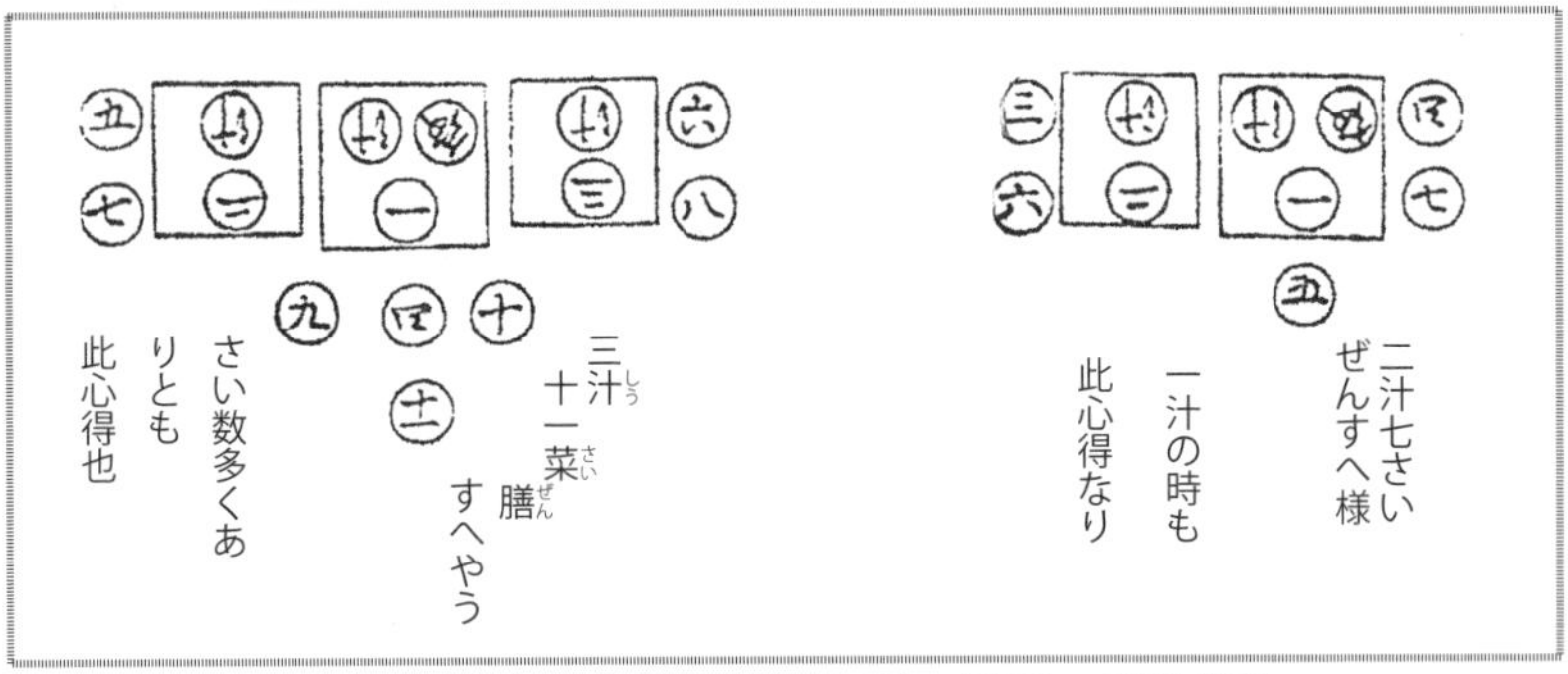

【17】料理の置合せ『当流料理献立抄』（1780 ～ 1795 推定）

膳数と汁数

本膳の形式では、基本的に膳の数と汁の数は一致する。一汁三菜といえば膳の数は本膳のみ、二汁五菜といえば本膳の右に二膳を据え、三汁七菜では本膳を中にして右に二膳、左に三膳を据える。つまり、汁の数と膳の数は一致する。「今日は二の膳つきのご馳走だった」といえば、二汁何菜かの料理であったことになる。

本膳形式での基本的な決まりごとは、

一、足のついた膳を使う

二、「ご飯は左。汁は右」と置き合わせる

三、膳の数と汁の数とは一致する

などである。

【18】の献立は、五膳の全てに汁がついている例で、この献立は、香物も一菜と数えて五汁十五菜の振舞である。つまり、一汁〇菜といえば、膳の数は一膳、三汁〇菜といえば三膳が並ぶということである。本膳の汁は本汁又は一汁という。

【19】は、後水尾院様が二条城に行幸されたときに振る舞われた献立である。

基本的には一つの膳に一つの汁というのが決まりとされるが、図にみるように、本膳に汁を置かず、二の膳に二つの汁が置かれることがある。この献立は、主食がご飯ではなく湯漬である。主食が湯漬けであったり、菜数が多く本膳におけないいときは、本汁を二膳に置いていることがあり、また、湯漬けが供される場合は、本汁が省略されていることもあるようである。

湯漬けとは、御飯に湯をかけたものである。

お湯漬けと聞くと、現在では〝お茶漬けさらさら〟を連想されて軽い食べ方のように思われるが、このように行幸

本膳

一なます　うを 大こん しやうか くりゆ　汁《あつめ》 くしこいも 大こん くつし くしあわひ

一いはし二つ　かみにつゝみはらくと合わせて 水引にてゆひ中ひた一つちる也　めし

一かうの物

一小桶あへ物

二

きそく 一かひもり　かはらけ 一すしわ

かはらけわ 一たこ　汁 鶴 こはう 木のこ ふ な

かはらけわ 一くらけ　一かまほこ

三

小かく 一はもり　汁 きそく のり はまくり

わ にし

小かく金銀のつゆ 一ふなもり　汁 こい

小かく 一さゝい

きそく 一小さし 小かく

五

小かく 一かさみ 鶴

一はまくり　汁 たら こんふ

【18】膳数と汁数 新版『料理献立集』寛文 11（1671）年より作成

寛永三寅年九月　行幸御式禮　六日之書

七五三　御本

塩引　蛸 同　蒲穂 五ツ　塩 亀足金

同 和交　上同 湯漬

同 香物　同 含　小桶 金小角二ノセ　箸臺

御二

同 巻鯣　同 海月　御汁 大根 煎コ ゴボウ 串貝 芋

貝盛

同 カラスミ　ソキ焼　御汁 鶴 椎茸 松茸

御三

小角金 羽盛　金輪共 栄螺　金土器輪共 御汁 鰭ノ物

右同 舟盛

二ツ星　高九寸五分 居一尺四寸　橘　トンホウ亀足

【19】『後水尾院様行幸二條城御献立』寛永 3（1626）年より作成

の饗宴にも使うご飯の食べ方で、簡易なものではない。夏にはご飯やご飯を干した干飯《ほしいい》を冷水につけて食べることがあり、水飯《すいはん》とよんでいる。また、「めし」は〝飯〟とするほか〝食〟と書くことも多い。

御本（膳）の上に「七五三」とあるのは、七五三の膳組みであることを示している。本膳では、箸を置く箸臺、味つけのための塩そして湯漬を除くと本膳は七菜、御汁ふたつを除くと二膳は五菜、三膳は汁を除くと三菜となり、前述のように異論もあるが、このように数を決めて菜を据えることを、七五三の膳といい、格調高い献立である。

香物の扱い

《香物の数え方》

本膳形式では、料理の品数の数え方は簡単なようでいて案外難しく、「この献立は何汁何菜？」と、しばしば迷わされる。その理由の一つに、香物の扱いがある。

現在は、「〇汁〇菜香物」というとき、基本的には香物を数に入れないとされている。しかし実際に数えてみると数が合わないことがままあり、菜の数が多い献立では、香物を菜の数に加えていることもある。

（一）文献にみる数え方

【20—1】は、『魚類精進早見献立集』（天保五（一八三四）年）にみられる献立例である。

香物の数え方を見てみる。上は香物を数に入れる場合で、その時は「〇汁香〇菜」という、中は香物を数に入れない場合でその時は「〇汁本〇菜」という、また、多くは、香物を数えないことが多く下のように単に「〇汁〇菜」というとしている。

二汁香七菜の献立をみると、本膳は一汁と生盛、坪皿、（香物）の三菜、二の膳は一汁と刺身、大猪口、平皿、茶

二汁香七菜
献立
生盛《いけもり》　汁《しる》
坪皿《つぼさら》　飯《めし》
香《こう》の物《もの》
二の膳
刺味《さしみ》　二ノ汁
ちょく付
引テ
大猪口《ちょく》
平皿《ひらさら》
茶碗《ちゃわん》　吸物《すひもの》
己上　くはし

一汁本五菜
（本文に㊂の印を合す）
献立
㊂刺味《さしみ》　汁《しる》
飯《めし》
香のもの
引テ
㊂大猪口《ちょこ》
㊂平皿《ひら》
㊂菓子椀《くわしわん》　臺皿を不用ときはくはし椀にしてこゝへ出す
㊂茶碗《ちゃわん》　吸物
くはし
己上

一汁三菜
（同じく㊂の印を合す）
献立
㊂猪口《ちょこ》　汁《しる》
飯《めし》
かうのもの
引テ
㊂平皿《ひら》
㊂くはし椀《わん》　坪皿を用ひるときはくはし椀なし
吸物
くはし
己上

【図 20-1】香物の数え方　『魚類精進早見献立集』天保五（1834）年より作成

Ⓐ
盛分　煎酒溜ル　落しいも　にんしんせん　岩たけ　寄てん　わか和布　ほうふう　わさひ
汁　豆腐すり込　椎たけせん　細々菜
小皿　からし　ちんひ　ねぎ　とうからし粉
飯
二
坪　濃しやう　しゝたけ　きんなん　割山椒
汁　薄すまし　生椎たけ　みつは　めうと
大猪口　干大こん　しらあへ　とうからし入
引而
平　和ら麩大口取　かいわりな　柚
長皿　揚昆布　黒くわゐ
茶碗　薄葛煮　松露沢山に　むきくるみ　胡椒粉
吸もの　薄すまし　百合根　やきのり
香物　見合引也
菓子　大まつ風　てんもんとう　霜はないかた　小りん

Ⓑ
盛分　○梅醤酢敷　しらかこほう　筒□□ん　みつは　久手母
汁　干大こん　若和布　よめ菜
香物
坪　丸ゆは　さつと油揚　山根みそかけ
飯
二
刺身　干瓜塩出して　細引　さき根いも　かんひやうのせん　わさひ
汁　にんしん　短冊　つくし　せり　柚
猪口　いり酒
引而
猪口　蕗のとう　木口かや　ひたし
平皿　○思案麩《しあんふ》　梅ほし　しゝたけ　焼くり　かい割菜　めうと
すい物　焼とうふ　薄短冊　神馬藻
菓子　大かるやき　しら玉　たまたれ　切さんせう　打くり

【図 20-2】香物の供し方『料理歌仙の組糸』寛延元（1748）年より作成

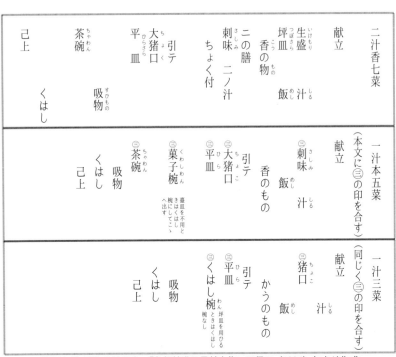

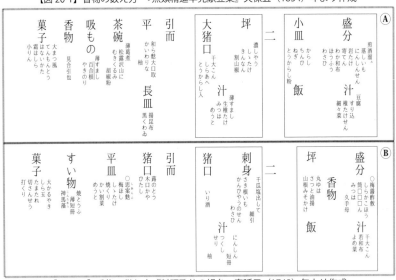

碗の四菜で、合わせて二汁七菜（香物含む）になる。また、一汁本五菜の菜の数をみると、刺身、大猪口、平皿、菓子椀、茶碗の五菜と香のものになり、香物は菜の数に入れていない。生盛とは、切り方などを変えた数種の魚介類の刺身を皿の中央に置き、つまやけんを添えて、周りから調味酢や煎り酒などを注ぎ入れる料理である。

『精進献立集』（文政二（一八一九）年）では、香物を菜の数に入れる時は一汁香物五菜とし、入れないときは一汁本五菜というとしている。

（二）富成邦彦氏の数え方

料理書原典研究会の設立以来の会員であった富成邦彦氏は長年にわたり、数多くの種々の献立を収集して分類し、香物の数え方を『飲食史林』に纏めている。氏は、一汁五菜以上の献立では香物は菜数に加え、一汁三菜以下では菜数に加えないようだという。一汁四菜となったときは、四を嫌うからであろうか、香物を菜に加えて一汁五菜としたのではないか、そういう例が多く見られると指摘している。

もっとも、奇数を重んじる考えは中世で強く、江戸時代になると、識者の間では偶数を嫌うことは中世ほどではなくなっていたとされ、時には、一汁四菜香物、二汁八菜香物というのも全くないわけではないとも記している。

また、調理法についても分類を試みられ、膾や刺身の「生物：煮物：焼物」の割合が凡そで、

一汁三菜では…「一：一：一」、

二汁七菜では…「二：二：二」、

三汁十一菜では「三：三：三」、

となり、献立をたてる際、調理法が偏らないように配慮していたのであろうと、興味深い分析をされている。

《香物の供し方》

〝ハレ〟にしても〝ケ〟の食事にしても香物が必ずというほどに添えられ、とりわけ〝ケ〟の食事においては、香物が菜として重要な一品であった。香物は食事の上でどのように供されたのであろうか。

【20―2】『料理歌仙の組糸』（寛延元（一七四八）年）にみる宴会の二例から香物の供し方を着目する。

Ⓐは、「香物　見合引也」とあり、ときを見計らって引而で供するということで、膳には置かれていない。

Ⓑは本膳に飯・汁・香物のかたちで組み込まれている。引菜として供される場合は、香物いろいろとか香物五種などとあって、本膳に置き合す場合に比べて漬物の種類が多く、独立した料理の一品になっているように思われる。

本膳の様式では、断りがなくとも香物がつくのが普通なので、一汁三菜というときは、汁一、菜三、香物一とするのが本来の形であるが、現在では、香物の喫食率が極めて低く、一汁三菜のみで香物を含めないのが普通になっている。

飯、酒、茶の区切り

「〇汁〇菜」の数え方で迷わされる二つ目の理由は、どこまでが飯のコースで、どこからが酒のコースかの見分けが難しいことである。

【21】『精進献立集』文政二（一八一九）年にみる一汁香の物五菜を例に食事と酒宴の違いに着目する。

一汁香物五菜を例に、コースを区分してみる。

一汁香物五菜は香物も一菜として数えるので、

一、膾皿（大根の和え混ぜ）、

二、猪口（うどの青和え）、

一汁香の物五菜

向付　あへまぜ　大こん　しいたけ
だい引　ぎおんぼう　わかめ　くずひき
膾皿《なますざら》　あげふ　にんじん　青み　けん　はつき　きんかん
重《おう》引　あふみ　かふら　けしごま　かけ
汁《しる》　白みそ　ふともぞく　ときがらし
吸物《すいもの》　すまし　もうそう　竹のこ　うすゆき　こんぶ
飯《めし》　かうの物
わりごせう
猪口《ちょく》　あをあへ　大せんうど　長ろぎ　ぜんの　きくらげ　外へ引
したし物　春ぎく　花ぐり
取肴《とりざかな》　ゆきはふ　くわゐ　かうたけ
平皿《ひらさら》　せんばじたて　なまゆば　しいたけ　みつば　すい口ゆ
酢《す》の物　うみそうめん　めうがたけ　べにのり
茶碗《ちゃわん》　うすくず　あわふ　小松たけ　おろし　わさび
ちょくに　からしすみそ
御茶御くわし

【21】　食事と酒宴の区分　『精進献立集』文政２（1819）年より作成

三、平皿（せんば仕立てのなま湯葉の煮物）、
四、茶碗（栗麩、小松菜の蒸物）
五、かうの物

ここまでの五菜が飯のコースである。ぎおんぼうを載せた台引、近江かぶらのくずひきを盛り込んだ重引から、酒のコースがはじまるとしてよいだろう。筍の吸物、春菊の浸し物、取肴、みょうがたけの酢物で中酒を楽しむ。その後が茶のコースで、御茶御くわしが供されている。

コースを見極めるには、コースに関係する言葉に注目するのも一つの方法である。飯のコースは「飯・汁・香物・菜」などからなり、膳の上の菜に加えて引而で出される菜も数に入れることもある。飯と酒の間に出される湯や水、おもゆなどを「こみず」ということがあり、これもコースの見極めになる。

酒のコースは酒、肴、吸物、香物などからなり、中酒、盃、銚子など酒に関する言葉、吸物や肴など酒の菜に関する言葉が手掛かりになる。

茶のコースは、菓子・茶　が基本だが、菓子とあるだけで「茶」は書いていないことも多いが、こちらは殆ど迷うことはない。

《**夜食**》

『守貞謾稿』では、炊飯と食事の関係を次のように記している。

江戸は、朝炊飯して味噌汁で食べる　昼は冷飯と一菜　夕方は茶づけに香物。京阪は昼に炊飯して煮物や味噌汁で食べる。朝と夕は冷飯と茶と香物の食事である。朝夕冷飯なので冬はかゆなどにもする。大店では三回炊飯する。江戸でも京坂でも、夕食は冷ご飯になるため、冬季は粥や湯漬、汁かけ飯などにすることが多い

としている。また、晩炊の語があり、『日葡辞書』では「Bansui バンスイ　晩炊　夜の食事または夕方の食事」、『書言字考節用集』には「晩炊　夕食也」とある。

僧侶は正午以前に食事するのが決まりでこれを斎《とき》というのに対して、食事をしてはならない日中から翌朝の日の出前までの間に摂る食事を非事食と言い、『運歩色葉集』では〝晩炊〟とは非事食《ひじき》のことであるとしている。

【22―1】は、『料理網目調味抄』享保十五（一七三〇）年の御晩食の献立である。主食に御湯漬飯が供されているからであろう、御本膳に汁がなく二之御膳に御汁が据えられている。二膳つきだが一汁五菜の食事のあと、軽く酒を楽しむ晩食である。

【22―2】は、汁かけ飯を供するときの準備である。苗字飯と二菜と香物が膳に、長盆には薬味と汁次、手前に盛られたのは塩であろう、箸立てには箸と匙が見える。平皿と茶碗があとで運ばれて畳の上に置かれ、膳の足が低く、くだけた雰囲気が感じられる。苗字飯は固有の飯名ではなく、白飯や麦飯など普通のご飯に対する呼び名である。

今では変わり飯というのが普通になっている鶏飯や海苔飯など苗字飯は多彩で、多くは汁をかけて食べる。現在、茶漬け飯、出汁かけ飯などの店が僅かながら増えているが、江戸時代には、これは珍しいものではなかった。冷ご飯をおいしく食べるための手段だったのであろう。

因みに、現在では、茶をかけて食べるご飯だけでなく、出汁などの汁をかけて食べるご飯も、○○茶づけと呼ぶのが多いようだが、出汁などをかけるものは、汁かけ飯と呼ぶとよいのではないかと思う。

《後段》

後段とは、江戸時代の宴会において食後に食物を出すこと、あるいはその食物をいう。

また、夜食をさすこともある。軽食で麵や餅などが多いようである。後段については、次のような記録を見ることが出来る。

【23】は、『當流節用料理大全』(正徳四(一七一四)年)における後段が出された饗宴の例で鳥尽くしである。後段にも土塊鳩の雑炊と鳥味噌が出されている。「後段」は、「飯—酒—茶」が終わった後に出されるものでコースには含まれない。

献立例では、茶の直ぐ後に出されたようにみえるが、後段が出されるのは、食事後おそらく三〜四時間後ではないかという見方もある。

食事が終わって、所要や遊びで長居したときなどに出されたのであろう。このように食事の形をとることもあり、麵類や餅菓子程度のこともある。

・『料理物語』(寛永二十(一六四三)年)

「後段の部」があり「うどん　けいらん　切麦　葛素麵　じょよめん　水繊　水鈍　きんとん　蕎麦きり　麦きり　にうめん　すすりだんご　雑煮」とみえる。

・『江戸料理集』(延宝二(一六七四)年)

種々あり、重複を避けて書き出してみると「ういらうもち　つばき餅　きびもちなどの餅類、ひぼかわ　あわ切

御晩食《はんしょく》　御本膳
穀焦《こくしょう》
一 御烹物《にもの》　鯛切重　石茸
御湯漬飯
二之御膳
一 煎酒《いり》浸《ひて》　塩貝　刺鰕《えび》
一 塩辛
御汁　鴫　針牛蒡　卜治
一 御引饗《やきもの》　雉子　鯵開テ
一 貝焼　淡菜《みるくい》　卵張《たまごはり》　慈姑《くわい》　焼栗
一 御吸物　蠣《かき》
一 御肴　田楽　木茸　王蜷《たいらぎ》
一 御吸物　薄味噌　淡雪《あはゆき》　蕗薹《ふきのとう》
一 御取肴　鯐《めさし》
嶌台　海老舟盛《ふなもり》　鴫羽《しきのは》盛　鮑貝盛《あわひかいもり》

【22-1】御晩食の献立　『料理網目調味抄』享保 15（1730）年より作成

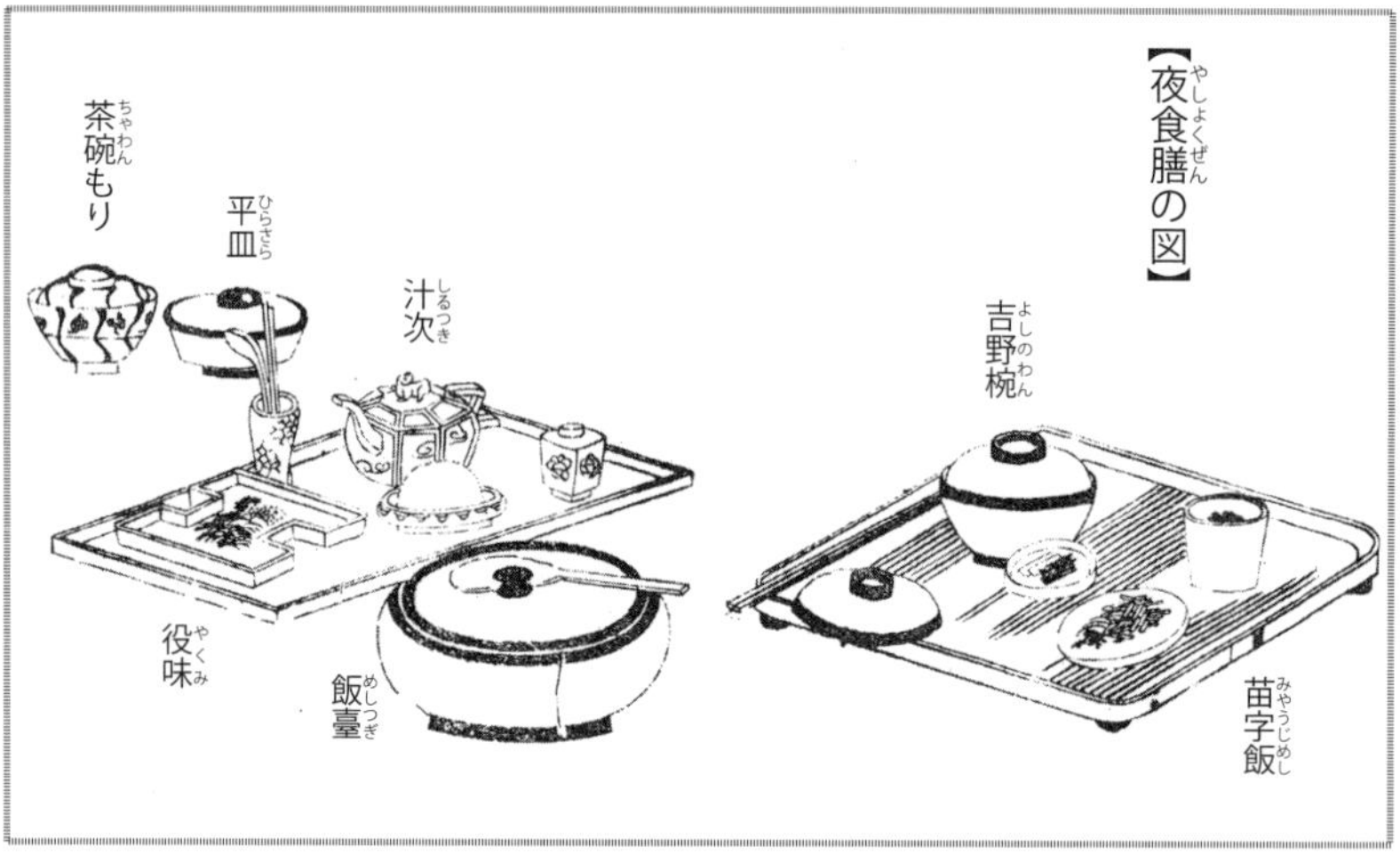

【22-2】汁かけ飯の図『料理早指南』享和 2（1802）年より作成
（『江戸時代料理本集成』臨川書店 1981 年）

雉子《きじ》膾
大こんおろし
くりしらか
せうか同
きしやき候て
こまかにたゝき
ざくろ
ほたて

汁
ふくさ
雁のしゝに
うどのめ
ふ
なめすゝき

御食

二

鳥こくせう
鶫たゝき
きんなん
山のいも小口切
ひばり
塩辛

小ちよく

汁
すまし
雉子青味《あおみ》
かち
あをのり
ほそく
ほどき入

三

平皿
小鴨《がも》
茹《ゆで》どり
くすたまり
わさひ

汁
ふくさ
小鳥たゝき
な

和物
鳥のもゝげ
けしみそ

皿台二のせ
向詰
うづらやき
玉子のふのやき

引テ

皿
指身
鴨《かも》あまかは細作り
えんす
いり酒わさび

鳩酒
はとたゝき入
みそェすりませ
さけを入

足打
引合
鴨の板やき
たうふのうば

鍋引《なべひき》
にとり

煎鳥
ひばり
せり

吸物
白鳥のほそわた
はすいものくき

菓子
玉子そうめん
かすてら

後段

鳥雑炊《とりぞうすい》
玉子そうめん
かすてら

引而

鳥味噌《とりみそ》
小ざらに入

【23】後段の例『當流節用料理大全』正徳4（1714）年より作成

十月十二日之晩口切献立

平皿
煎鳥
鴨
ふ
こんにやく細作り
輪柚

直《ちょく》鯛塩から

引テ香之物

食

八寸
生干むしり鱈
たいらき小串

中酒

中皿
一夜酢《スシ》
たい
いか
きすご
せうが
あわび
ぎんなん
さゞい

小皿
肴
いなだ筋《スジ》
平がつほ
酒かけて

吸物
まつもどき魚の子
小なすび

茶菓子
大しいたけにしめ

御茶
惣くわし　じゆくし

【24】菓子・惣菓子『茶之湯献立指南』元禄9（1696）年より作成

きび切等の麺類」とそのほか御菓子いろいろとしている。また、「是は御めしの後に出る物なれば、吟味して、かろく、うまきを用うべき事なり」と、ご飯の後なので、軽いものを吟味するようにと教えている。

・『貞丈雑記』（天保十四（一八四三）年）

「客のもてなしに　飯の後に麺類にても何にても出すを今の世には後段と云　いにしへはなき詞也」としている。いにしへが何時を指すのか不明だが、『松屋會記』弘治元（一五五五）年二月二十九日に、「中段饅頭　小アユ　後段ヒヤムキ　貝ハマクリ」とあり、更に中段の詞も見える。中段については管見の限りでは他では目にしたことがない。

《**菓子**》

【24】は、『茶之湯献立指南』で、菓子が茶菓子と惣菓子が見られる例である。

濃茶の前に出される菓子を茶菓子とか茶請けと言い、薄茶の前に出されるのを惣菓子あるいは後菓子と呼ぶ。茶菓子としては餅菓子や煮〆など、惣菓子としては干菓子など軽い菓子が出されることが多い。

「ケ」の献立―日本人の日常の食事―

高度経済成長以前には「ハレ」の日の食事であったご馳走が、豊かになった現在では日常の食事になり、「ハレ」と「ケ」を区分できなくなっている。日本人が等しく米のご飯が食べられるようになったのは僅か七十年前のことで、地域によっては雑穀や芋を主食としてきたのである。

ユネスコ無形文化遺産に申請した現代の献立の基本とされる「一汁三菜」が、家庭の食事例として目に触れるようになるのは、一九五〇年以降のことといえよう。

日常故に記録が少ない「ケ」の食事

ハレの食事である饗宴の記録は、大饗の記録から祭日の共食、稲刈りの手伝いへの謝礼の小宴等々、実際の文書や料理本などの献立例を多々見ることが出来る。

しかし一般庶民の日常の食事、いわゆる「ケ」の食事を記録した例は、とりわけ連続した記録は少ない。柳田国男も「問題の重要性は常之食べ物の上に認めて、これを詳らかにせんとする史料は、異常食事の記録に求めていた」と、日常の食事の記録を得るのはむずかしいと述べている。

ここでは、近世の藩主の食事記録、近代の紡績工場の寮や養護院の食事記録のほか、時代を映すと推測される雑誌や辞典などに掲出された献立などを資料とした。実記録だけでなく文献上の献立の採用など、資料の収集としては最適とはいえないが、入手できた資料をもとに日常の食事の献立の経緯を辿ってみることにした。

大名の食事―『壬生藩主文化二年御献立帳』から―

『壬生藩主文化二年御献立帳』は、壬生藩主四代目鳥居忠熹《とりいただてる》の、文化二年七月朔日から二十九日まで一ヶ月にわたる食事を記録した献立帳である。僅かひと月の記録に過ぎないが、大名の日常の食事が書き留められ、残されたということ自体が稀なことで、貴重な記録である。また、「不残」、「不被召上」といった食べ具合や「二椀」、「三椀」と量についても記入するなど細かに記録されており、記述に信憑《しんぴょう》性があり且つ食事の全貌を知るうえで適切な資料と考えられる。

以下は、國學院大学短期大学部元教授右田節子氏が中心となって食事の内容を、食品、料理など各面から分析してまとめたものである。一日の食事の回数は朝、夕御夜食となっている。

食事の重きをどこに置くかによって、献立構成も違ってくるので、ここで食事の回数についてみておくことにする。現在は朝、昼、夕の三回が普通で、夕食に重きをおくのが普通だが、江戸期の文献でも本文献と同様に朝、夕、夜とする例が多い。

『一話一言』寛延二（一七四九）年に、

さだまれる食事は　上一人より下万民まで一日に二度なり～中略～武家の式もさぞ有けん　御当家にても朝夕は御汁添御菜数もあり御三度めは御汁も添ず御菜数も少なし又永夜には御四度めもあれども猶更事そぎたるさまなり

とあり、一日二度の食事がふつうで、武家であるこの家においても、朝と夕は汁に菜がつくが、三度目の食事は汁はなく菜の数も少ない。また、夜更かしするときは四度目の食事をとることがあるが、それは更に簡素であるという。

朝、夕、三度目、四度目の食事は、現在に当てはめれば、朝、昼、夕、夜食ということになるのであろうが、主な食事のおきどころに違いがみられる。

『柳亭記』晝飯の事「朝飯夕飯が三度となりしは、田舎より起りし事なるべし、農民はことに骨をおればなり、今は小中飯ととなへ、日の長き頃は四度喰う田舎あり、中飯又晝飯トいふも則田舎詞なり」としている。

養生書『年玉集』天保十（一八三九）年の長寿の傳の項では「古人の一日に二度づつ食するに従ふべし　かくすれば無病にて長命なり」とし、一日二食を推奨している。また、禅家では朝、昼のお斎を午前中にとり、午後からは非時として軽く点心をとるに留めることの影響を受けているとする説もある。

以下、二十九日間の食事を献立構成、料理の種類、品数、食品の種類などの観点から見てみよう。

献立構成

【25―1】は、『壬生藩主文化二年御献立帳』から一ヶ月の献立構成をまとめたものである。

献立は、飯、汁、香物、向が定番で、時折、猪口、坪、焼物などが加わる形になっている。日本料理では、献立を料理名で書くとは限らず、ここでも料理名は焼物だけである。「向《むこう》」とは向詰の略称で、膳の中央より向うの方、つまり飯・汁の向う側に置くので「向」という。猪口《ちょく》、坪《つぼ》は食器名である。食器と料理の関係にいては後述するが、このように料理を直截に料理名で呼ばないところが日本料理をわかりにくくしている理由の一つでもある。

「向」に盛りこむ料理は刺身、膾が多いが、必ずしもそうとは限らず、和え物や煮物などが盛られることもある。現在では茶の湯の茶懐石料理に名を留めており、ほぼ刺身が盛られる決まりになっている。

この表では、「向」が、飯・香物と同じく全ての食事に見られるのは、配膳上、飯・汁の向うに器を置くのが座りがよいことから、まず、飯・汁の向うにおく器名を書いておき、それに何を盛るかを、あとで書き添えることにしていたのであろう。猪口、坪は深めの器で、小煮物や和え物などを盛ることが多い。焼物は七日にみられるのみだが、同時代の料理本でも焼物は現在にくらべて少ない。また、七日は七夕祭りのハレの日のために料理数が多くなっている。

【25―3】は、七月五日の献立を再現したもので、朝御膳は（御飯・茄子の味噌汁・御向に玉子とじ・塩漬瓜の香物）、夕御膳は、（御飯・こまごま菜の味噌汁・御向に八盃豆腐・香物は味噌漬け大根）、御夜食は（御飯・鰻を煎りつけた御向・塩漬うりの香物）である。

朝、夕は一汁一菜香物、夜は一菜香物で汁がつかず、軽い食事になっている。ご飯は二膳づつ、汁はお代わりされなかったが、いずれの料理も香物も残さず召しあがられたと、この料理人は律儀に記録しており、心をこめての仕事ぶりに感じ入る。

日	朝 飯	汁	香物	向			猪口	焼物	坪
**1	2	○	○	○					
2	2	○	○	○	●				
3	2	○	○		◎				
*4	2	○	○			△			
5	2	○	○	○	◎				
6	2	○	○		●				
7	2	○	○	○	◉		○	●	
*8	2	○	○	○					
9	2	○	○		●				
*10	2	○	○	○		△			○
11	2	○	○	○	●				
*12	2	○	○	○					
13	2	○	○	○	●				
*14	2	○	○			△			
15	2	○	○	○	●				
16	2	○	○		●				
*17	2	○	○	○		△			
**18	2	○	○	○					
19	2	○	○	○	◎				
*20	2	○	○	○		△			
21	2	○	○	○	◎				
22	2	○	○	○	◎				
23	2	○	○	○	◉				
*24	2	○	○	○					
25	2	○	○		◎				
26	2	○	○	○		△			
27	2	○	○		●				
28	2	●○	○	○					
*29	2	○	○			△			

日	夕 飯	汁	香物	向			猪口	焼物	坪
**1	2	○	○			□			
2	2	○	○	○	◎				
3	2	○	○		●				
*4	2	●○	○	○		□			
5	2	○	○			□			
6	2	○	○			□			
7	2	○	○	○	◎	□	○	●	
*8	2	○	○	○		□			
9	2	○	○			□			
*10	2	○	○			□			○
11	2	○	○		●				
*12	2	○	○	○					
13	2	○	○			□			
*14	2	○	○	○					
15	2	○	○		●				
16	2	○	○			□			
*17	2	○	○	○		□			
**18	2	○	○			□			
19	2	●○	○		●				
*20	2	○	○			□			
21	2	○	○			□			○
22	2	○	○	○	◉				
23	2	○	○	○		□			
*24	2	○	○	○		□			
25	2	○	○	○					
26	2	○	○		◎	□			
27	2	●○	○	○	◎				
28	2	○	○			□			
*29	2	○	○	○					

日	夜 飯	香物	向			猪口	坪
**1	2	○		●			
2	3	○	○	●		○●	
3	2	○		●		○	
*4	2	○	○				
5	1	○		●			
6	1	○	○	●		○	
7							
*8	2	○	○		△		
9	2		○	◎			
*10	2	○	○				
11	3	○		◎	□		
*12	2	○	○		□		
13	2	○		●			
*14	2	○			□	○	
15	2	○	○	●			
16	2	○	○	●			
*17	2	○	○				
**18	2	○	○	●			
19	2	○		●		○	
*20	2	○	○				
21	2	○		●			○
22	2	○			□		
23	2	○	○	●			
*24	2	○	○				
25	3	○	○	●	□		
26	2	○		●			
27	2	○			□		
28	2	○	○	●			
*29	2	○	○		□		

*終日御精進　**朝夕御精進　飯欄の数字は椀数
○：野菜　◎：卵　●：魚　◉：鳥　□：豆腐　△：麩
【25-1】献立帳にみる１ヶ月の献立構成

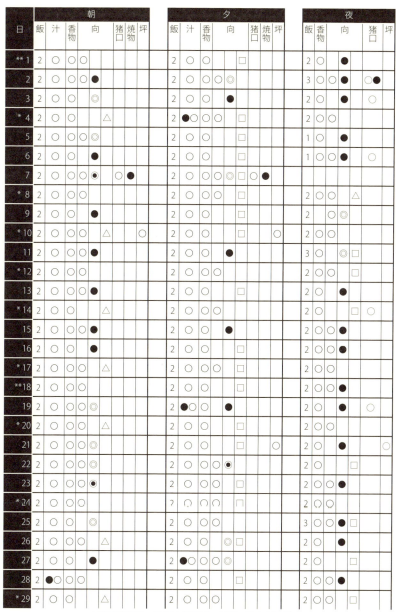

朝、夕御膳、御夜食の品数

【25—4】は、朝、夕御膳、御夜食の料理の品数を書き出したものである。ほぼ同じような数字が並ぶ中で、目に付くのは、ハレの日である七日の七夕と他のケの日とに違いがあることである。

七日の七夕は、朝、夕が一汁三菜香物で、ケの日より品数が多く、この日は素麵で祝っている。七夕の節供が素麵であることは、当時も今も変わらない。また、十日は終日御精進とあり、法事でもあったのであろう。朝、夕御膳の菜が二菜になっている。平素の二十八日分を纏めると、朝御膳は一汁一菜香物二十七回、一汁二菜香物一回、夕御膳は一汁一菜香物二十六回、一汁二菜香物二回、御夜食は汁無しの一菜香物二十三回、二菜香物六回となっている。

忠燾時代の壬生藩は三万石の小藩とはいえ、藩主の日常の食事は一汁一菜香物がきまりといってよく、思いのほか質素である。一汁三菜香物の献立はハレの日のみで、ケの日にはみられない。当時の、一般庶民の食事はおして知るべしであろう。

汁の実に使用された食材

【25—5】は、汁の実に使われた食材をまとめたものである。動物性食品はやまめ、うなぎが一回ずつあるのみで、豆腐も一回と少ない。野菜は芋、茸も合わせると十七種と多彩に使っており、野菜で日々の変化をもたせるよう考えたのかもしれない。一椀には二種の実をとり合わせるのが普通だが、七夕の日は四種が使われている。

香物の種類

【25—6】は、朝、昼、御夜食につけられる香物についてまとめたものである。大根の味噌漬けが最多で、一日三回ともに大根味噌漬ということもあり、ほぼ、ひと月にわたって使われている。同じ味噌漬の茄子は月終わりのころから出てくる。味噌漬は醗酵を伴う漬物であるのに対して、当座漬は二、三日から一週間ぐらいの漬物で、夕食の漬

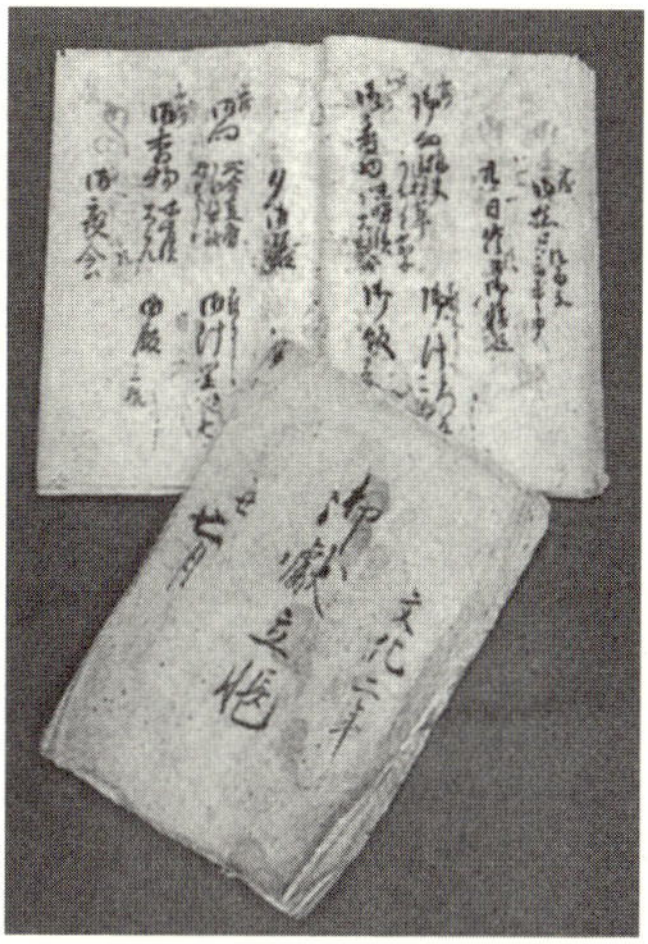

【25-2】壬生藩主文化 2（1805）年御献立帳
（國學大学栃木短期大學紀要第 35 号 2001 年）

■五日　朝御膳
不残
御向
松な
かんぴやう
椎茸
玉子とじ
不残
御香物　塩漬瓜
御替無之
御汁
くしがた
なす
御飯　二椀

■夕御前
不残
御向
八盃とふ《ぅ》ふ
もミのり
花かつほ
不残
御香物
大こん味噌漬
御替無之
御汁　こまごまな
御飯　二椀

■御夜食
不残
御向
うなぎ
いり付
粉山椒
不残
御香物
うり
しほ漬
御飯　二椀

【図 25-3】『壬生藩主文化 2 年御献立帳』から 7 月 5 日の献立を筆者らが再現
（國學大学栃木短期大學紀要第 35 号 2001 年）

日	朝		夕		夜	
	汁	菜	汁	菜	汁	菜
1	1	1	1	1	0	1
2	1	1	1	1	0	2
3	1	1	1	1	0	2
4	1	1	1	1	0	1
5	1	1	1	1	0	1
6	1	1	1	1	0	2
7	1	3	1	3	0	1
8	1	1	1	1	0	1
9	1	1	1	1	0	1
10	1	2	1	2	0	1
11	1	1	1	1	0	1
12	1	1	1	1	0	1
13	1	1	1	1	0	1
14	1	1	1	1	0	2
15	1	1	1	1	0	1

日	朝		夕		夜	
	汁	菜	汁	菜	汁	菜
16	1	1	1	1	0	1
17	1	1	1	1	0	1
18	1	1	1	1	0	1
19	1	1	1	1	0	2
20	1	1	1	1	0	1
21	1	1	1	2	0	2
22	1	1	1	1	0	1
23	1	1	1	1	0	1
24	1	1	1	1	0	1
25	1	1	1	1	0	1
26	1	1	1	1	0	1
27	1	1	1	1	0	1
28	1	1	1	1	0	1
29	1	1	1	1	0	1

【25-4】朝、夕御前、御夜食の料理皿数

日	蔓菜	水菜	細々菜	摘菜	貝割菜	葱	茗荷	隠元	茄子	白瓜	冬瓜	干瓢	牛蒡	根芋	里芋	岩茸	椎茸	豆腐	やまめ	うなぎ
1													△	○						
2	△								○											
3				○										△						
4				○												△				
5			△						○											
6						○							△							
7								△				○		○		△				
8	○																			
9		○							△											
10						△								○						
11		△							○											
12				○						△										
13							△							○		△				
14	△				○															
15	△					○														
16		△							○											
17		△									○									
18	○										△									
19				○													△	△		
20		○								○					△					
21		△																		
22									○						△					
23			○												△					
24								○					△							
25						○										△				
26			○						△											
27	△										○									△
28			△						○										○	
29							△						○			△				
朝	2	2	2	4	1	3	0	1	6	1	2	1	1	4	0	0	0	0	1	0
夕	4	4	2	0	0	1	2	1	2	1	1	0	3	1	3	5	1	1	0	1

○：朝　△：夕

【25-5】汁の実に使用された食材

日	朝	夕	夜	日	朝	夕	夜
1	×	豆腐	魚	16	魚	豆腐	魚
2	魚	卵	魚	17	麩	豆腐	×
3	卵	魚	魚	18	×	豆腐	魚
4	麩	豆腐	×	19	卵	魚	魚
5	卵	豆腐	魚	20	麩	豆腐	×
6	魚	豆腐	魚	21	卵	豆腐	魚
7	魚	卵	×	22	卵	鳥	豆腐
8	×	豆腐	麩	23	鳥	豆腐	魚
9	魚	豆腐	卵	24	×	豆腐	×
10	麩	豆腐	×	25	卵	×	魚
11	魚	魚	豆腐	26	麩	豆腐	魚
12	×	×	豆腐	27	魚	卵	豆腐
13	魚	豆腐	魚	28	×	豆腐	魚
14	麩	×	豆腐	29	麩	×	豆腐
15	魚	魚	魚				

鳥				鳥	1	1	
魚	7	3	7	魚	2	1	8
卵	2	2	1	卵	4	1	
麩	3		1	麩	4		
豆腐		8	3	豆腐		9	3

	朝	夕	夜
魚	9	4	15
卵	6	3	1
麩	7	0	1
豆腐	0	17	6

【25-6-1】主菜の食材

日	大根味噌漬			大根三年漬	胡瓜	白瓜塩漬			白瓜当座漬			茄子味噌漬			紫蘇穂塩漬		
1	○		×	△													
2		△	×		○												
3	○	△	×			○											
4	○						△	×									
5		△						×									
6		△							○		×						
7	○									△							
8	○		×							△							
9	○						△										
10		△				○					×						
11	○		×							△							
12	○	△	×														
13	○	△									×						
14			×						○	△							
15		△	×						○								
16	○		×							△							
17	○									△	×						
18	○		×							△							
19	○		×							△							
20	○	△	×														
21	○		×							△							
22	○	△	×														
23	○									△				×		×	
24		△						×				○			○		
25										△		○		×			
26	○									△				×			
27			×							△		○					
28											×	○					
29	○									△			△	×			

○：朝　△：夕　×：夜

【25-6】香物の種類

物として白瓜の当座漬が毎回のように出されている。折々の野菜を漬け時間や調味材を変えるなどして毎食に供したのであろう。古漬けと浅漬けを盛り合わせることが多い。朝、夕御膳には、必ず香物がつく。漬物に使う野菜として、大根と瓜が多いのは他の資料とも共通するところである。

主菜の食材

【25―6―1】は、主菜に使用した主材料を示したものである。一汁一菜の献立であるから、「向」が主菜と考えられる。ほぼ毎食、魚、豆腐、卵などのたんぱく質食材が配されているのは、食事の満足感への配慮であろう。

十二日は、法事で精進料理のため動物性食品は使わず、たんぱく質としては夜食に豆腐がみられるだけになっている。大まかには、朝御膳は魚九、麩七、卵六、昼御膳は豆腐十七と多く、御夜食は魚十五と豆腐六である。平成時代の初めころまでは、卵は朝食の食材であって、夕食には使わないものと、献立の立て方で指導されたものである。

【25―6―2】は、魚、鳥、卵、豆腐、麩など動物性食品の料理をまとめたものである。鮎、鰻は三種、卵は六種、豆腐は十五種もの料理に調理している。限られた食材を前にして献立に変化をつけることに腐心したのであろう。最も頻度が高いのは火取鮎で鮎の焼物である。玉子とじは、野菜などを煮たところに出汁を加えた溶き卵をかけてとじる料理。次のふわふわは、「玉子ふわふわ」ともいい、江戸時代に流行した料理である。出汁に溶いた玉子を混ぜ、ふんわり軟らかくとじたもので、具を混ぜることもある。出汁の量が次第に増えて蒸すようになったのが茶碗蒸である。濃醤は、魚、鳥、野菜の汁気《しるけ》の多い、味噌仕立ての煮物。今は、鯉の濃醤が残っており、鯉濃醤と呼んでいる。うなぎは、煎り付三、蒲焼、味噌汁の実各一となっているが、現在の蒲焼が初めて文献に現れるのは『遊歴雑記』文政十二（一八二九）年で、それまでは、刺身や汁の実など色々にして食べていた。このころは、漸くかば焼きが知られるようになったころである。

食品	料理	回数
鮎	火取鮎	7
	塩ふり焼	4
	煮浸し	3
鰻	煎り付	3
	蒲焼	1
	味噌汁	1
泥鰌	濃醤	3
やまめ	煮浸し	1
	味噌汁	1
はや	魚田	1
	煮浸し	1
雑魚	色付焼	1
	煮物	1
鰹	ふわふわ	1
なまり節	蒸物	1
	葛溜	1
鴨	のっぺい	1
	煮物	1
五位鷺	不明	1

食品	料理	回数
卵	卵とじ	5
	ふわふわ	2
	包玉子	1
	二色玉子	1
	わかれ卵	1
	おとし卵	1
豆腐	八盃豆腐	6
	ふわふわ	2
	苞豆腐	2
	丸豆腐	2
	釣豆腐	2
	焼豆腐	2
	煮豆腐	1
	揚出豆腐	1
	飛龍頭	1
	摺揚	1
	紅葉豆腐	1
	けんちん	1
	延命豆腐	1
	蕎麦切豆腐	1
	面取豆腐	1
麩	酒麩	3
	花麩	3
	揚麩	2

【25-6-2】魚・鳥・卵・豆腐・麩料理の名称と頻度

食品	料理	回数	食品	料理	回数
茄子	焚き合せ	6	松菜	炊き合せ	1
	玉子とじ	3		薄葛引き	1
	薄葛引き	2		玉子とじ	1
	煮染	2		盛り合せ	1
	鴨焼	2			
	焼茄子	2	里芋	薄葛引き	3
	葱煮	1		けんちん	1
	葛煮	1			
	胡麻味噌和え	1	隠元	薄葛引き	1
				炊き合せ	1
茗荷	炊き合せ	4			
	玉子とじ	4	白瓜	芥子酢	1
	薄葛引き	3		胡麻酢	1
	けんちん	1			
			冬瓜	薄葛引き	2
干瓢	薄葛引き	4			
	炊き合せ	1	貝割菜	盛り合せ	1
	玉子とじ	1		敷味噌	1
	のっぺい	1			
	けんちん	1	水菜	炊き合せ	1
牛蒡	炊き合せ	2	胡瓜	胡瓜もみ	1
	泥鰌汁	3			
	濃醤	1	椎茸	炊き合せ	4
	薄葛汁	1		薄葛引き	3
	玉子とじ	1		玉子とじ	2
	のっぺい	1		盛り合せ	1
				のっぺい	1
春菊	薄葛引き	4		けんちん	1
	炊き合せ	4			
	浸し	1	木茸	薄葛引き	3
				炊き合せ	1
菜	煎菜	5			
	玉子とじ	1	川茸	煮染	2
				薄葛引き	1
蔓菜	胡麻醤油	2			
	薄葛引き	1	松茸	炊き合せ	2
	けんちん	1			

【25-6-3】野菜・きのこ料理の名称と頻度

【25―6―3】は、野菜、きのこなど植物性食品の料理をまとめたものである。料理名としてはいくつかの野菜をとりあわせる炊き合せが多く、薄葛引きにすることも多い。煎り菜は、少量の煮汁で菜を煎りつけるように煮て、調味料をさっと絡ませる料理である。茗荷の使用頻度が高いだけでなく、多くが茄子と合わせて使われている。茄子と茗荷の相性がよいことを知ってのことと思われ興味深い。また、栃木の特産品である干瓢は、初代藩主が正徳二年に近江の国から壬生城に入部したときに種を持ち来たったのが始まりとされる。一般には、巻きずしなどに干物が使われるくらいであるが、栃木では生鮮野菜としても利用されており、ここでも五種類の料理名がみえる。

下級武士の食事

【26】は、『石城日記』から日常の食であった「ケ」の日の食事を書き出した。「ハレ」の日も加えて、おめでたい日の貴重さを判るようにした。

著者の尾崎石城は、武蔵国忍藩の下級武士で、本名は隼之助、石城は画号である。『石城日記』は、文久元（一八六一）年六月から同二年四月にかけて、三十三歳から三十四歳の約一年間を石城自身が絵日記にように書いた記録である。もとは御馬廻役であったのが、安政四（一八五七）年に藩政について書状を奉ったためにうとまれて僅か十人扶持を給されることになったが、後には宮城県大主典の身分となる。当日記は、食録を奪われた厳しい境遇において記録されたものである。

「ケの日」は、葱汁、しじみ汁、目刺し、煮豆腐など、朝、午、夕いずれの食事も一汁または一菜の日々である。ご飯を多く摂って栄養をまかなったものと考えられるが、香物は見当たらない。青山宅での酒宴では数々の料理が並び、種々のすしをすし売りから購入したと記している。時には一献傾けたり料理屋での食事を楽しむことがあったとしても、「ケの日」の食事は極めて質素で、ハレとケの日の違いが大きい。

月日	時	食事内容	酒	場所
6.15	午	焼貝		
	夕	しじみ汁	○	
6.16	朝	つみれ汁		
	午	とうふ		
	夕	おなじ（同じ）		
6.17	朝	牛蒡汁		
	午	茄子羹		
	夕	松魚ふし		
	夜	牛蒡、泥鰌、奴とうふ	○	井狩宅
6.18	午	ははい（八杯）とうふ		
	夕	同		
6.19	夜	塩引、奴とうふ、（一品不明）	○	中屋
6.20	朝	茶漬け（午・夕、同じ）		
6.21	夕	あげもの、しを茄子	○	大黒屋
	夜	玉子焼き、茶碗蒸し、うなぎ、茄子甘煮、（一品不明）	○	天利楼
7.1	朝	唐茄子につけ		
	午	そうめん、からし菜のたねすりて		
	夕	なまりふし、茄子、ささきの煮つけ		岡村宅
7.3	夜	茶碗蒸（さきうと）、鯨煮付、玉子焼	○	天利楼
7.4		しじみ汁、奴煮とうふ	○	岡村宅
8.2		温飩六ツ	○	津田宅
8.5	夜	あぶらげ	○	金蔵宅
9.1	朝	ねぎ汁		
	午	茶漬け		
	夕	茄子、藤豆		
	夜	にしめ（生節・焼豆腐・牛蒡）、塩物したし		
9.3	朝	な汁		
	午	煮とじ玉子		
	夕	茶漬け		
		温飩	○	龍源寺
9.4	朝	ねぎ汁		
		雑煮三椀		龍源寺
		初鮭、なまり、生姜	○	崎玉屋
	夜	芋、焼とうふ、茄子煮付、茄子の香ノ物	○	光明寺
	夜	酢草魚、初さけ、うどん	○	中屋
9.5	朝	汁（茄子・油揚・餅・芋）		龍源寺
	午	茄子、藤まめ		
	夕	おぢや		
9.6	朝	かゆ		
	午	玉子		
	夕	ゆとうふ		
9.7	朝	菜汁		
	午	里芋、油揚		
	夕	ひもの	○	
9.8	朝	ねぎ汁		
	午	里芋		
		—中略—		
1.13		雉子鳩、松茸、三つ葉、吸物、煮魚（一皿）、鶏牛蒡煎りつけ、菜玉子とぢ、湯とうふ、稲荷すし、すし（種々すし売りより求む）	○	青山宅

【26】『石城日記』文久元（1861）年にみる献立
『江戸の食生活』原田信男（2003年刊）より抜粋作成

実例にみる食の近代化

紡績会社寄宿舎の食事

明治政府の大きな政策であった富国強兵、殖産興業を推進するための外貨獲得を目指して、養蚕が盛んであった上州に大規模な官営の「富岡製糸場」を建設し、絹産業の基盤とした。明治五（一八七二）年創建の同製糸場は、近代製糸業の幕開け的、模範的存在で、ここで習得した製糸技術を全国的に広めることを目的の一つとした。したがって、「富岡製糸場」では、模範工場としての性格が強く、一日の労働時間は七時間四十五分と定められ、諸祭日、年末年始の休暇日もあった。工女の和田英が回想録の形で『富岡日誌』を書き残しているが、食事に関する記述は少ない。

一日と十五日と二十八日が赤の飯に鮭の塩引、それが実にたのしみでありました。上州は山の中で交通不便でありますから、生な魚は見たくもありません。※塩物と干物ばかり、折々牛肉などもありますが、まず赤隠元の煮たのだとか、切昆布と揚蒟蒻と八ツがしらなどです。さすが上州だけ、芋のあること毎日のようでありますから、閉口致しました。朝食は汁に漬物、昼が右の煮物、夕食は多く干物などが出ました。しかし、働いて居ますから何でも美味に感じましたのは実に幸福でありました。（※見たことがない、という意味）

このように、書き残している。決して満足な食事ではないが、干物や塩物ではあっても魚類や折々牛肉も口にしている。次に示す甲紡績会社の献立と比較すると、大きな違いがある。

《一週間の献立》

「富岡製糸場」での恵まれた環境はむしろ特異で、以後、各地に建設された製糸工場では、口減らしを目的とした農村出身の若年女子が従事することになり、低賃金、長時間作業という、いわゆる女工哀史に語られる過酷な労働条件に加えて、栄養不十分な食事は結核などの疾病を誘発することにもなった。甲紡績工場では、労働時間十四時間、睡眠時間七時間であったという。

【27】は、甲紡績会社寄宿舎の一週間の献立である。この献立表は、島薗順次郎著『脚気』(昭和二(一九二七)年)の中で、ビタミンBと脚気の関係を明らかにする説明として引用されていたもので、会社名、調査年の詳細は明記していない。

食材のみの記載で料理名がわからないが、朝食は七日ともに味噌と野菜とあり、量からして野菜は汁の実と推察すると、朝は一汁となる。昼食は、材料から料理名を推測してみると、小雑魚の佃煮、昆布豆、ぶり醤油つけ焼、野菜と油揚の煮物、牛肉と牛蒡の煮物、里芋の煮物、小芋の煮物、干し鰯、夕食は、昆布と出汁雑魚の佃煮、野菜と油揚の煮物、卵の花煎、豌豆の煮物、甘藷の煮物、野菜の胡麻和え、昆布と雑魚の佃煮で、昼、夕はほぼ一菜というところである。この献立では香物が記載されていないが、毎食のことのためにご飯同様に記載しなかったのであろうか。あるいは、漬物は切るのが面倒なので供しないとする他施設での記録もあると聞くので、実際に供されなかったのか不明である。

《エネルギー、たんぱく質、食塩量》

主食は白米六百十六gと表外に記されている。

記載された食品をもとに一日の摂取栄養量を推定すると、エネルギー二千六百キロカロリー、たんぱく質五十g、脂質十五g、炭水化物五百六十gである。このうち、米から摂るエネルギーは二千二百キロカロリー、たんぱく質四十g、脂質八gなので、エネルギーの九十%、たんぱく質の七十%をご飯から摂ることになる。

	第1日	第2日	第3日	第4日	第5日	第6日	第7日
朝	味噌 33g 青葱 26g	味噌 33g 野菜 26g	味噌 33g 切干大根 6g	味噌 33g 若布 6g	味噌 33g 野菜 26g	味噌 33g 青葱 26g	味噌 33g 切干大根 5g
昼	小雑魚 20g 酢 12g 醤油 15ml	白大豆 23g 昆布 10g 出汁雑魚 2g 醤油 15ml	鰤 36g 醤油 15ml	野菜 152g 油揚 8g 出汁雑魚 2g 醤油 15ml	牛肉 23g 牛蒡 34g 小芋 60g 醤油 15ml 砂糖 4g	切干大根 1g 小芋 58g 出汁雑魚 1g 醤油 15ml	干鰯 50g
夕	昆布 6g 出汁雑魚 2g 醤油 15ml	野菜 138g 油揚 9g 出汁雑魚 2g 醤油 15ml	卯の花 71g 青葱 32g 油揚 9ml 出汁雑魚 2g 醤油 15ml	豌豆 52g 雑魚 2g 醤油 15ml	甘藷 75g 刻み昆布 9g 出汁雑魚 2g 醤油 15ml	野菜 167g 胡麻 3g 醤油 15ml	昆布 5g 出汁雑魚 2g 醤油 15ml

※白米、1日平均 616g

【27】甲紡績会社の一週間の献立　明治年間（1868 ～ 1912）
※島薗順次郎『脚気の昭和一年』（1927 年）より作成

六百十gの米は炊くと千四百gになり、ご飯茶碗で九杯分のご飯である。ご飯でエネルギーもたんぱく質も賄う食事である。

当時の食料事情を推し量る方法として、動物性たんぱく質が全たんぱく質に占める割合からみるということがあり、動物性たんぱく質の摂取割合が当時の食生活の程度を映す一面でもあった。少し長くなるがそのあたりのことに触れておきたいと思う。

お雇い外国人として来日したドイツ人医師のシュウベは、食事調査、尿量および食塩排泄量の測定などを行って『日本人の食物を論ず』（明治二十（一八八七）年）を書き残している。

その中でシュウベは、

日本人ノ食物ハ決シテ不十分ノ者ニアラズシテ　学理上要スル所ニ適シ蛋白質脂肪及含水炭素ノ食素ヲ充分ニ含有シ　腸内ニ於ケルノ吸収モ亦甚佳良ナルモノナリ　而シテ日本食物ノ他ニ卓越スルハ　調理ヲ速ニナシ得ベキト價ノ廉ナルトノ二點ナリトス

として、日本人の食事は栄養的には十分であり、消化もよく、その上調理に時間がかからず値段も安いと、その良さを指摘している。

さらに、当時の食事では、経済的に摂取が難しかった動物性食品の摂り方について次のように記している。たんぱく質は、植物性食品のたんぱく質に比べて、動物性食品のたんぱく質が人間にとって効率よく利用されることから、動物性たんぱく質の全たんぱく質に占める割合から、食事の質を評価している。それによれば、高等師範学校・陸軍士官学校は三分の一、二松学舎五分の一、越後屋六分の一、監獄〇であり、明治期の人材養成に力が注がれた師範学校や士官学校ではその割合が高く、刑務所では〇としている。また、その結果を食塩摂取量と関連づけて

食塩ノ分泌ハ甚タ多量ニシテ　主トシテ食塩ニ富メル醤油及塩漬ノ蔬菜を食スルニ其因シ　一日ノ量平均十六瓦ニ達ス～中略～貧者を富者ニ比スレバ　塩漬ノ食品ヲ食スル多キガ故ニ食塩ノ分泌量亦従テ多量ナリ

と述べている。

日本人は醤油や漬物を食べるので食塩の摂り方が多く一日十六gにもなっている。そして、貧者は塩漬け漬物を多く食べるために富者よりも多いと指摘している。

改めて、甲紡績会社のたんぱく質の摂り方をみると、シュウベの説からすると、動物性たんぱく質の割合が五分の一を占め、白米のご飯もお腹いっぱいに食べられる甲紡績会社の食事は、当時としては、普通程度といえるかもしれない。

しかし、その内容をみると、この献立から、たんぱく質食品を選ぶとすると、鰤三十六g、牛肉二十三gくらいで、鰤は一切れの半分、牛肉は炒め物用薄切り一切れという量である。あとは、小雑魚二十gは小さな目刺し一尾、ほかには出汁をとる煮干し或いはその出汁殻に過ぎない。出汁雑魚から動物性たんぱく質を摂ることは、一般の家庭においても、これを摺って粉末にし、現在のインスタント出汁の素のようにして食べていた。

食塩の摂取については、表中から算出すると一日十一～十二gと見積られる。甲紡績会社寄宿舎では、白米のご

飯は十分にとり、栄養量は一応足りているとはいいながら、おかずの内容からして、後述の同時代の都市生活者の食事と比べると、その差はいかにも大きい。

養育院の食事の記録

東京都養育院は明治五年に浮浪者の臨時的収容所として開設され、その後は救護施設として発展、大正から昭和にかけて老人ホームとして運営されてきた施設で、老人処遇の確立期でもあった。

本資料は、大正十三（一九二四）年～昭和十一（一九三六）年における東京都養育院の食事の記録である。ここに示す内容は、國學院大学短期大学部教授湯川晴美氏が中心となり、当時、女子栄養大学学生であった落合利恵氏とともに、膨大な資料を整理してまとめられたものである。

《献立の抜粋》

【28―1】は、東京都養育院に残されていた大正十三年～昭和十一年の間の献立表から、大正十三、十五年、昭和三、五、七、九、十一年の隔年の任意の二日分の献立を示したものである。但し、【28―1～3】に示す集計の数値は全献立を対象としてまとめている。

《エネルギー、たんぱく質量》

大正十三年から昭和十一年に至る間の摂取エネルギーについての年次推移は、二千キロカロリー前後で推移し、そのうち千五百キロカロリーが主食である米と麦四百三十七～五百四十三ｇからのもので、全体の七十五％を占めている。

たんぱく質については、昭和十一年に、六十～七十ｇと記されているのみであったが、主食量からみて糖質のみでなく、たんぱく質源でもあったと推測できる。主食は「米：麦＝三：二あるいは三：一」のように、麦の比率が大きい麦ご飯であるが、エネルギーとたんぱく質は、一応充足している。

《食品の使用頻度》

【28―2】は、大正十三年、昭和五、十年における朝、昼、夜食の食品の使用頻度を示したものである。

先ず、理解されることは、大正十三年、昭五、十年と時代を追って、使用品種の数が顕著に増えていることである。たんぱく質食品についてみると、大正十三年頃は豆・豆製品が主であり、昭和五年頃から魚類、昭和十年頃から少量ながら肉・卵類がみられるようになる。乳製品はまだ全くみられない。

豆・豆製品は毎食出され、豆腐、油揚、生揚げなどである。

魚介類は、主菜として六十〜百三十ｇが使用されている。竹輪、薩摩揚げ、はんぺんなどの使用も多い。

肉類は、牛肉、豚肉、鶏肉の順に使用され、使用頻度は多なっていくが、量的には二十〜六十ｇで、主菜としては使われていない。

野菜類については、淡色野菜は、葉菜、果菜、根菜など多種類が使用されていたが、緑黄色野菜は青菜、人参、南瓜のみと極めて少なかった。旬の材料を使うことが優先されるために、一日に同じ材料を味噌かしょうゆかという調味料を変えるだけのときもあった。

漬物が極めて多く、野菜の二十五％を占め、沢庵は、ほぼ毎食事毎に十五ｇが供されており、食事に不可欠のものとなっている。他には福神漬、菜漬、糠漬、白菜漬などが見られ、これらの漬物は一回に五十〜六十ｇが供されている。

大正十三年八月十日の昼は、白菜漬二百七十ｇのみがお菜の献立になっている。従って食塩摂取量は二十四ｇ前後と多く、現在の三〜四倍にもなっている。野菜の摂り方は、味噌汁の実は、わかめのみ青菜のみなど一種類が普通

〔昭和3年1月11～12日〕

日		料理名	食品	重量（g）	主	汁	副	種	香
11日	朝	味噌汁	豆腐	133.2		○			
			味噌	33.3					
		漬物	沢庵	14.8					○
	昼	煮つけ	唐芋	99.9	煮				
			人参	66.6					
			大根	99.9					
		漬物	沢庵	14.8					○
	夜	すまし汁	豚肉	18.5		○			
			里芋	66.6					
			大根	99.9					
			豆腐	79.5					
		漬物	沢庵	14.8					○
12日	朝	味噌汁	蕪	66.6		○			
			味噌	33.3					
		漬物	沢庵	14.8					○
	昼	焼魚	塩鮭	99.9	焼				
		漬物	沢庵	14.8					○
	夜	煮つけ	大根	99.9	煮				
			人参	66.6					
			馬鈴薯	99.9					
			油揚	35.2					
		漬物	沢庵	14.8					○
		麦飯（主食）	麦	麦飯1.17合（1食あたり）					（米：麦＝6：4）
			米						

〔昭和5年1月17～18日〕

日		料理名	食品	重量（g）	主	汁	副	種	香
17日	朝	味噌汁	蕪	30.3		○			
			味噌	30.3					
		漬物	梅干し	9.3					○
			沢庵	14.8					○
	昼	すまし汁	鶏卵	21.5		○			
			豆腐	72.9					
			玉葱	91.4					
		漬物	沢庵	14.8					○
	夜	煮つけ	鰹	129.5	煮				
		漬物	沢庵	14.8					○
			醤油	58.5					
			削鰹節	3.3					
			砂糖	5.9					
				副食エネルギー 401.7kcal					
18日	朝	味噌汁	大根	30.3		○			
			味噌	30.3					
		漬物	梅干	9.3					○
			沢庵	14.8					○
	昼	煮つけ	牛肉	45.5	煮				
			馬鈴薯	60.7					
			蒟蒻	91.4					
			焼豆腐	41.1					
		漬物	菜漬	91.4					○
	夜	すまし汁	焼竹輪	54.8		○			
			玉菜	91.4					
		漬物	沢庵	14.8					○
			醤油	46.3					
			削鰹節	1.5					
			砂糖	9.3					
				副食エネルギー 383.5kcal					

〔大正13年8月1～2日〕

日		料理名	食品	重量（g）	主	汁	副	種	香
1日	朝	味噌汁	葱	58.8		○			
			味噌	47.0					
		漬物	沢庵	14.8					○
	昼	煮豆	黒豆	62.5	煮				
		漬物	梅干し	15.5					○
	夜	生豆腐	豆腐	296.0	浸				
			生姜	15.5					
		漬物	沢庵	14.8					○
2日	朝	味噌汁	玉菜	58.8		○			
			味噌	47.0					
		漬物	沢庵	14.8					○
	昼	煮つけ	生かます	129.5	煮				
		漬物	沢庵	14.8					○
	夜	漬物	福神漬	98.1					○
			紅生姜	15.5					○
		麦飯（主食）	麦	麦飯1.17合（1食あたり）					（米：麦＝6：4）
			米						

〔大正15年12月11～12日〕

日		料理名	食品	重量（g）	主	汁	副	種	香
11日	朝	味噌汁	豆腐	76.6		○			
			味噌	33.3					
		漬物	沢庵	14.8					○
	昼	煮つけ	大根	63.6	煮				
			人参	63.6					
			里芋	96.2					
		漬物	沢庵	14.8					○
	夜	焼き魚	塩鮭	103.6	焼				
		漬物	沢庵	14.8					○
12日	朝	味噌汁	牛蒡	31.8		○			
			味噌	33.3					
		漬物	沢庵	14.8					○
	昼	すまし汁	はんぺん	40.0		○			
			豆腐	101.4					
			小松菜	96.2					
		漬物	沢庵	14.8					○
	夜	煮つけ	生揚	70.3	煮				
			大根	63.6					
			蓮根	63.6					
			八ツ頭	96.2					
		漬物	沢庵	14.8					○
		麦飯（主食）	麦	麦飯1.17合（1食あたり）					（米：麦＝6：4）
			米						

【28-1】東京都養育院 献立例
大正13、15年、昭和3、5、7、9、11年より抜粋

日本食生活文化調査研究報告集15
財団法人日本食生活文化財団刊
「『養育院』における大正・昭和の食生活の変容」より抜粋作成

日		料理名	食品	重量（g）	主	汁	副	種	香
5日			醤油						
			砂糖	20.3					
			削鰹節	1.5					
			塩	7.9					
			酢	18.4					
				副食エネルギー　kcal 510.4					
6日	朝	味噌汁	漬菜	46.1		○			
			油揚	6.2					
			味噌	39.5					
		漬物	沢庵	15.6					○
			梅干	11.0					
	昼	白瓜餡掛汁	白瓜	138.3	餡				
			片栗粉	4.6					
			味の素	0.3					
		漬物	沢庵	15.6					○
	夜	塩鮭甘酢焼	塩鮭	96.3	焼				
			味醂	10.0					
		漬物	茄子糠漬	58.2					○
			醤油	50.2					
			砂糖	13.6					
			削鰹節	1.5					
			酢	20.7					
				副食エネルギー　kcal 388.9					

〔昭和11年8月1～2日〕

日		料理名	食品	重量（g）	主	汁	副	種	香
1日	朝	味噌汁	大根	64.6		○			
			味噌	41.0					
			味の節	2.5					
		漬物	沢庵	14.1					○
			梅干	7.9					○
	昼	薩摩揚煮物	薩摩揚	70.9	煮				
			茄子	88.8					
			砂糖	7.6					
			味の節	2.5					
		漬物	沢庵	14.1					○
	夜	白瓜餡掛汁	白瓜	133.2		○			
			片栗粉	5.1					
			味の節	3.1					
			醤油	28.7					
		漬物	沢庵	14.1					○
				副食エネルギー　kcal					
2日	朝	味噌汁	栗南瓜	64.6		○			
			味噌	41.0					
			味の節	2.5					
		漬物	沢庵	14.1					○
			梅干	7.9					○
	昼	煮豆	金時鶉豆	76.4	煮				
			砂糖	35.4					
			塩	6.4					
		漬物	沢庵	14.1					○
	夜	牛肉煮物	牛肉	28.7	煮				
			玉葱	28.7					
			馬鈴薯	38.2					
			焼豆腐	45.7					
			砂糖	7.6					
			醤油	34.9					
		漬物	沢庵	14.1					○
				副食エネルギー　kcal					

〔昭和7年8月1～2日〕

日		料理名	食品	重量（g）	主	汁	副	種	香
1日	朝	味噌汁	玉菜	30.2		○			
			油揚	15.1					
			味噌	33.6					
		漬物	沢庵	15.0					○
			梅干	9.1					○
	昼	肉カレー	豚肉	53.8	煮				
			馬鈴薯	50.4					
			人参	50.4					
			玉葱	50.4					
			小麦粉	20.2					
			カレー粉	0.7					
			青豆	3.6					
		漬物	沢庵	15.0					○
	夜	餡かけ	新巻鮭	101.0	餡				
			片栗粉	8.1					
			根生姜	2.0					
		漬物	沢庵	15.0					○
			砂糖	16.8					
			削鰹節	1.2					
			塩	5.0					
				副食エネルギー 662.0kcal					
2日	朝	味噌汁	馬鈴薯	30.2		○			
			豆腐	75.6					
			味噌	33.6					
		漬物	沢庵	15.0					○
			梅干	9.1					○
	昼	煮つけ	南瓜	235.2	煮				
			莢隠元豆	100.8					
		漬物	沢庵	15.0					○
	夜	すまし汁	白子干	37.6		○			
			鶏卵	50.4					
		漬物	沢庵	15.0					○
			醤油	75.1					
			砂糖	2.0					
			削鰹節	4.7					
				副食エネルギー　kcal 473.7					
	麦飯（主食）		麦	315.0	1077.7kcal				
			米	210.0	441.8kcal				
					1519.5kcal				

〔昭和9年8月5～6日〕

日		料理名	食品	重量（g）	主	汁	副	種	香
5日	朝	味噌汁	大根	39.5		○			
			豆腐	51.9					
			味噌	39.5					
			沢庵	15.6					○
			梅干	11.0					○
	昼	甘酢	若布	6.5	和				
			白魚干	27.7					
		漬物	沢庵	15.6					○
	夜	油味噌	葱	276.7	和				
			胡麻油	11.2					
			味噌	35.9					
			味の素	0.3					
		漬物	沢庵	15.6					○

		大正13年★	昭和5年☆	昭和10年★
朝	豆・製品	豆腐1	油揚1　豆腐2	油揚1
	魚介類			
	肉類			
	卵			
	緑黄野菜	青菜1　南瓜1	青菜1　小松菜2	
	その他野菜	牛蒡1　大根1 玉菜2 葱3	蕪1　大根1　玉菜1	大根2　玉菜2　玉葱2 茄子1　葱1　若布《わかめ》1
	漬物	沢庵10	梅干10　沢庵10	梅干10　沢庵10
	芋類			馬鈴薯2
	穀類			
昼	豆・製品	黒豆1　豆腐2	鶉豆1　卯の花1　大豆1 豆腐1　焼豆腐2	油揚1　がんも1　豆腐4 葡萄豆1
	魚介類	塩鮭1　鱠1 生鰤　生鱒1	蜊《あさり》1　鱒1　焼竹輪1	鰹生節1　鮪皮骨抜1 薩摩揚1　干桜蝦
	肉類	豚肉1	牛肉2　豚肉1	豚肉小間切1
	卵		鶏卵1	鶏卵2
	緑黄色野菜	南瓜1	人参2　菠薐草1	南瓜1　人参1
	その他	牛蒡2　茄子1	大根1　玉葱2 葱2　蓮根1	白瓜1　玉葱3　茄子1 葱1　根生姜1
	漬物	沢庵10　梅干1 白瓜塩漬1	沢庵8　漬菜2	沢庵10　白瓜糠漬1 大根糠漬1　茄子糠漬1
	芋類	馬鈴薯1	里芋1　馬鈴薯2 凍蒟蒻1　蒟蒻2	馬鈴薯1　蒟蒻1 片栗粉2
	穀類		饂飩1	小麦粉1　竹輪麸1
夜	豆・製品	小豆1　油揚1　豆腐1 干醤味噌1	油揚1　豆腐1　生揚2	豆腐1　焼豆腐1
	魚介類	蜊1　薩摩揚1	鰹2　鰈1　石首魚《いしもち》　鮭1 鱈1　焼竹輪1	塩鮭1　白魚干1 生魚1　鱒1
	肉類			牛肉小間切1 豚肉小間切1
	卵			
	緑黄色野菜		小松菜1	摘菜1　人参1
	その他	生姜1　茄子1	大根1　玉菜1　切昆布1	牛蒡1　白瓜1　玉菜2 玉葱1　茄子1　葱1 とろろ昆布1　若布1
	漬物	沢庵5　白瓜塩漬1 福神漬1	沢庵10	沢庵10
	芋類		唐芋1　甘藷1　里芋1	馬鈴薯3　白滝1
	穀類			小麦粉1

【28-2】食品の使用頻度

だが三十〜六十五gと多目のことが多い。煮物の場合は南瓜や甘藷など一種の野菜の煮物がほとんどで一回に二百〜二百五十gを使っている。

《献立構成》

【28—3—1】は、養育院の記録から全献立について、朝昼夜の別に、その構成をまとめたものである。

朝は一汁香物が固定化している。昼と夜は一菜香物にほぼきまっており、これに一汁香物が続き昼食と夜食が類似している。一汁二菜がみられるようになったのは昭和七年以降である。献立は次第に多様化はしているものの、喫食者が食事に満足したとは言えず、「お汁や煮しめばかりでは…」と、不満の声も聞かれたという。昭和七年にカレーライスが出され、以後、シチューやサラダなどの洋風料理が次第に多くなっていった。

前述のように、昼には香物のみという日もあり、汁・菜・香物が揃う献立が見られるのは昭和七年になってからである。そして、多量のご飯のために、毎食欠かさずに沢庵が記載されており、沢庵が日本人の食事に大きな位置を占めていたことを思い知らされる。

【28—3—2】は、養育院の記録にある昭和十年八月二日の献立を、筆者らが再現したものである。朝は南瓜の味噌汁に沢庵と梅干し、昼は鶉豆煮豆と沢庵、夜は牛肉、玉葱、馬鈴薯、焼豆腐の煮物と沢庵の献立である。牛肉を使っていることからも、贅沢な献立の日とみてよいが、牛肉といっても小間切れである。このご飯量を美味しく食べるには、沢庵などの香物が必要であったろう。

大正から昭和初期の当院の食事は、煮物や汁物が多く、ほとんどが「一汁〇菜」または「〇汁一菜」であった。

	年	朝	昼														夜							
		汁＋漬	汁＋漬	煮＋漬	焼＋漬	餡＋漬	浸＋漬	和＋漬	蒸＋漬	麺＋漬	煮＋浸	他＋漬	汁＋和＋漬	汁＋煮＋漬	煮＋浸＋漬	漬のみ	汁＋漬	煮＋漬	焼＋漬	餡＋漬	浸＋漬和＋漬	麺＋漬	他＋漬	漬のみ
大正	13	10	3	5	1											1	5	2						
	14	10	1	6								1				2	7	2		1				
	14	10		5		1	1					2				1	5	4	1					
	15	10	4	4								1				1	4	5	1					
	15	10	4	5	1												2	5	2					
	15	10	5	5													1	8	1					
昭和	2	10	6	4														9	1					
	3	10	2	5	2		1										1	9						
	3	10	3	6	1												2	8						
	3	10	4	6													1	9						
	4	10	4	6													4	6						
	4	10	2	7				1									3	6		1				
	4	10	4	6													4	6						
	5	10	4	6													3	7						
	5	10	2	7	1												3	6		1				
	6	11	3	7								1					3	6	1			1		
	6	10	2	7		1											3	6					1	
	7	11	2	9													3	8						
	7	10	3	5						1				1			2	6		1			1	
	8	11	3	5	1					1					1		3	7				1		
	8	10	2	6	1					1							2	7	1					
	9	11	3	7							1						3	5	1			2		
	9	10		2	1	1	1	2	1	1			1				1	3	3	1	2			
	10	11	2	5		1	1		1		1						2	4	1			3	1	
	10	10	2	4		2	1		1								2	4	1			2	1	
	11	11	3	6		2											4	5	1			1		
	11	10	3	5		1	1										4	4				2		
	12	11	5	6													3	6	1				1	

汁：汁物
煮：煮物
焼：焼物
餡：餡かけ
浸：お浸し
和：和え物
漬：漬物
麺：麺類
蒸：蒸し物

【28-3-1】献立構成

一日あたりの麦飯			
	麦飯／日	米	345
		麦	111

朝

麦飯、味噌汁、漬物

味噌汁	南瓜	65
	味の節	3
	味噌	41
漬物	沢庵	14
	梅干	8

昼

麦飯、煮豆、漬物

煮豆	鶉豆	76
	砂糖	35
	塩	6
漬物	沢庵	14

夜

麦飯、牛肉煮物、漬物

牛肉煮物	牛肉	29
	玉葱	29
	馬鈴薯	38
	焼豆腐	46
	砂糖	8
	醤油	35
漬物	沢庵	14

【28-3-2】昭和 10（1935）年の東京都養育院における食事（表中単位：g）
（『日本食生活文化調査研究報告集 15』㈶日本食生活文化財団刊）

日付	曜日	主食物	料理名	材料
6	月	白米	卵、キャベツ、香物	卵、キャベツ、エンドウ豆、牛肉、人参、沢庵
7	火	白米	テンプラ、大根オロシ、香物	野菜、大根、沢庵
8	水	白米	ライスカレー、香物	牛肉、ジャガイモ、グリンピース、人参、玉葱 福神漬
9	木	白米	炒リ卵ノ花、香物	卵ノ花、牛肉、人参、豆、牛蒡
10	金	白米	オ煮〆、香物	ジャガイモ、豚肉、グリンピース、沢庵
11	土	パン	サンドウィッチ	ジャム、サラダ

【29】京城師範付属小学校の給食の献立の一例「三年生の給食 6 日間の献立表」

植民地における『京城師範付属小学校の給食の献立』

【29】は、当時、日本の植民地であった京城（現韓国ソウル）の日本人小学校三年生の給食の献立である。貴重なものなので記録として書き留めた。メモを残した児童は「学校に給食室ができて、昭和十三年から給食がはじまった。その頃、私はヒジキが嫌いで丸のみにした。おかげでヒジキをたべるようになった」と、体験を書きとめている。好き嫌いを矯正する給食でもあったのだろう。この一文は、植民地であった韓国で生活する日本人の食事が内地の食事と変わらないことを示している。

筆者は、敗戦で内地に引揚げるまでの十一年間を京城で生まれ育ち、その間、夏休は大分県の別府で過したが、敗戦前の京城と別府での食生活に違いを感じたことはなかった。つまり、ほとんど同じであったということである。

家庭料理書にみる食の近代化

家庭料理を旗印にする主婦の友社の料理書に掲出された『お惣菜十二ヶ月の献立』をもとに、大正末期から昭和初期の家庭の食事の献立構成をみることにする。

惣菜料理の方針を

「お総菜は一家団欒の泉であらねばなりませぬ、そして、経済的であらねばなりませぬ。もう一つ手軽であらねばなりませぬ。お惣菜料理の難しいのは、この故であります」

としており、健康や栄養面よりは、経済的面に心遣いしている。

《献立構成》

【30―1】は、『毎日のお惣菜料理法』大正十五（一九二六）年に掲出された十二ヶ月の献立のうち、一、四、七、十月分を冬春夏秋の献立と想定して選んだものである。

四ヶ月分の献立は、ほとんどが和食で、洋食は、一月の豚肉のバタ焼、四月魚のコロッケ、七月ハンバーグステーク、十月松茸フライ、チキンオムレツ・パセリのように一週に一品がみられる程度である。家庭の食事には、洋食はいまだ一般的ではなかったことが窺われる。因みに、オムレツにはパセリが添えられているが、鯵の塩焼、はんぺん付け焼などの焼きものには添え物がない。主食がご飯である和食の献立について、献立の構成をみると、

朝食　あさり味噌汁・浅草海苔・沢庵漬、大根味噌汁・煮豆・沢庵漬など一汁一菜香物九十六％、小松菜玉子とぢ・鯛味噌・小蕪塩おしなど一菜香物四％である。

昼食　大根のしのだ巻・奈良漬、卯の花炒り・菜漬など一菜香物八十二％、鯵の干物・胡瓜もみ・茄子塩おし、かます塩焼・ほうれん草ひたし物・糠味噌漬など二菜香物十八％である。

晩食　清汁・煎豆腐・沢庵漬など一汁一菜香物二十一％、精進揚・沢庵漬など一菜香物二十八％、茄子鴫焼・ハンバクステーク・らっきやうなど二菜香物三十九％が主なものである。

全体として捉えると、朝食は一汁一菜香物、昼食は汁なしで一菜香物、晩食はまちまちだが、汁なしの二菜香物または一菜香物、一汁一菜香物ということである。ここでも、毎食ごとに香物がついているが、沢庵とは限らず、奈良漬、らっきょう漬、糠味噌漬、京菜漬など多彩である。多量のご飯を食べるための副菜として、漬物のほかに鯛味噌がみられる。鯛味噌は嘗味噌《なめみそ》の一つである。現在、味噌といえば、味噌汁や味噌漬など調味料としての使途が普通だが、嘗味噌

1月	日曜日	月曜日	火曜日	水曜日	木曜日	金曜日	土曜日
朝	小蕪の味噌汁 焼海苔 新沢庵漬	豆腐の味噌汁 佃煮 菜漬	わかめの味噌汁 生玉子 新沢庵漬	葱味噌汁 でんぶ 菜漬	清汁 (小松菜玉子とじ) 奈良漬	味噌汁 (おとし薯　もみ海苔) 浅漬大根	大根味噌汁 数の子と鰯いとこ漬 菜漬
昼	鯛のから揚薄葛かけ 鶯菜塩おし	塩鱈と松葉昆布の煮付 新沢庵漬	蓮と浅蜊の時雨煮 菜漬	煮〆 (焼はんぺん慈姑) 小蕪塩おし	卯の花炒り 菜漬	甘煮 (八つ頭たこ) 菜漬	豆腐の揚出し 福神漬
晩	牡蠣めし ぬた (ひらめ作り、身うど若布) 清汁 (うど　豆腐) 菜漬	ふろふき大根 胡麻味噌 辛子漬	豚肉のバタ焼 薩摩芋のふくめ煮 浅漬大根	薩摩汁 (鶏肉、大根、人参、里芋、豆腐) 浅漬大根	ひらめ塩むし 小蕪あちやら 新沢庵漬	よせ鍋 (ほうぼう白瀧　三つ葉椎茸銀杏) 新沢庵漬	鰤味噌漬 野菜汁 浅漬大根

4月	日曜日	月曜日	火曜日	水曜日	木曜日	金曜日	土曜日
朝	浅蜊味噌汁 浅草海苔 沢庵漬	葱の味噌汁 佃煮 京菜漬	大根味噌汁 煮豆 福神漬	しゅんぎく味噌汁 鳥味噌 沢庵漬	豆腐味噌汁 煎豆 京菜漬	わかめ味噌汁 佃煮 辛子菜漬	里芋味噌汁 奈良漬
昼	筍飯 芝海老附焼 京菜漬	大根のしのだ巻 奈良漬	蕗くわゐ甘煮 京菜漬	煮豆 奈良漬	牛蒡おらんだ煮 沢庵のこまごま	新ぜんまいの胡麻煮 福神漬	莢豌豆の煮込み 筍肉詰め 辛子菜漬
晩	清汁 (巻針魚花菜馬鈴薯團子) 煎豆腐中揚げ包み 沢庵漬	鰺の塩焼 豆腐田楽 沢庵漬	鮃の煮附 つくし玉子とじ 沢庵漬	豚の塩焼 烏賊と若布の酢の物 京菜漬	筍と竹輪麩甘煮 魚のコロッケ 沢庵漬	精進揚 沢庵漬	鯛のうしお 烏賊うど筍木の芽和 沢庵漬

7月	日曜日	月曜日	火曜日	水曜日	木曜日	金曜日	土曜日
朝	莢いんげん味噌汁 大根おろし 胡瓜塩おし	キャベツ味噌汁 唐辛子佃煮 沢庵漬	冬瓜の味噌汁 煮豆 糠味噌漬	豆腐味噌汁 味つけ海苔 味噌漬	黒芋味噌汁 佃煮 糠味噌漬	葱の味噌汁 金山寺味噌 沢庵漬	茄子味噌汁 鰹のでんぶ 紫蘇漬
昼	かます塩焼 ほうれん草ひたし物 糠味噌漬	南瓜の油煮 茄子の塩おし	竹輪と蓮根の煮附 胡瓜塩おし	鯵の干物 胡瓜もみ 茄子塩おし	冬瓜そぼろ キャベツ塩もみ	薩摩揚げうどの煮附 胡瓜塩おし	鳥そぼろ 魚の照焼 らつきやう漬
晩	子寶茄子 鯒さうめん冬瓜の椀 スカラッシュフィッシュ 沢庵漬	いぼ鯛おろし煮 煮ぬき豆腐 糠味噌漬	茄子鴨焼 ハンバクステーク らつきやう漬	冷やし卵豆腐 新里芋ぶち豆煮附 眞烏賊附焼 沢庵漬	南瓜ふくめ煮 あいなめのすっぽん煮 沢庵漬	鰹山葵和へ 牛蒡蒟蒻 鶏の琉球汁 糠味噌漬	豚團子・キャベツ煮附 干海老茗荷の子酢の物 沢庵漬

10月	日曜日	月曜日	火曜日	水曜日	木曜日	金曜日	土曜日
朝	大根味噌汁 煮豆 浅漬	清汁 (焼麩/おとし卵) 沢庵漬	白菜味噌汁 金山寺味噌 浅漬	卯の花味噌汁 大根おろし 菜漬	里芋味噌汁 てつか味噌 浅漬	蜆味噌汁 小蕪塩おし	わかめ味噌汁 煮豆 浅漬
昼	鶏肉豆腐椀もり 鯖塩蒸し さつまソース 沢庵漬	鯖南蛮づけ 菜漬	甘煮 (里芋人参鶏肉) 菜漬	亀甲豆腐黄身そぼろ 沢庵漬	大豆と昆布の甘煮 奈良漬	鮫煮こごり 奈良漬	玉子雑炊 菜漬
晩	魚のちり ウスターソース 菜漬	烏賊のカットル ボルドーソース 潮汁 浅漬け	鮭粟むし ほうれん草ひたし物 沢庵漬	むきみ鍋 浅漬	むつのたまり焼 白魚三つ葉清汁 柴漬	牡蠣フライ 沢庵漬	うどんの合の子煮 沢庵漬

【30-1】大正 15（1926）年 1、4、7、10 月の献立
※『毎日のお惣菜料理法』主婦の友社編集局　大正 15（1926）年より作成

とは、野菜や魚・肉などを加えて作る味噌で、酒の肴やご飯につけて食べる副食物で、ほかには金山寺味噌、鳥味噌などがある。ご飯を食べる量が少なくなって、忘れられつつある食べ物である。

《ちゃぶ台の使用》

【30―2】家族四人が朝の食卓ついている。

銘々の前には、ご飯と味噌汁と皿一枚が並び、とり皿は見当たらないが、大丼が置かれている。献立例では、朝食は一汁一菜香物が九十六%を占めているので、大丼は一菜か香物のいずれかと想像される。調理には使用人の手伝いがいる中流の家庭であろうと推察される。しかし、当時は、調理の際には割烹着をつけていても、食卓に着くときには外すのが礼儀であったから、使用人のいない家庭かもしれない。割烹着や前掛けなどは、仕事着であって、それをつけて食事するのは、不謹慎のことと考えられていた。四十年くらい前までは、学校の調理実習でも、エプロンなどは外すようにしつけられた、そのうちに、せめて三角布だけはということになったが、現在では、そうした習慣はなくなっている。

話を食卓に戻すことにしよう。当書が刊行された大正末のころは、都市では箱膳からちゃぶ台へとほぼ移行し終えたころである。日本の食卓は、一人が一卓を使うのが慣例であったが、近代に入ると、家族が食卓を囲んで食事をするようになった。「家族が一つの食卓を囲んで…」という、理想的な食事の形態はまだ歴史が浅いにもかかわらず、いまでは、すでに大きな食卓を一人で使うことも多くなってしまった。敗戦後、生活全般の洋風化に伴って、ちゃぶ台はテーブルへと変わり、食事中は正座して無駄話はしないという作法も遠いことになった。

ところで、一つの食卓を囲んで食事をするようになってから生まれた調理法に鍋物がある。

茹でる、蒸すといった調理法は古く、また、江戸時代にも小鍋仕立ては度々みられるが、数人が一つの鍋を囲む鍋物という調理法は、明治以降に発生した新しい調理法といえよう。各人の前に銘々の膳があると、膳を超えて一つ鍋

【30-2】 朝食の食卓（『毎日のお惣菜料理法』大正 15（1926）年））
『毎日のお惣菜料理法』主婦の友実用百科叢書　第二編（主婦の友社　1926 年 2 月）より

	朝	昼	夕
下等	汁・香物	汁・香物・菜（つゆ煮）	香物
中等	汁・香物	汁・香物・菜（煮物又は焼物）	香物・菜
上等	汁・香物・猪口	汁・香物・平（煮物又は焼物）・猪口	汁・香物・菜

【30-3】 献立の等級

をつくというわけにはいかないが、ちゃぶ台の上に鍋を置くことによって、複数人が鍋を囲むことが出来るわけである。というと、古くから炉端の鍋を囲んできた歴史があるではないかといわれるが、鍋物の鍋と炉端の鍋とは性格が異なるように思う。鍋物は誰もが自由に好みのタネを好みの煮え加減を見計らってよそいとることが許される鍋であるのに対して、炉端の鍋は本来台所で煮炊きする鍋であって、銘々がよそうものではない。難しく言えば、炉端の鍋は、炊事担当者が食べる人の体格や働きを勘案してよそい分ける権利をもつといえよう。

また、鍋物を人気の調理法に押し上げたのは、時を得て中国から白菜が導入されたことも見逃せない。

《献立の等級》

【30―3】に、赤堀割烹教場三代目の赤堀峯吉が『赤堀　和洋料理法』大正十四（一九二五）年において、食事の豊かさを区分した珍しい記述がある。「献立法」の個所で「料理の献立には客式と定式との二様がある。客式とは冠婚葬祭等の儀式の席に用ふるもので、人々の身分に応じて異なるものである。定式とは、平常毎日三回ずつ用ふる飲食の料理法であるから、これは何人も知らなければならぬ」と前置きして、日常の献立を上中下の三等級に分けている。更に、「富貴の家にては、これより低調なれども、もって例となし難し」とし、また料理についても、「定式の献立の魚鳥野菜の料理法は、客膳と異なることなけれども、ただ、つけ合せ等をはぶき、簡略を旨とすべし、尤も、僕婢を使役する家にては、あまりに簡略にすべからず」とも記している。

ハレの食事において身分差が大きい例をみてきたが、ケの食事においては経済的理由が大きな差を生んでいる。甲紡績会社の寄宿舎と東京都の養育院の食事内容は、赤堀がいうところの下等、料理本のお惣菜の献立は中～上等というところであろう。上等の昼食の品数が最も多く、一汁二菜香物である。

女子高等師範学校調理指導書に掲出の献立

【31】は、『食物調理指導書』昭和七（一九三二）年、奈良女子高等師範学校内佐保會の編集による調理の指導書に掲出された献立である。

『食物調理指導書』は、緒言に「女子中等諸学校の食物調理実習指導書として編纂したものである。～中略～ 国産品の愛用、操作の合理化を期し、現代に於ける日常の家庭料理を會得せしめ、併せてこれが大體の栄養價を知り、以て合理的献立及びその調理を巧みになし得る素地を作ることにつとめた」とあるように、本書の内容は、当時の日常の家庭料理を念頭においた教科書である。

《**献立例**》

調理実習の一環として献立指導個所があり、表は一日の献立例として掲出されているものである。朝昼夕の別に見る。

朝は、其の一では、キャベツの味噌汁・貝柱の佃煮、其の二では、蕪の味噌汁・煮豆の一汁一菜。

昼は、大根卸しを添えた塩鮭一菜、其の二はパンと紅茶。

夕はそれぞれ、煮付・薩摩汁、小松菜の浸し・シチュウといずれも具沢山の一汁一菜である。

香物については仮定になるが、栄養計算をするからには計上をされてしかるべきだが、ここに掲載されていないということは、そもそも食卓にあげていなかったのであろう。

主食は一人一回の米量は百七十g、ご飯にすると三百九十g、一食のご飯量はご飯茶碗で多めの二杯である。

しかし、動物性たんぱく質の全たんぱく質に対する割合は、一例目は六十四%に達しているが、二例目は二十八%と低く、差が大きい。

	献立	材料	予定数量（4人分）	実際数量	価格（厘）	成分（一人当たり）たんぱく質	脂肪	含水炭素	ビタミン	カロリー（一人当たり）	備考
	飯	七分搗米	2040g			33.0	6.0	381.0		1710.0	朝昼夕の分量
		水		—	—	—	—			—	
朝	・味噌汁（キャベツ）・貝柱の佃煮	味噌	140g			4.3	1.3	6.3		54.1	
		キャベツ	200g			1.5	0.1	4.1	A.B.C	23.3	
		貝柱	100g			4.5	0.1	—	18.9		
		醤油			—	—	—			—	
		砂糖			—	—	—			—	
昼	・鹽鮭・大根おろし	鹽鮭	200g			13.1	1.6	—	66.8		
		大根	200g			0.4	—	1.9	A.B.C	9.2	
夕	・筍の煮付・薩摩汁	筍	800g			5.2	0.2	9.0		58.6	
		鰹節			—	—	—	—			
		醤油			—	—	—	—			
		砂糖			—	—	—	—			
		牛肉細切れ	250g			12.8	3.4	—	A.	81.8	
		人参	200g			0.7	0.2	3.7	A.B.C	19.4	
		玉葱	200g			0.8	0.1	4.0	B.C	20.1	
		牛蒡	100g			0.4	—	6.3		26.8	
		里芋	200g			0.7	—	5.9		26.4	
		味噌	100g			3.1	0.9	4.5		38.5	
						計（一人当たり）		カロリー計		2068.2	

	献立	材料	予定数量（4人分）	実際数量	価格（厘）	成分（一人当たり）たんぱく質	脂肪	含水炭素	ビタミン	カロリー（一人当たり）	備考
	飯	七分搗米	1360g			22.1	4.1	254.0	B.	1141.3	朝昼夕の分量
		水									
朝	味噌汁かぶ 煮豆	味噌	450g			4.3	1.3	6.3		54.1	
		蕪	150g			0.5		1.0	B.C.	6.0	
		鶉豆	120g			5.7	0.4	17.3	A.B.C.	95.6	
		砂糖	80g					20.0		80.0	
		鹽									
昼	パン ジャムバター 紅茶※	食パン	（900g）2斤			15.8	0.2	118.1	B.	537.4	
		ジャム	適量								
		バター	40g			0.1	8.4	0.1	A.	76.4	
		紅茶	1大匙								
		水	3dl			—					
		牛乳	4dl			3.5	3.8	4.9	A.B.C.	67.8	
		砂糖	50g					13.0		52.0	
夕	小松菜の浸し	小松菜	450g			2.8	0.6	1.3	21.8		
		鰹節									
		醤油									
		鶏肉	150g			7.9			A.B.C.	31.6	
		馬鈴薯	150g			0.6		7.1	A.B.C.	30.8	
		人参	100g			0.3	0.1	1.9	A.B.C.	9.7	
		玉葱	180g			0.7		3.6	B.C.	17.2	
		メリケン粉	20g								
		バター	20g								
		鹽	5g								
		胡椒	少量								
						計（一人当たり）		カロリー計		2199.9	

※紅茶の量は、嗜好によって増減する。砂糖も、嗜好によって加減する。
角砂糖ならば、一人につき2筒ずつ、おおよそ13g。牛乳も、嗜好によって用いなくてもよい。

【31】一日の献立
※『食物調理指導書』昭和7（1932）年奈良女子高等師範学校内　佐保會編集より作成

《**献立構成**》

昭和七年頃の一般家庭を対象とした献立構成の指導例であるが、一菜あるいは一汁一菜の質素さである。洋風料理も取り入れられてきたことが窺えるが、シチュウと小松菜の浸しなど、和洋折衷の献立も、まだこれからの感が強い。

栄養と調理科学に基づいた調理書『基礎から応用まで―料理』に掲出の献立

『基礎から応用まで―料理』(昭和三十二(一九五七)年)は、書名どおり栄養、食品、料理法など食生活を営む上で必要な知識を基礎から応用まで幅広く書き記したものである。大妻女子大学教授河野貞子、お茶の水女子大学教授松元文子、国立栄養研究所長有本邦太郎の共著で、河野、松元は調理学、有本は栄養学の分野で、当時、この分野の仕事に携わる誰もが信頼を寄せた指導的立場の三人である。

書頭において、目標は中流家庭を対象に家族の健康に配慮し、レシピは栄養素の損失や材料の無駄を省き、調理実験を基にした科学的な調理であるとしている。

戦後の食糧難のなか、劣悪な栄養状態を改善することを目的に、昭和二十二(一九四七)年に栄養士法が誕生し、食物をいかに摂るべきかを国民に理解させるために、昭和二十八(一九五三)年「栄養改善法案」が国会に提出されて、漸く栄養改善の機運が高まってきたころである。

《**摂取食料**》

健康や食料事情などを調査のうえ、日本人平均一人一日分の食料構成を掲出している。

エネルギーは、二千百八十五キロカロリー。たんぱく質は八十g、うち動物性たんぱく質は三十gで全たんぱく質に対する割合は三十八％と高い割合を目指している。

食塩は十五gと多く、現在のほぼ二倍である。たんぱく質の摂取も少なく血管が脆弱であったため、男性では、人口十万に対する死亡率が脳血管疾患が死因の三十〜三十五％を占め、悪性新生物がんの二十％をはるかに超えていた。戦後長らく食塩の所要量は十五gであったのが、一九七九年に十gに改められ、国を挙げての厳しい減塩指導がはじまり、国民の薄味へのなれも功を奏して、死亡率の第一位を悪性新生物、二位を心疾患へと譲っていくことになる。

《一週間の献立》

【32】は、春夏秋冬の四季における各一週間の献立である。

全四週間のうち、主食がご飯である献立は六十％、パンおよび麺がそれぞれ二十％を占め、パン食の増加が目新しい。ぼつぼつ高度経済成長の入り口にさしかかり、洋食品の摂取が高まりを見せ始めたころで、パンの使用頻度の増加は、いわゆる食の洋風化の幕開けを示すものである。パンの献立を見ると、例えばトースト、紅茶、マカロニサラダ、焼き茄子花鰹、コッペパンサンドイッチ、ほうれん草のり巻き、うぐいす豆煮豆など、主食はパンであっても、おかずはまだこれからという感じである。紅茶に加えるミルクが脱脂粉乳であるのは、冷蔵庫が普及していない時代にあっては、一般の家庭では、生乳を手に入れることは難しかった。

現在の献立表では見ることがないことだが、繰り回しが多くみられる。冬期水曜日の夕食のカレーうどんが、翌朝に夕べの残りのカレーうどんであると、憚ることなく書かれており、夏期水曜日の朝食のトマトバターライスがその日の昼食に朝のバターライスの残り、また、秋期金曜日の夕食の野菜入り栗飯を翌朝に夕べの残りとして繰り廻している。現在では、料理の繰り回しや常備菜の利用が少なく、食事の都度、新たな料理を調える傾向が強い。同じものを食べることを嫌い、食事に変化をつけることに腐心しているようにみえるが、冷蔵庫も普及しており、料理の繰り回しや常備菜の作り置きは、以前よりも容易になっているはずである。

《献立構成》

掲出した献立のうち、ご飯を主食とする朝十六例、昼十八例、夕十四例の献立構成をもとに、内容を分析してみると、つぎのようである。

朝食は、〔里芋、生揚げ、葱の味噌汁・納豆・小松菜漬物〕、〔油揚、もやし、人参味噌汁・鰹角煮・沢庵、紅生姜〕など一汁一菜香物六十一％、〔あさり味噌汁・鰯塩焼き・人参、蕗ソテー・京菜塩漬〕など一汁二菜香物十九％、〔目玉焼き卵・胡瓜もみ・大根、茄子漬物〕など二菜香物十四％。

昼食は、〔鮭と玉葱の玉子とじ・莢豌豆、筍ソテー・白菜漬物〕、〔魚照焼・茄子田楽・大根、葉浅漬〕など二菜香物六十一％、〔小魚の唐揚・一口昆布巻・サツマイモとリンゴの市松煮・沢庵〕、〔じゃがいも砂糖煮・牛肉ごま煮・人参と牛蒡のごま煮・大根、葉漬物〕の三菜香物二十二％、〔魚団子、青味、しょうが汁の清汁・大学芋〕の一汁一菜十一％。

夕食は、〔鯵いそべ揚・油揚入り大根なます・大根、葉漬物〕、〔鯵バター焼・野菜サラダ・小蕪、葉漬物〕などの二菜香物四十四％、〔豆腐味噌汁・酢豚・大根漬物〕の一汁一菜香物および〔玉子、はんぺんの清汁・牛肉吉野煮・じゃがいも白煮・胡瓜、人参、茄子漬物〕など一汁二菜香物が各二十一％である。

朝食は一汁一菜香物、昼は二菜香物、夕は二菜香物、一汁一菜香物あるいは一汁二菜香物というところで、一汁三菜香物の献立は見られない。ご飯には全て香物がついている。

春	日曜日	月曜日	火曜日	水曜日	木曜日	金曜日	土曜日
朝	トースト（バター） せりと干しえび入り卵焼き もやし葉玉葱ソテー ミルク紅茶	味噌汁（豆腐、葱） ふきの煮付 干しだら甘酢漬 ご飯 漬物（小蕪、葉）	味噌汁 （油揚、もやし、人参） 鰹角煮 ご飯 漬物（沢庵、紅生姜）	トースト（バター） ベーコンシチュー （鯨ベーコン、玉葱、人参、ジャガイモ、ラード、小麦粉）　夏みかんジュース	味噌汁（京菜、油揚） おろし和え（納豆、もみのり、葱、芥子、けずり節） ご飯 漬物（小蕪、葉）	味噌汁（浅蜊） 小鰯塩焼き 人参、ふきソテー ご飯 漬物（京菜塩漬）	味噌汁 （若布、豆腐、莢豌豆） 小エビ佃煮 ご飯 漬物（沢庵）
昼	春餅《シュンピン》 （肉入り、味噌と白菜と鰯酢漬、もやし、ほうれん草） 野菜の薄葛汁（筍、豆腐、三つ葉、片栗粉）	鮭と玉葱の卵とじ　莢豌豆、筍ソテー　ご飯 漬物（白菜）	トースト （バター、チーズ） トマト煮 （鰹、人参、筍、グリーンピース、玉葱、トマトケチャップ） 夏みかん	焼即席シューマイ （夕べの残り） 人参 　ほうれん草ソテー ご飯 漬物（沢庵、小松菜）	しのだちらし （油揚、莢豌豆、卵、紅生姜、干瓢、椎茸、海苔、三つ葉）	鰹の角切りフライ 塩ゆでキャベツ 　夏みかん和え ご飯 漬物（小蕪）	二色コッペサンド （ソーセージ、レタス、芥子、バター） 煮豆（鶯豆） ほうれん草（のり巻）
夕	浅蜊の潮汁 ぬた （まぐろ、わけぎ、しそ、酢、砂糖） 桜飯、もみふりかけ 漬物（小蕪の葉）	天ぷら餛飩 （イカ、エビと玉葱のかき揚げ、鰯） 莢豌豆（黒胡麻和え） 漬物（沢庵）	即席シューマイ （ひき肉、葱、片栗粉、卵、千キャベツ） わらび芥子和え ご飯 漬物（京菜）	あじバター焼 野菜サラダ （うど、リンゴ、莢豌豆、キャベツ、フレンチソース） ご飯 漬物（小蕪、葉）	お好みあんかけ餛飩 （焼蒲鉾、炒り卵、椎茸、莢豌豆、肉そぼろ、木の芽） 小松菜ひたし（花鰹） リンゴ砂糖煮	そぼろ丼 （ひき肉、炒り卵、グリーンピース、木の芽、紅生姜） 清汁（蛤の潮汁） 漬物（京菜）	焼きそば （鰯油漬缶詰莢豌豆、もやし、玉葱、根三つ葉、なると、酢、醤油、片栗粉、油） 空豆甘煮 夏みかんメレンゲ
食後	リンゴ	夏みかん	いちご	夏みかん		リンゴ	

夏	日曜日	月曜日	火曜日	水曜日	木曜日	金曜日	土曜日
朝	ハムエッグ 新玉葱、ピーマンソテー トースト（バター） 夏みかんジュース	味噌汁（玉葱、竹輪） 卵の花和え （油揚、卵の花、人参、葱） ご飯 漬物（茄子、胡瓜）	トースト（バター） 牛乳煮 （脱脂粉乳、玉葱、人参、キャベツ、竹輪） 生トマト（塩、味の素）	トマトバターライス、枝豆、トマト、人参 　中華風清汁 （ベーコン、キャベツ、玉葱） 漬物（胡瓜）	味噌汁（豆腐、若布、葱） 生揚つけ焼（花鰹） ご飯 漬物（胡瓜、人参）	味噌汁（油揚、玉葱） 焼きのり 新ジャガイモ甘煮 ご飯 漬物（茄子、胡瓜）	目玉卵焼 胡瓜もみ （白子干し、海苔入り） ご飯 漬物（大根、茄子）
昼	鯨肉つくね揚 新キャベツ、炒り卵、フレンチサラダ ご飯 漬物（胡瓜、人参）	たき合わせ （牛蒡、薩摩揚、キャベツ） 塩漬 （亀戸大根、紫蘇の葉、胡瓜） ご飯	玉葱と干しエビ磯揚げ、莢隠元唐揚げ 鰹角煮（佃煮） 漬物（小蕪、胡瓜）	トマトバターライス （朝の残り） ジャガイモ唐揚げ 漬物（人参、茄子）	サンドウィッチ （玉葱、炒り卵、なまりペースト、サラダ菜、胡瓜） 果物一個 またはトマト一個	魚の照焼 茄子田楽 ご飯 漬物（浅漬：大根葉）	魚のフライ 野菜の煮つけ （南瓜、莢隠元） ご飯 漬物（キャベツ）
夕	まぐろ照焼 空豆、人参ソテー　清汁（はんぺん、三つ葉） ご飯 漬物（大根、茄子）	トマトシチュー （牛肉、玉葱、人参、ジャガイモ、トマト） 夏みかん和え （しらす干し、もやし、若布） トースト　またはご飯	カレーライス フレンチサラダ （生り節、トマト、ジャガイモ、莢隠元、人参、ピーマン）	冷やしそうめん （卵、トマト、胡瓜、莢隠元、マヨネーズソース） 南瓜含め煮 （黒胡麻あん）	ピーマン肉詰揚げ 茄子はさみ揚げ、 ジャガイモ唐揚げ トマト、胡瓜（三杯酢） ご飯 漬物（胡瓜）	牛肉吉野煮 　ピーマンソテー ジャガイモ白煮 清汁 （卵、はんぺん、キャベツ） ご飯 漬物（胡瓜、人参、茄子）	マカロニサラダ （ジャガイモ、人参、キャベツ、胡瓜、鮭缶、マヨネーズ） 焼茄子（花鰹） トースト（バター） 紅茶
食後	西瓜	スイートメロン	白桃	びわ	西瓜	白桃	スイートメロン

秋	日曜日	月曜日	火曜日	水曜日	木曜日	金曜日	土曜日
朝	トースト（バター） マッシュポテト （※枝豆入り） （ジャガイモ、牛乳、バター） 果物 紅茶または緑茶	味噌汁 （玉葱、ジャガイモ） たたみ鰯（大根おろし） 鶉豆甘煮 ご飯 漬物（人参、白瓜）	味噌汁 （里芋、葱、なまあげ） 納豆（納豆、葱、芥子） ご飯 漬物（小松菜）	パン（バター） 落花生和え （落花生、生り節、胡瓜、人参とその葉、酢） ミルク（脱脂粉乳、砂糖）	トースト（バター） ソーセージ 　野菜ソテー （キャベツ、人参、莢豌豆） 果物 紅茶	味噌汁 （油揚、ほうれん草、里芋） おろし和え （白子干、蓮根、枝豆） ご飯 漬物（茄子、大根）	味噌汁（豆腐、玉葱） 野菜入り栗ご飯 （※夕べの残り） 漬物（小松菜）
昼	のり巻 （卵、干瓢、椎茸、ほうれん草） 清汁 （魚団子、生姜汁、青味） 大学芋 （さつま芋、油、砂糖）	松茸とさつま揚の煮つけ 南瓜の含め煮 兎リンゴ 漬物（ラッキョウ、紅生姜）	二色ご飯 （グリーンピース、ほぐし鮭、もみのり） ピーマンソテー （もやし、バター） 漬物（白瓜）	さんま蒲焼 （さんま、砂糖、醤油） さつま芋から揚 ご飯 漬物（蕪とその葉）	ジャガイモ砂糖煮 牛肉胡麻煮 人参と 　牛蒡のきんぴら ご飯 漬物（大根、葉）	鯵のカレー揚 煮リンゴ 秋茄子即席芥子漬 ご飯 漬物（人参、胡瓜）	メンチカツ サンドウィッチ （食パン、メンチカツ、レタス、バター） 野菜サラダ （胡瓜、トマト、リンゴ、莢隠元、マヨネーズ） （※ビニール袋入り）
夕	かきフライ 清汁 （松茸、はんぺん、青味） フレンチサラダ （莢隠元、キャベツ、ジャガイモ、人参） パンまたはご飯 漬物（紫蘇の実、白瓜）	チキンライス （豚こま、玉葱、干ブドウ、グリーンピース、トマトケチャップ）　葱鮪 清汁（豆腐、葱）	薩摩汁 （さつま芋、豚肉、牛蒡、人参、葱、味噌） 太刀魚柚子焼 つまみ菜浸し ご飯 漬物（キャベツ）	鯖のムニエル （粉吹き芋、パセリ） グリーンピース 　スープ パン（バター） さつま芋甘煮	さんま生姜焼き （ジャガイモ、牛乳、卵、パセリ） 貝のぬた （若布、むき身、葱、味噌） ご飯 漬物 （大根とその葉の即席漬）	牛肉と松茸のかき揚 （葱、卵、小麦粉、油） 野菜入り栗ご飯 （栗、人参、牛蒡、油揚、グリーンピース） 漬物 （らっきょう、小蕪とその葉）	鯵磯辺揚 （海苔、油、小麦粉、大根おろし） 油揚入りなます（油揚、大根、人参、甘酢） ご飯 漬物（大根とその葉）
食後	ぶどう	ゆで栗	リンゴ	柿	梨	リンゴ	ブドウ

冬	日曜日	月曜日	火曜日	水曜日	木曜日	金曜日	土曜日
朝	釜揚げうどん （薬味：鰹節、葱、胡麻） ほうれん草浸し （花鰹） いかあられ（佃煮）	味噌汁 （玉葱、ジャガイモ） 炒り豆腐（夕べの残り） ご飯 漬物（沢庵）	パン（バター） リンゴとサツマイモの重ね煮 紅茶（脱脂粉乳）	納豆汁 （納豆、味噌、葱、蒟蒻） 鰹角煮 ご飯 漬物（白菜）	ミルク、トースト 紅茶 カレーうどん （※夕べの残り） リンゴとキャベツの 　フレンチソースかけ	味噌汁 （里芋、葱（白、青）） さつま揚つけ焼 ご飯 漬物（小蕪とその葉）	トースト（バター） 炒り卵 　キャベツのソテー 煮リンゴ 　胡麻あんかけ （※夕べの残り）
昼	オープンサンド 　バター炒り卵 野菜サラダ （ジャガイモ、人参、キャベツ、リンゴ、マヨネーズソース） 水煮缶詰魚ペースト ミルク紅茶	イカつけ焼 　わさび醤油 のり巻ほうれん草 ご飯 みじん落花生塩かけ 漬物（ラッキョウ、福神漬）	卵のロールキャベツ （ひき肉、パン、玉葱） あさり佃煮 ご飯 漬物（小蕪とその葉） みかん	粕漬鮪 　煮菜（小松菜） 菊花蕪甘酢漬 さつま芋バター焼き ご飯 漬物（沢庵）	小魚から揚げ甘酢漬の みじんパセリ 一口昆布巻 さつま芋と 　リンゴの市松煮 ご飯 漬物（沢庵）	鰤バター焼き 　みじんパセリ 炒り卵と 　小松菜の芥子和え ご飯 漬物（沢庵） 果物（ミカン）	サンマカレー揚げ 野菜ソテー （キャベツ、ジャガイモ、人参、バター） ご飯 漬物（白菜）
夕	鮪ぬた（葱、若布） 炒り豆腐 （人参、椎茸、ほうれん草） リンゴきんとん 　ほうれん草 ご飯 漬物（小蕪）	かき揚げ （玉葱と干しエビ、さつま芋、松葉昆布、大根おろし） かき卵うどん	酢豚 （豚バラ肉、椎茸、人参、さつま芋、蓮根） 味噌汁（豆腐、葱） ご飯 漬物（大根）	カレーうどん （豚こま、玉葱、人参、キャベツ） 小鯵から揚の煮つけ 　ポテト煎餅 リンゴコンポート	炒墨魚《チャモユイ》 （※イカの炒め物） （白菜、人参、青豆、もやし） 中華風清汁 （椎茸、ハム、白菜） ご飯 漬物（小蕪、キャベツ）	五目中華そば （卵、葱、なると、豚肉、もやし、ほうれん草） 煮リンゴ胡麻あんかけ	蒸し寿司 （アナゴ、干瓢、卵、人参、椎茸、蓮根） 清汁（ほうれん草、油揚） 漬物（白菜）
食後	ミカン	ミカン	リンゴ	ミカン	ミカン	リンゴ	ミカン

【32】昭和 32（1957）年 1、4、7、10 月の献立

※『基礎から応用まで一料理』光文社　昭和 32（1957）年「四季の一週間の献立」より作成

『栄養と料理』にみる献立の変化

《『栄養と料理』 昭和四十(一九六五)年にみる献立》

【33】は、昭和四十(一九六五)年刊『栄養と料理』の付録に掲出された一、四、七、十月の献立である。

『栄養と料理』は、昭和十(一九三五)年、女子栄養大学の創立者香川綾によって創刊され、昭和十九(一九四四)年と二十(一九四五)年の緊迫した戦時情勢下では用紙が調達できず休刊したのみで、現在に継続している栄養と料理を中心とする雑誌である。バランスのとれた食事によって健康を維持し、またその食事は美味しい料理であるべきとした香川綾の理念に基づいて編集され、時代に応じて、配慮すべき健康への指針を反映した献立が掲出されている。

昭和四十(一九六五)年は、高度経済成長の波に乗り、食料不足の時代から過剰の時代へと逆転し、摂取食品は洋風化が進み、コンビニエンスストアの開店、インスタント食品の販売が軌道に乗るなど、食料事情が大きく変っていくところである。

①献立

十二ヶ月の各月に掲出された献立のうち一、四、七、十月の献立を冬、春、夏、秋に相当すると見做して抜粋し、示したものである。但し、以下の集計は十二ヶ月分の献立をもとに算出している。

先ず、主食についてみると、食事が洋風へと傾斜するなかで、パン食の回数は、朝食では週あたり四日、昼食二日、夕食一日である。

パン食の内容は、秋土曜日の朝食は〔チーズトースト・牛乳・ゆで卵・菜果サラダ〕、春水曜日の昼食は〔サンドイッチ―ハム、ほうれん草、りんご、レーズン・牛乳〕、冬土曜日の夕食は〔ロールパン・人参ポタージュ・鱈のポッシェ・

紫キャベツサラダ・リンゴコンポート〕のように、一食が洋風でまとまり、朝昼夕の食事らしさも感じられる献立になっている。

また、主菜としての魚や肉をどのように調理するかの視点から食の洋風化をみた。魚の和風料理は鯵の塩焼きやすずきの刺身などで四十五％、洋風はいかリング揚げ、鯵から揚げタルタルソースなど十一％、肉の和風料理は豚肉の鍬焼き、牛肉と蒟蒻炒煮など十七％、洋風はハンバーグ、メンチカツなど十三％で、他は中国風料理などである。つまり、主菜となる魚や肉の料理は六十％が和風、二十五％が洋風で、和風が多い。

②献立構成

朝食　〔味噌汁・海老、にら玉子焼・伴三糸〕、〔しじみ汁・擬製豆腐・大根煮物〕など一汁二菜四十二％、〔味噌汁・納豆・しらすおろし和え・かぶ菜即席漬〕、〔味噌汁・油揚もやし炒め・うずら豆甘煮・漬物〕など一汁二菜香物四十％。

昼食　〔魚干物、大根卸し・菜の花煮浸し・漬物〕、〔魚干物・煎り豆腐・白菜即席漬け〕など汁無しの二菜香物三十二％、〔すずきはさみ揚げ・ピーマン、人参炒め煮・煮豆〕など三菜二十九％、〔さんま南蛮づけ・がんも、里芋煮物〕など二菜十六％。

夕食　〔のっぺい汁・イカリング揚・野菜サラダ〕など一汁二菜三十四％、〔豆腐清汁・すずき刺身・南瓜そぼろあん・胡瓜もみ〕、一汁三菜十一％、〔魚干物・煎り豆腐・白菜即席漬〕、〔茶碗蒸・炒りどり・蕪と葉の即席漬〕などの二菜香物、〔冷やっこ、レバーと野菜の油焼〕などの二菜、〔野菜スープ煮・卵巻揚・春菊酢油掛け〕などの三菜は各八％と多様である。

1月	日曜日	月曜日	火曜日	水曜日	木曜日	金曜日	土曜日
朝	ご飯 味噌汁 蓮油煮 納豆 つけもの	トーストパン ミルクコーヒー スクランブルエッグ 千切りジャガイモ油焼	ご飯 味噌汁 油揚もやし炒め ウズラ甘煮 漬物	パン チーズスープ 鯨香焼 リンゴサラダ	フレンチトースト ミルク紅茶 ハムほうれん草ソテー みかん	ご飯 味噌汁 竹輪烏賊わさび和え 漬物	ご飯 味噌汁 大豆牛肉高菜炒 漬物
昼	あべ川餅 白菜クリーム煮 リンゴ	とろろこぶそば 竹輪・里芋煮物 つけもの	ホットドッグ ミルク くだもの	ご飯 魚干物　大根おろし 白菜・生揚煮浸 漬物	葱油麺 さつま芋リンゴ重煮 漬物	トーストパン ミルク 鰯唐揚げ ラビゴットソース みかんサラダ	鯨なべ 春菊中華風和え物 焼き芋
夕	五目焼そば さつま芋マッシュ 漬物	ご飯 いわしちり鍋 かきなます	餅ぞうすい 鯵酢味噌和え ほうれん草のお浸し さつま芋甘煮	ぎょうざ かき玉汁 野菜五目炒	ご飯 のっぺい汁 イカリング揚げ 野菜サラダ	あさりご飯 空也蒸し 鯨と白菜胡麻和え 漬物	ロールパン 人参ポタージュ 鱈のボッシエ・ 粉吹芋 紫キャベツサラダ リンゴコンポート

4月	日曜日	月曜日	火曜日	水曜日	木曜日	金曜日	土曜日
朝	パン バターマーマレード ミルク紅茶 胡瓜・レタスサラダ	トーストパン ミルク ほうれん草ソテー はっさく	トースト イチゴミルク 巣ごもり卵	ご飯 若布ジャガイモ味噌汁 エビニラ卵焼き 伴三糸	トースト 牛乳 チーズ・ソーセージ リンゴ	ご飯 油揚・もやし味噌汁 わかさぎ南蛮漬け うど、イカ木芽和	パン バタージャム 牛乳 ポーチドエッグ ほうれん草ソテー
昼	ご飯 豚肉くわ焼 蕪漬物	ご飯 魚干物・大根おろし 菜の花煮浸し 漬物	ご飯 キャベツ即席漬 大学芋	サンドイッチ （ハム、ほうれん草、リンゴ、レーズン） 牛乳	親子煮 焼豆腐木芽田楽 根三つ葉浸し物	パン 牛乳 レバープロシェット 人参グラッセ キャベツ胡瓜サラダ	ご飯 豆腐清汁 ジャガイモ中華風煮 煮豆 蕪漬物
夕	ハマグリピラフ コーンスープ ジャガイモサラダ菜 サラダ	ちらしずし 豆腐・三つ葉清汁 春菊浸物	ご飯 メンチカツ 人参グラッセ 芽キャベツソテー ポークビーンズ	筍のご飯 茶碗蒸し 鯵塩焼き 酢ばす	ご飯 中華風かきたま汁 わかさぎ酢煮 炒合菜	五目中華そば ジャガイモ豚肉炒煮 夏みかん	ご飯 はまぐり潮汁 鯖変わり揚 もやし胡瓜のナムル

7月	日曜日	月曜日	火曜日	水曜日	木曜日	金曜日	土曜日
朝	トースト 冷ミルク 炒り卵 トマトレタスサラダ	ご飯 とろろこぶ汁 油揚包み焼おろし 煮豆	ご飯 しじみ汁 ぎせい豆腐 大根煮物 漬物	バターロール 牛乳 オムレツ 胡瓜トマトサラダ	サンドイッチ （コーン、ベーコン） レモンスカッシュ	ご飯 大根菜油揚味噌汁 卵焼き 納豆おろし和え	ご飯 豆腐葱味噌汁 レバー生姜角煮 納豆おろし和え
昼	天丼 とろろこぶ汁 大根葉漬物	三色弁当 ジャガイモ田舎煮 大根味噌漬	ご飯 すずきはさみ揚 ピーマン人参炒め 煮豆	ご飯 団子、隠元甘辛煮 ピーマンなべしぎ	ご飯 鯵胡瓜南蛮漬 ジャガイモ、生揚煮物	クロワッサン 牛乳 鶏しし唐串揚 ジャガイモバター焼 キャベツ甘酢漬	ホットドッグ （チーズ、鮭、卵） 牛乳 桃
夕	バターロール かぼちゃポタージュ 鶏蒸し煮 レタス隠元サラダ 桃	ご飯 豆腐ねぎ清汁 すずき刺身 かぼちゃそぼろあん 胡瓜もみ	黒パン トマト卵スープ ハンバーグ 隠元ソテー・粉吹芋 サラダ 桃	ご飯 トウモロコシスープ 鯵唐揚タルタルソース キャベツベーコン サラダ	鶏ご飯 即席スープ 牛肉蒟蒻炒煮 鮭胡瓜三杯酢	ご飯 冷奴おろし レバー野菜油焼	ご飯 鶏葛たたき清汁 イカエビ天ぷら 牛乳かん

10月	日曜日	月曜日	火曜日	水曜日	木曜日	金曜日	土曜日
朝	パン 牛乳 ハムエッグ 白菜リンゴサラダ	ご飯 豆腐葱味噌汁 かまぼこ煮付 きんぴらごぼう 白菜漬物	パン ミルク紅茶 半熟卵 コールスローサラダ	ご飯 若布里芋味噌汁 納豆 しらすおろし和え 蕪菜即席漬	ご飯 大根落し卵味噌汁 ジャガイモ ベーコンソテー 沢庵	ご飯 しじみ味噌汁 卵焼きおろし 蕪菜からし和え	チーズトースト 牛乳 ゆで卵 菜果サラダ
昼	ご飯 魚干物 いり豆腐 白菜即席漬	丸パンサンド 牛乳 リンゴ	ご飯 がんも里芋煮物 蕪糠漬	ご飯 さんま南蛮漬 白菜油揚煮浸 大根刻み漬	きつねうどん 煮豆 牛乳	おにぎり ウインナー ソーセージフライ ジャガイモ玉葱串焼 ミルク紅茶	ご飯 揚豆腐野菜味噌炒 蕪糠漬
夕	栗入り炊きおこわ 茶碗蒸し 炒り鶏 かぶと菜の即席漬	サンマ蒲焼丼 白菜団子 中華風スープ ほうれん草浸し リンゴ	オムライス 野菜スープ ポテトサラダ ミルク紅茶 ブドウ	ご飯 野菜のスープ煮 卵巻揚 春菊酢油かけ リンゴ	さばそぼろ丼 豆腐春菊清汁 キャベツ唐辛子醤油 かき	さばばってら のっぺい汁 春菊胡麻和え さつま芋茶巾 かき	ご飯 清汁青菜卵とじ イカカレーフライ 隠元ソテー・粉吹芋 蕪あちゃら

【図 33】昭和 40（1965）年 1、4、7、10 月の献立

※『栄養と料理』女子栄養大学出版部刊　昭和 40（1965）年「付録献立」より作成

菜の数の多様化もさることながら、注目すべきは香物の出現頻度で、朝、昼、夕の献立を総計すると、香物なしの献立が六十％と過半数を超えたことである。飯、汁、香物から飯と汁へと大きく変化したのである。室町時代に確立した一汁三菜香物という食事の基本とされてきた献立が、ここへきて崩れ始めたとみることが出来よう。

つまり、朝食は一汁二菜または一汁二菜香物、昼食は二菜香物または三菜、夕食は一汁二菜が三十％を占めるが、あとは一汁三菜、二菜香物、二菜、三菜がほぼ等分であった。一汁三菜は夕食に十一％みられたが一汁三菜香物はなかった。

《『栄養と料理』平成二十六（二〇一四）年 にみる献立》

昭和四十（一九六五）年の『栄養と料理』から約五十年後の同誌に掲出された献立である。

①献立

【34】は、平成二十六（二〇一四）年刊『栄養と料理』の付録に掲出された献立のうち一、四、七、十月を冬、春、夏、秋に相当すると見做して抜粋し、示したものである。但し、以下の集計は十二か月分の献立をもとに算出している。飽食ただ中の食事である。

先ず、主食については、パン食の回数は、朝食では、週あたり三日、昼食一日、夕食〇回で、昭和四十年よりむしろ少ない。その内容は、冬火曜日の朝食は〔チーズトースト・根菜サラダ・粒マスタード和え・カフェオレ・果物〕、秋月曜日の昼食は〔ミックスサンドイッチ—鮭缶、ハム、胡瓜、トマト・じゃがいもとマッシュルームのサラダ・牛乳〕、秋水曜日の夕食は〔鮭のソテー・コールスローサラダ・コンソメスープ・ロールパン〕に見るように、いずれもがレストランに劣らない献立になっている。

また、主菜としての魚や肉をどのように調理するかについては、魚の和風料理は、鯵の塩焼き、さわらの鍋照焼きなどで四十三％、洋風は鮭のソテー、きんめだいのグリルなど九％、肉の和風料理は、鶏のから揚げ、豚肉のしょうが焼きなど二十六％、洋風はハンバーグ、ヒレカツなどで十一％で、他は中国風や韓国風料理である。つまり、主菜となる魚や肉の料理は七十％が和風、二十％が洋風、中国・韓国風十％で、和風に調理されることが多い傾向は変わっていない。

②献立構成

朝食　〔わかめ、大根味噌汁・卵、野菜炒・厚揚おろし煮〕、〔油揚、葱味噌汁・里芋、ひじき煮物・鶏、胡瓜の胡麻和え〕など一汁二菜八十五％、〔納豆・莢豌豆、しめじの卵とじ・長芋わさび醤油和え〕三菜のように汁がつかないのは二％である。

昭和四十年と異なり、朝食で果物やヨーグルトなどを添えることが多くなっている。

昼食　平日では全て弁当になっており、そのうちご飯を主食とするものについて計数した。〔豚肉しょうが焼・じゃがいも、人参、胡瓜三杯酢・小松菜、しめじ胡麻よごし〕、〔親子煮・いか、胡瓜酢物・れんこん、セロリ炒め物〕など三菜七十五％、〔鱈立田揚げ・じゃがいも、人参煮物・きんぴら牛蒡・煮豆〕など四菜十四％、〔鯵フライ・サツマイモオレンジ煮・れんこん梅肉和え・セロリ味噌漬け〕、〔肉団子甘辛煮・キャベツ、人参、椎茸炒め物・サツマイモ甘煮・あちゃら漬け〕など三菜香物六％、〔鰆なべ照焼・じゃがいも、人参味噌炒め・大根、胡瓜甘酢漬け〕など二菜香物は五％であった。

1月	日曜日	月曜日	火曜日	水曜日	木曜日	金曜日	土曜日
朝	焼餅（安倍川、磯辺） 甘露鮭入り野菜汁 白菜の胡麻和え	おせち料理 雑煮	おろし納豆 （納豆、大根、小葱、ウズラ卵） きんぴら牛蒡 たまねぎと若布の味噌汁 ご飯 ヨーグルト	オムレツ （ブロッコリーのソテー ミニトマト添え） トースト （バター、ジャム） カフェオレ 果物	落とし卵と野菜の 味噌汁 シラス干しとおろし大根 小松菜としめじの炒め物 ご飯 牛乳 果物	チーズ入り スクランブルエッグ 菜果サラダ （レタス、胡瓜、リンゴ、 ミカン） ロールパン ヨーグルトドリンク	野菜入り卵焼き 大根と水菜の 明太子和え 莢豌豆と玉葱の 味噌汁 ご飯 イチゴミルク
昼	サンドイッチ （卵、チーズ、ハム、トマト、胡瓜） 野菜スープ （キャベツ、ニンジン、ベーコン） 牛乳	皿うどん （うどん、鶏肉、鶉の卵、白菜、玉葱、人参、しめじ類、小松菜） さつま芋の甘煮 ミカンの ヨーグルト和え	（弁当） 鱈の竜田揚げ ジャガイモと 人参の煮物 きんぴら牛蒡 煮豆 ご飯	（弁当） バターロールサンド（鮭缶と胡瓜、ハムとレタス） ゆでキャベツのサラダ （人参、レーズン） 牛乳	（弁当） イカの香草炒め 里芋と蒟蒻の 味噌炒め ほうれん草の磯辺巻 ご飯	（弁当） 鶏肉のなべ照焼 ブロッコリーと 人参の唐辛子炒め 大根と人参のなます	ご飯　果物　野菜と豚肉のラーメン フルーツの カッティングチーズ和え （リンゴ、イチゴ）
夕	みぞれ肉団子なべ ほうれん草の 磯辺和え ご飯 果物	鱈と千切り野菜の 蒸し物 白菜と若布の味噌汁 ご飯	焼き鳥と野菜のグリル ポン酢醤油かけ 茶碗蒸し 小松菜としめじの くるみ和え ご飯 果物	厚揚げの麻婆豆腐 カリフラワーと 人参の吉野煮 （浅蜊、生椎茸、莢豌豆） 麩と三つ葉の すまし汁 ご飯	ヒレカツ 湯豆腐 蓮根の酢きんぴら 野菜汁 （大根、人参、牛蒡） ご飯	カジキと野菜の 甘酢炒め 凍り豆腐と ジャガイモの含め煮 キャベツと若布の ナッツ和え かやくご飯 （油揚、干し椎茸、人参、牛蒡、三つ葉）	カキのピカタ （粉吹芋と英隠元ソテー添え） ブロッコリーと トマトのサラダ 豆腐入り野菜スープ ハヤシライス

4月	日曜日	月曜日	火曜日	水曜日	木曜日	金曜日	土曜日
朝	野菜雑炊 （シラス干し、大根、人参、牛蒡、小葱） 小松菜と サクラエビの卵炒め 厚揚げと 白菜の含め煮	トースト ハムエッグ ブロッコリーと しめじのソテー カフェオレ	厚焼き卵 おろし大根添え シラスと 鮭缶さっと炒め 大根と油揚の味噌汁 ご飯 ヨーグルト	卵とチーズの ロールパンサンド ほうれん草と コーンソテー ジャガイモの ポタージュ ミルクティー 果物	凍り豆腐と野菜の 卵とじ 菜の花の ピーナッツ和え ジャガイモと 葱の味噌汁 ご飯	ピザトースト （チーズ、トマト、ピーマン） 卵と野菜のサラダ カフェオレ 果物	（ブランチ） バゲットサンド （ハム、チーズ、レタス） トマトカップサラダ 野菜スープ （カスタードプディング）
昼	焼きそば目玉焼きのせ （豚肉、キャベツ、もやし、人参、ピーマン） 野菜の甘酢和え （胡瓜、セロリ、ミニトマト） さつま芋のソテー 果物	（弁当） サワラのなべ照焼 ジャガイモと がんもどき莢豌豆の 含め煮 小松菜のごまよごし ご飯	（弁当） 厚揚のひき肉はさみ煮 ほうれん草と はるさめの中華風炒め 里芋のピーナッツ和え ご飯 果物	（弁当） ホタテ貝とキャベツ のオイスター炒め ブロッコリーと人参の 粒マスタード和え 蕪の梅肉和え ご飯	（弁当） 鶏肉のきじ焼丼 青菜添え うどのきんぴら 長芋の磯辺和え 果物	（弁当） 鰤と牛蒡の照り煮 ひじきとうどの 梅肉和え さつま芋と ブロッコリーの 芥子マヨネーズ和え ご飯	（おやつ） 小さなおにぎり 浅漬け 豆腐と若布の 味噌汁果物
夕	パエリヤ （イカ、エビ、浅蜊、玉葱、トマト、ピーマン） ゆで野菜のサラダ 果物のヨーグルト和え	牛肉と大根の マスタード炒め 若竹煮 ウドと胡瓜の酢の物 ご飯	キンメダイと青菜の うま煮 うどとあさりの 菜種和え 切干し大根の三杯菜 ご飯	ハンバーグ 人参のグラッセ 茹で隠元大豆と野菜 のサラダ ミネストローネ ご飯	筍と浅蜊の 炊き込みご飯 蕪ら蒸し タラノメの天ぷら キャベツとわかめの 三杯酢	とんかつ 湯葉と大根人参の 薄葛煮 ご飯	鉄火どんぶり 里芋と野菜の 胡麻味噌炒め 菜の花のおかか和え かきたま汁

7月	日曜日	月曜日	火曜日	水曜日	木曜日	金曜日	土曜日
朝	（ブランチ） パンケース入り きのこシチュー 具たくさん野菜スープ （ベーコン、キャベツ、玉葱、人参） 果物	半熟卵 キャベツと ハムのサラダ トースト ミルクティ	キノコ入り炒り卵 小松菜の ピーナッツ和え 大根と小葱の味噌汁 ご飯 ヨーグルト	卵焼きおろし 大根添え ひじきとシメジの 炒め煮 里芋と油揚の味噌汁 ご飯 ヨーグルト	落とし卵と野菜の スープ 切干し大根と浅蜊の ドレッシング和え ライ麦パン 牛乳 果物	キャベツと玉葱の卵とじ 胡瓜と若布の二杯酢 玉葱とジャガイモの 味噌汁 ご飯 ヨーグルト	目玉焼き ゆでキャベツ添え 大豆と昆布の煮物 獅子唐辛子と茄子の味噌汁 ご飯 ヨーグルト
昼	（おやつ） サツマ芋のバター焼き オレンジジュース	（弁当） 五目チャーハン （鶏肉、葱、人参、生椎茸） ピーマンと春雨の 三杯酢 大根とザーツアイの 和え物 果物	（弁当） バターロールサンド （卵、ハム、胡瓜） ジャガイモ人参 胡瓜サラダ 牛乳 果物	（弁当） カジキの葱味噌焼 里芋と油揚の煮物 蓮根のきんぴら ご飯 果物	（弁当） 肉団子の甘辛煮　キャベツ人参椎茸の 生姜炒め さつま芋の甘煮 蕪のアチャテ漬（★確認） ご飯	（弁当） ツナとかぼちゃの サンドイッチ 茹でキャベツと トマトのサラダ 牛乳 果物	けんちん蕎麦 （鶏肉、油揚、大根、人参、牛蒡、葱） チンゲンサイとしめじ のピーナッツ和え ヤマト芋の大学芋風 果物
夕	手巻き寿司 （鮪、イカ、鯵、卵、胡瓜、甘酢生姜） カボチャとピーマン の胡麻炒め キャベツと 胡瓜の即席漬け すまし汁	鯛のムニエル 人参のグラッセ 粉吹き芋添え 小松菜ときのこの 炒めサラダ 野菜スープ （玉葱、人参、キャベツ） ご飯	鮭の焼き浸し ひじきとシメジの 炒め煮 のっぺい汁 （豆腐、大根、蓮根、人参　葱） ご飯	エリンギ入りの 麻婆豆腐 大根と人参の薄葛煮 切干し大根と 浅蜊の胡麻酢合え とろろ昆布と 小葱のすまし汁 ご飯	キンメダイのグリル キノコソテー添え キャベツと油揚の スープ煮 胡瓜と若布の三杯酢 ご飯	鶏モモ肉の 照焼きゆず風味 大豆と昆布の煮物 茄子と胡瓜の辛子和え ご飯	鯖の味噌煮 大根と胡瓜の ワサビ酢和え きのこご飯

10月	日曜日	月曜日	火曜日	水曜日	木曜日	金曜日	土曜日
朝	いり豆腐 （豆腐、卵、人参、葱、莢隠元） 茄子の辛し和え カボチャと葱の味噌汁 ご飯	シラスの納豆和え キャベツと 胡瓜の胡麻和え 若布と葱の味噌汁 ご飯 ヨーグルト	落とし卵の味噌汁 白菜とちりめんじゃこ の煮物 もやしの黒ゴマナムル ご飯 ヨーグルト	ほうれん草の 巣ごもり卵 大豆と胡瓜トマトの マヨネーズ和え ライ麦パン 牛乳果物	バターロールサンド （チーズ、ハム、レタス、トマト） 半熟卵 野菜のミルクスープ （キャベツ、人参、莢隠元） 果物	出汁巻卵 大和芋とモロヘイヤ のワサビ和え 茄子と茗荷の味噌汁 ご飯	（ブランチ） キャベツと玉葱 ウインナーソーセージの ハ ブ炒め フレンチトースト トマトジュース 果物
昼	もやし入り炒めピーマン カボチャのミルク煮 野菜スープ	（弁当） ハンバーガー 卵とジャガイモの サラダ 牛乳 果物	（弁当） サンマごはん 白菜と チリメンジャコの煮物 蓮根と椎茸の 梅おろし和え 果物	（弁当） 鶏肉の唐揚げ 三杯酢かけ カボチャと 獅子唐辛子の煮物 大和芋の磯辺和え ご飯	（弁当） エビとグリーンアス パラの甘酢炒め ゴーヤと椎茸の おかか和え ミニトマト ご飯	（弁当） スパゲッティナポリタン （豚肉、玉葱、人参、ピーマン） 大豆とミックス ベジタブルのサラダ 牛乳 果物	（おやつ） プリン ミルクティ
夕	鰻の蒲焼丼 チンゲンサイと チリメンジャコの 梅肉和え すまし汁 果物	サンマの塩焼き 豆腐のそぼろあんかけ もやしの黒ゴマナムル ご飯	鶏肉の唐揚げ 大豆と野菜の煮物 小松菜と椎茸の 胡麻和え とろろ汁 ご飯	鮭のソテー 小松菜のソテー添え コールスローサラダ コンソメスープ ロールパン	麻婆豆腐 カボチャの 中華風サラダ つまみ菜の胡麻和え 中華風スープ ご飯	カレイの煮付 ゴーヤと鶏ささみの 梅肉和え 野菜汁 ご飯 果物	イサキのグリル トマトと グリーンアスパラの ドレッシング和え 豆と野菜の ポタージュ風 フランスパン

【34】平成 26（2014）年 1、4、7、10 月の献立
※『栄養と料理』女子栄養大学出版部刊　平成 26（2014）年「付録献立」より作成

夕食〔鯵の塩焼き・あさりの炒りおから・蕗の胡麻和え〕〔のっぺい汁・鮭の焼き浸し・ひじき、しめじ炒め煮〕など三菜四十五%。〔肉じゃが・ひじきと人参の梅風味和え・野菜のうすくず汁〕など一汁二菜および〔中国風スープ・麻婆豆腐・南瓜風サラダ・つまみ菜胡麻和え〕など一汁三菜は各二十五%である。〔海老、ゴーヤ豆板醤炒め・豆腐、野菜スープ煮・白瓜しょうが漬け〕の二菜香物二%、〔鰹のたたき、里芋と焼き豆腐の煉り味噌かけ、莢隠元の胡麻よごし、漬物〕の三菜香物および〔豆腐ときのこの清汁、イカマグロの刺身、夏野菜の胡麻味噌煮、胡瓜のカレー酢漬〕一汁二菜香物各一%で、香物がつく献立は合わせて四%であった。

つまり、朝食は一汁二菜、昼食は三菜、夕食は、三菜、一汁二菜、一汁三菜というところである。一汁三菜香物はみられなかったが、夕食の四分の一回は一汁三菜となり、かつてのハレの食事が日常の食事になってきたことを示唆している。

昭和四十年の雑誌で注目された香物の減少については、平成二十六年では、香物とされるものは朝二%、昼十一%、夕四%に過ぎず、古代から日本の食事を蔭ながら支えてきた醗酵による香物は消滅したということができよう。

「ケ」の食事のまとめ

これまでに、江戸時代の大名や武士の食事、明治期の家庭や工場の給食、戦後の混乱が収まったころの主婦向けの雑誌と栄養を考慮する雑誌の献立そして高度経済成長後の雑誌に掲出された献立例を見てきた。

それらの献立を、一汁三菜香物を構成する香物と汁の面からまとめてみた。

【35—1】は、香物の有り無しに分けて、各文献にみられた献立構成の割合を朝、昼、夕食の別にまとめたものである。

	献立構成	御献立帳 1806	甲紡績寮 献立 1868	養育院 献立 1924～	家庭料理書 惣菜献立 1926	調理指導書 献立一週間 1957	栄養と料理 1965	栄養と料理 2014
朝	一汁一菜香物	94			96	61	12	2
	一汁二菜香物	3				19	40	
	一汁三菜香物	*3						
	一菜香物				4	6	3	
	二菜香物					14		
	三菜香物							
	四菜香物							
	香物							
	一汁		100					
	一汁香物			100				
	一汁一菜							6
	一汁二菜						42	85
	一汁三菜						3	5
	一菜							
	二菜							
	三菜							2
	四菜							
昼	一汁一菜香物	90		1		11		
	一汁二菜香物	7					3	
	一汁三菜香物	*3						
	一菜香物			69	82	6	3	
	二菜香物				18	61	32	
	三菜香物					22	3	6
	四菜香物						3	
	香物			2				
	一汁							
	一汁香物			28				
	一汁一菜							
	一汁二菜						11	
	一汁三菜							
	一菜		86					
	二菜		14				16	
	三菜						29	80
	四菜							14
夜	一汁一菜香物				21	21	6	
	一汁二菜香物				7	21	8	1
	一汁三菜香物						4	
	一菜香物	79		72	29	7		
	二菜香物	21			39	44	11	2
	三菜香物				4	7		1
	四菜香物							
	香物							
	一汁							
	一汁香物			28				
	一汁一菜						4	
	一汁二菜						35	23
	一汁三菜						13	23
	一菜		100				8	48
	二菜						11	
	三菜							
	四菜							2

＊七夕祭

【表 35-1】ケの食事における献立構成のまとめ（香物の推移）

朝食では、『壬生藩主文化二年御献立帳』の一八〇五年から『調理指導書』の一九五七年までは、全食事に香物がついているが、一九六五年では約半数に香物がつかなくなり、二〇一四年ではほぼ全食事で香物がみられなくなった。昼食は朝食と同じ傾向にあるが、甲紡績の寮のみ一菜となっており、香物はついていない。夕食においても、甲紡績の寮を除くと、一九五七年までは全食事に香物がつけられたが、一九六五年では、香物がつくのは週に二日となり、二〇一四年では、ほぼ姿を消した。

【35—2】は、汁の有り無しに分けて、各文献にみられた献立構成の割合を朝、昼、夕食の別にまとめたものである。朝食では、甲紡績工場は汁のみの食事、東京都養育院は一汁香物が毎日変わらずに供されているのをはじめ、一八〇六年の大名の食事から二〇一四年の一般向けの雑誌の献立にいたるまで、ほぼ毎朝、汁が供されていたことがわかる。汁は味噌汁に違いなく、朝食のご飯と味噌汁の組み合わせは二百年以上もの間続いてきたことになる。一九六〇年ごろまでは一汁一菜に香物がつき、一九六五年では一汁二菜香物と一汁二菜が相半ばし、二〇一四年ではほぼ一汁二菜となった。一汁三菜がみられたのは、高度経済成長後の一九六五年と二〇一四年の朝食において、それぞれ三%と五%であった。

昼食については、文化二年の昼食にほぼ毎回、養育院で三日に一度汁が供されるほかは、ほとんど汁はつかないといってよい。一九六五年では二菜香物か三菜、二〇一四年では一週間の五、六日は三菜である。昼食では一汁三菜の献立はみられない。

夕食では、一八〇六年、一八六八年では汁がつかず、一九二四年では汁ありとなしの比率が三対一、一九五七年以降は半々となる。紡績会社の寮では、夕食にも関わらず一菜のみであったことが印象深い。一九二四〜一九五七年では一菜香物あるいは二菜香物である。一汁三菜は一九六五年で十一%、二〇一四年で二十五%となる。

	献立構成	御献立帳 1806	甲紡績寮献立 1868	養育院献立 1924～	家庭料理書惣菜献立 1926	調理指導書献立一週間 1957	栄養と料理 1965	栄養と料理 2014
朝	一汁一菜香物	94			96	61	12	2
	一汁二菜香物	3				19	40	
	一汁三菜香物	*3						
	一汁		100					
	一汁香物			100				
	一汁一菜							6
	一汁二菜						42	85
	一汁三菜						3	5
	一菜香物				4	6	3	
	二菜香物					14		
	三菜香物							
	四菜香物							
	香物							
	一菜							
	二菜							
	三菜							2
	四菜							
昼	一汁一菜香物	90		1		11		
	一汁二菜香物	7					3	
	一汁三菜香物	*3						
	一汁							
	一汁香物			28				
	一汁一菜							
	一汁二菜						11	
	一汁三菜							
	一菜香物			69	82	6	3	
	二菜香物				18	61	32	5
	三菜香物					22	3	6
	四菜香物						3	
	香物			2				
	一菜		86					
	二菜		14				16	
	三菜						29	75
	四菜							14
夜	一汁一菜香物				21	21	5	
	一汁二菜香物				7	21	14	1
	一汁三菜香物						2	
	一汁							
	一汁香物			28				
	一汁一菜						10	
	一汁二菜						34	25
	一汁三菜						11	25
	一菜香物	79		72	29	7		
	二菜香物	21			39	44	8	2
	三菜香物				4	7		1
	四菜香物							
	香物							
	一菜		100					
	二菜						8	
	三菜						8	45
	四菜							1

＊七夕祭

【表 35-2】ケの食事における献立構成のまとめ（汁物の推移）

日本人の日常の食事は、第二次世界大戦前は、「一汁一菜香物、一菜香物、二菜香物」あたりが大方のところである。「一汁三菜」の献立がみられるようになるのは、使用した資料では、一九六五年の全朝食中三%、夕は十一%、二〇一四年では、朝五%、夕二十五%であった。

一七一一年の紀州徳川家の食事の規制では、平日の食事は「一汁三菜」であった。

紀州のお殿様と現在の庶民とが同じ「一汁三菜」の食事をとることになったということである。

コラム　香物からサラダへ

肉食を避けてきた日本人は、不足するたんぱく質を補うために米を多食した。
多量のご飯をおいしく食べるために欠かせなかったのが香物で、
菜としては数えないほどにご飯に寄り添ってきた。
しかし、ご飯の喫食量が減り、減塩を指向する中で、
古代から連綿と食べ継がれてきた貴重な発酵食品である香物はここへきて消滅した。
香物はサラダに献立の座を譲ったが、
ドレッシングは和風が好まれ、
今はまた、サラダは和え物に取り込まれようとしている。

（一）香物の効用

一汁三菜が日本人の献立構成の基本とされているが、一汁三菜とは、本膳の形式にはじまったものであり、そこでは香物を伴う一汁三菜香物が本来の献立構成の形であった。香物を菜の数に入れず、特別扱いとしているのは、菜の一皿として数えるのは軽々しいからといわれることもあるが、むしろ本膳の形式においては、常にご飯に添えられる特別のものとして菜の数には入れなかったと考えるべきであろう。

香物の名称は、本膳の形式が成立した中世のころから出現し、『邦訳　日葡辞書』（慶長八（一六〇三）年）では「カウノモノ　香の物　日本で保存食として作られる大根の塩漬」としており、漬物には違いないが、同書に「味噌之事を香織という」とあるなど味噌漬を指すとする説もあり、香物と漬物との関係についての確かな説明はない。

現在では、ほとんど使われなくなっているが、経年変化をみてきた関係上、ここでは香物の名称を使うことにする。

江戸時代も後期になると、漬物問屋の主人の手による、漬物の専門書『四季漬物塩加減』（天保七（一八三六）年）では、漬物に使う野菜の種類は大根、瓜、茄子、胡瓜、菜のほか西瓜、牛蒡、山野草、桜、菊など多彩で、なかでも大根が塩、味噌、粕、糠、麹漬けなど種類も多く図抜けている。漬物の重要性について、「料理本膳の手厚き、二汁三汁を椀に盛り、五菜七菜の器を並ぶるも、香の物なき時は立派な行列に押へなく、お座敷狂言に祝儀をつけざるが如し。…食類日用の第一、千門万戸、暫くも缺べからず」と述べ、どのように菜の数が多くとも香物を欠くときはしまりがなく、いずれの食事にも欠くべからずものであるとしている。

江戸時代には練馬大根の栽培が広まり、多くを漬物とした。練馬村での沢庵の生産について、『守貞謾稿』は、「江戸は各居墨地なき故に与自家製之事稀也。～中略～　沢庵は年用を計りて，城北練馬村の農家より買之、毎冬練馬農人江戸得意の家に来り、明年所用の沢庵漬を樽数を問ひ、又、価を取りて其戸の人数を計り、毎時馬を以て沢庵を送る」とある。江戸は家が狭く、沢庵を自家で漬けることは稀なことで、練馬村の農家から沢庵を買っている。農家は、お得意さんを回って明年必要な沢庵の樽数の注文を取りつける。頃合いを見計らって、随時その沢庵を馬の荷にして配達していると記している。江戸市中に住む人にとっては、年間必要分をまとめ買いして、必要に応じて届けてもらうほどの食品だったのである。

沢庵漬けは、江戸時代のみならず近代日本においても、食生活に大きく寄与していくことになるのである。

香物には、二つの大きな存在意義があった。

その一つ目は、食品の保存である。現在のように、冷蔵・冷凍の設備がなく、周年栽培やハウス栽培などが行われない古代においては、香物は保存法として欠かせないものであった。春夏に多量に収穫される野菜、山野で採取する野草などを、作物が入手できない冬場の食料として保存しておかねばならなかった。乾燥したものは、生鮮物とはその違いが大きく、水戻ししてもほとんど元の状態には戻らないのに対して、塩漬けは、塩抜きすると生鮮物に近い状態になる利点は大きい。

もっとも、塩を使わずとも、天然の酵母や乳酸菌が引き起こす醗酵によって保存性が付与される香物があり、現在でも長野県などで特産品とされる「スンキ」に、その例をみることができる。

日本では、気温、湿度が微生物の繁殖に適しているので、天然において手を加えずとも醗酵食品が比較的たやすく作られてきた。やがて、製塩によって醤や味噌、また、酢が作られるようになると、塩漬、醤漬、酢漬など漬物の幅がひろがっていった。瓜や茄子等の果菜、大根や蕪等の根菜が多く材料とされた。野菜に塩をすると、浸透圧によって野菜の細胞は原形質分離を起して破壊され、半透性を失って種々の成分が自由に出入りできるようになるとともに、野菜についていた微生物や空気中から入ってくる酵母や乳酸菌などが繁殖し、醗酵によって独特の芳香、酸味、歯切れなどが生じる。香物は日々変化し続ける生き物である。

二つ目には、近代の食事で明らかな例がみられるように、ご飯をおいしく食べるための補助材としての効用である。宗教的な禁忌や経済的理由も手伝って動物性食品が少ない食事では、必要な熱量やたんぱく質を大量のご飯で賄うほかなかった。その大量のご飯をおいしく食べるためには塩味がきいた香物が欠かせず、毎食のように香物が献立に組み入れられてきた。とりわけ副食が少ない場合には、香物が果たす役割は大きいものであった。

香物は、このように日本人の食生活を支え、古代から連綿と食べ継がれてきた貴重な食品である。

その香物が、姿を消しつつあったのは、一九六〇年頃のことである。家庭に冷凍冷蔵庫が普及したのも同じ頃で、生産地でも家庭でも生鮮品の低温保存が可能になったこと、副食が豊かになるにつれて米の消費量が減少し続け、香物がもつ二つの意義は、その両方が一気に失われてしまった。それればかりか、成人病予防のために減塩運動が盛んになり、塩分濃度が高い香物は敬遠され、急速に姿を消すことに追い打ちをかけたのである。

いまも、香物売り場には、白菜や胡瓜などの香物が並び、相変わらず香物が食べ継がれているような印象を受ける。しかし、それらは、一旦塩漬けした野菜の塩分を洗い出し、酸味や旨味などを調整した調味液に浸して香味をつけて市販されるのである。もっとも、低塩分の条件下において、従来と変わらない醗酵による風味を醸し出す製品が工夫されたならば、香物の蘇りといえようが、現在のものは醗酵を伴わない点において、もはや香物とはいえず、新香物など別称で呼ぶべきではないかと思われる。

では、献立から姿を消した香物は、何処へ行ったのであろう。

(二) 香物からサラダへ

昭和四十年の雑誌『栄養と料理』の付録に掲出された献立表においては、香物なしの献立が六十％と過半数を超えた。香物がない場合、それに代わるものとして、どのような料理が選ばれるであろう。

この献立表をもとに、副菜あるいは副々菜とされる浸し物、和え物、サラダと香物の出現状況の関わりをみてみた。「浸し物、和え物、サラダがない場合には香物をつける」が三十八％。逆に「浸し物、和え物、サラダがある場合には香物はつけない」では三十％であった。つまり、浸し物、和え物、サラダ、香物は同列のものと扱って、そのうちのひとつを選択していると考えられよう。浸し物、和え物、サラダがあっても香物をつける一汁三菜香物という構成は、僅か八％であった。

ここで注意しておきたいことがある。ほぼ同年の昭和四十二（一九六七）年、家庭実用書を出版してきた主婦の友社によって、実用的な百科事典『実用百科事典 料理 栄養』が、刊行された。執筆は、教職関係者のみならず専門料理人が多く参加したのも、当時としては目新しいことで、一般の家庭人が、専門の料理人の記述に広く触れることになった先駆け的な刊行物の一つであったともいえる。

その「総菜」の項に、春夏秋冬各一週間の「そうざい献立」が掲出されており、その献立構成をみると、朝食、昼食、夕食ともに一汁二菜香物が最多で、それぞれ六十％、七十五％、八十％を占めている。

当時、いまだ香物の存在は大きいなか、女子栄養大学出版部刊行の『栄養と料理』では、健康食に重きを置き、減塩指導の高まりを意識して香物を控える編集方針をとっていたのであろう。

やがて、麺類の汁は残すように努める、うま味が強いと塩味を強く感じる、うす味は一週間で馴れるなど、減塩を意識した研究が増えていった。

また、このころから、何もかもをサラダとよぶ料理に調理して食べるようになった。あくが少なくなった牛蒡やほうれんそうなどの野菜だけでなく、これまでの酢だこはタコのサラダ、鯵の酢〆は鯵のサラダへと片仮名の料理に変わっていったのである。

喫食頻度	1974年	1984年	1994年	2004年
2.8	きゅうりサラダ トマトサラダ	トマトサラダ		
2.7			トマトサラダ レタスサラダ	トマトサラダ レタスサラダ
2.6				
2.5		きゅうりサラダ		きゅうりサラダ
2.4	キャベツサラダ		ポテトサラダ	
2.3	ポテトサラダ	ポテトサラダ	きゅうりサラダ	卵サラダ
2.2	カリフラワーサラダ	キャベツサラダ	キャベツサラダ	ポテトサラダ
2.1		にんじんサラダ		キャベツサラダ
2.0			卵サラダ にんじんサラダ	だいこんサラダ たまねぎサラダ
1.9		カリフラワーサラダ	だいこんサラダ たまねぎサラダ	
1.8	セロリサラダ かにサラダ		カリフラワーサラダ	にんじんサラダ
1.7		セロリサラダ	セロリサラダ チキンサラダ	チキンサラダ
1.6		かにサラダ	かにサラダ	豆腐サラダ もやしサラダ
1.5			ごぼうサラダ	いんげんサラダ カリフラワーサラダ ごぼうサラダ セロリサラダ
1.4		えびサラダ	チーズサラダ	チーズサラダ かぼちゃサラダ ピーマンサラダ ほうれんそうサラダ
1.3	えびサラダ チキンサラダ	チキンサラダ だいこんサラダ	もやしサラダ	えびサラダ かにサラダ たこサラダ かまぼこサラダ 大豆サラダ ねぎサラダ
1.2			ピーマンサラダ いんげんサラダ いかサラダ	なまり節サラダ いかサラダ 白いんげんサラダ 春菊サラダ なすサラダ れんこんサラダ
1.1			えびサラダ 豆腐サラダ かまぼこサラダ たこサラダ	うずら豆サラダ マッシュルームサラダ
1.0		ほうれんそうサラダ マッシュルームサラダ	ほうれんそうサラダ	
0.9			かぼちゃサラダ	
0.8			マッシュルームサラダ	
0.7			大豆サラダ ねぎサラダ	
0.6			れんこんサラダ なすサラダ	
0.5			うずら豆サラダ 白いんげんサラダ 春菊サラダ なまり節サラダ	

【36】増加するサラダ

しかし、タコのサラダ、鯵のサラダと聞けば洋風料理と聞こえるが、実質は和風料理といってよく、日本人の日常の食事が基本的には和食であることに揺るぎはなかった。

サラダのドレッシングの基本は塩、酢、油である。二杯酢と言われる醤油と酢に油を加えたのに過ぎない。それに紫蘇や柚子、胡麻を風味付けしたドレッシングの人気が高く、和風ドレッシングという。つまり、ドレッシングは油酢であり、サラダは油酢和えである。秋、水曜日夜の献立は、野菜スープ煮、卵巻き揚げ・春菊酢油かけがあるが、酢油とは油酢のことであろう。

マヨネーズにしても、それには黄身酢が対応する。マヨネーズは黄身酢に油が加わったものとみることができる。ドレッシング、マヨネーズに限らず、現在の嗜好の特徴は脂である。鰹の旬は目に青葉が眩しい初夏で、北に向かって北上することから「上りかつを」といい、江戸時代には、着物を質屋に入れても「初がつを」を求めるようになり、ついには、競って「初がつ」を求めることを幕府が禁じるまでになった。しかし現在は、「目に青葉　山ほととぎす　初がつを」の句も忘れられ、「上りがつを」に対する執着は消えて、脂がのった「下りがつを」が喜ばれるようになっている。

(三) サラダから和え物《あえもの》へ

平成二十六（二〇一四）年刊『栄養と料理』の付録に掲出された献立表における香物の有無を見ると、香物がつく献立は僅か三%に過ぎず、香物がつく献立はないに等しくなった。また、これらの香物は浅漬けに近く、従来の香物ではない。十年前には、香物が姿を消しつつあったのが、この文献においては、「飯・汁・香物」という基本の献立は見られなかった。ご飯に香物がそえられる形は、いまでは、料理屋料理での酒宴後の食事が「飯・汁・香物」の形で残っているくらいになっている。

香物はサラダに移行したものの、ここへきて、サラダが減少しはじめ、代わって「和え物」が日立って増えてきた。

1964年		2014年	
からし和え	9	からし和え	16
おろし和え	6	おろし和え	4
胡麻和え	4	胡麻和え	17
わさび和え	4	わさび和え	4
胡麻酢和え	2	胡麻酢和え	9
酢味噌和え	1	酢味噌和え	1
白和え	1	白和え	3
胡麻よごし	1	胡麻よごし	4

理由の一つは和え物の種類が急増したことである。

昭和四十年の献立にみられた八種類の和え物に平成二十六年の和え物を書き並べてみると、上の表のようになる。

胡麻和え、胡麻酢和え、胡麻よごしは四倍、からし和えも増えており、中でも胡麻を用いるものの増加が著しい。

ご飯食に占める和え物を見ると、昭和四〇年では食事回数の五回に一回出されたのに対して平成二十六年ではほぼ毎回和え物が出されるという具合で、種類も三十五種を数えるまでになった。

和え物の急増の二つめの理由は「〇〇サラダ」を「〇〇和え」と呼ぶようになったことである。ドレッシング、マヨネーズときけば、サラダが思い浮かぶが、これらをドレッシング和え、マヨネーズ和えと呼ぶようになったのである。パン食ではサラダと呼びながら、ご飯食では油酢和え、マスタード和え、アンチョビ和えなどと呼んでいる。

サラダが和食に取り込まれ、やがて日本料理の一つとなっていく兆しであろう。

このように見てくると、香物はサラダを経て、新しい風味の和え物に変容し、従来の和え物に参入したことで、和物料理《あえものりょうり》の幅を広げたと考えることができよう。

今も香物売り場には、白菜やきうりなどの香物がならび、変わることなく食べ継がれているような印象を受ける。しかし、それらは醱酵を伴わない点において、もはや伝統の香物とは言えず、新香物など別称で呼ぶべきではないかと思われる。古代から食べ継がれてきた香物は、ここへきて消滅したのである。

料理書にみる出汁の変遷

出汁といえば、鰹節と昆布を煮出して出し殻を濾しとった汁が頭に浮かぶが、はじめは、具材を煮る中に出汁の素材を直接加えて旨味を溶出させるものであったと推察される。

『大草殿より相伝の聞書』（一五三五～一五五六）年に

「かつほ二ふし程　うへのわろきかわをけずりのけて、
能所を布の袋に入て白水にてよく〱にだし、物にてよくこしおくなり」

とあるのが、現在の出汁の原型であろう。

鰹節と昆布で合せ出汁を取るのが普通となっていくのは、一九〇〇年以降のことである。

今では、出汁の素を使うことが一般化している。

右上に検索のためにタブを設けた。また四段階の色分けをして、移ろう時代の中で洗練される「出汁」を解り易くした。
人々の嗜好、食の様式の変化など、成熟していく食文化を感じられたならば幸いである。
また文献からの原文と訳文を併記している。ただし、現代仮名遣いに近い近代以降では、原文のみとしている。

『正倉院文書』及び木簡

当時の食生活の一端をも見られ「旨味」への探究をも見られる。

大宝～宝亀年間（七〇一～七八一年）

写経所関係の文書・帳簿などのほか戸籍、正税帳なども含まれ、当時の食生活の一端を窺うことができる。

本書には「汁」の文字は見られないが、生物、煮物、羹、茹物、あえ物などの調理用語を見ることができる。羹は熱い料理の意で、煮物があるところから、この羹は汁を指すと考えてよいだろう。当時の汁についての概念も明らかでなく、また、食事全般についてもなじみが薄いことから、他文献や木簡の助けも借りながら、汁の実体を窺うことにしたいと思う。

『万葉集』には、調理法を詠み込んだ歌があり、具体的な様子をいくらかでも窺い知ることができる。

「春日野に煙立つ見ゆ　少女らし春野のうはぎ　採みて煮らしも」という愛しい煮物の一首がある。うはぎはよめ菜のことである。高級官吏らは、住まいから遠くないところに個人の菜園をもって日常的に青物を調達し、庶民は野山で山野草を摘むほか、空き地や道端での栽培を許されていた。いずれにしても、青物がとれない冬場のためには、塩漬けなどの保存が不可欠で、木簡にも「漬物」に関するものが少なくない。『木簡』には「海藻湯」に使う「鰯」を要求していることを記したものがある。湯は中国料理では汁であるから、鰯の旨味を利用した汁があったことが推測される。

■出汁について

現在は、鰹節と昆布を合わせる鰹昆布出汁が一般的だが、昆布はどのような存在であったろうか。

記載された海藻には、海藻《わかめ》類、滑海藻《あらめ》類、大凝・心太《てんぐさ》類、小凝・伊岐須《いぎす》類、青乃利《あおのり》・阿波佐類、布乃利《ふのり》、鹿角菜《ひじき》、角俣《つのまた》、於期《おごのり》、毛都久《もづく》、海松《みる》、昆布など多彩である。

海藻とはわかめのことで、「あらめ」とともに出現回数は各二〇〇回を超え、汁の実、和物《あえもの》などにひろく使われたであろう。てんぐさ類、ふのり類の出現回数も一〇〇回を数える中で、昆布は一回みられるだけである。

『続日本記』（霊亀（一七一五）年十月丁丑の条）には、アイヌ人が「先祖以来、昆布を献上す」の記事がある。昆布は、幅広いところから「ひろめ」、遠く蝦夷地からはこばれるところから「えびすめ」とよばれ、縁起の良いものとされてきた。用途はわからないが、儀式用あるいは薬用であったかもしれない。

■調味料

料理には次のような調味料が使われている。

鹹味としては塩・醤・未醤、酸味は酢、甘味は蜜・糖・甘煎葛、旨味には、大豆を原料とする、納豆やたまりの類と推測される豉《くき》があるが、これに堅魚煎汁を加えてよいであろう。

本書には「煮鰹魚」の名がみられ、平城宮跡から出土した木簡には「堅魚」をはじめ「麁堅魚」、「荒堅魚」などもみられる。「煮鰹魚」は煮たあとで天日干ししたもの、「堅魚」、「麁堅魚」、「荒堅魚」は切り身を干したものと考えられ、いずれも斤、両を単位とする重量で量が示されている。乾燥の方法として、天日干しにたいして、『延喜式』には「火干鮎十八斤」がみられるが、加熱による火干しは多量の燃料が必要であり、天日干しが普通であったろう。

因みに、「煮堅魚」は現在の鰹節に相当すると考えられている。

平城京は、海から遠く生魚を運ぶのが難しいために、何らかの加工が必要だったのである。

「煮堅魚」には煮汁が必要で、その煮汁を煎じ詰めたのが「堅魚煎汁」や「堅魚煎」で、これらの名称を木簡にみることができ、斗、升、合などの単位で量られているところから、「堅魚煎」は液体である。近年、静岡県において、頸長で口が開いた壺状の須恵器が発掘され、「堅魚煎汁」を都へ運ぶための容器ではなかったかと推測されている。しかし、この壺の用途にはいくつかの説があって確証には至っていないが、遠州は今も鰹の水揚げが多く、鰹節も製造されており、天平十（七三八）年の駿河国蘆原郡からの木簡に「交易　煮堅魚　御贄」とみえ、「堅魚煎汁」が貢物として都へと運ばれている。駿河からの貢物は十八日と規定されていたとはいえ、腐敗を防ぐために、塩が使われたのではと推察されるが、現在、枕崎市で製造される鰹節の煎汁は加塩していない。「堅魚煎汁」といえば、鰹節の煮出し汁として、現在の出汁であると解釈されがちであるが、いわゆる出汁ではなく調味料の一種である。

「堅魚煎汁」を調味料として使用するなら、味としては「旨味」が期待されたということであろう。とするならば、奈良時代には「鹹味」、「甘味」、「酸味」、「苦味」の四原味に加えて、「旨味」を独立した味と捉えていたと想像される。基本味は四原味というのが長い間定着しており、それに「旨味」を加えて五原味が定説となるのは二十世紀になってからのことで、このことは、日本人の味覚云々の上からして興味深いことといえよう。

■使われていた調味料

以下に、調味料や食品などの出現頻度から、汁の味や汁の実などについて考察を試みた。数値は、関根真隆氏の『奈良朝食生活の研究』、『正倉院文書事項索引』をもとに集計させていただいたものである。まず、調味料の出現頻度を味別にまとめた。

《鹹味》

塩、醤、未醤があり、醤、味醤については、時代、地域などによって違いがあることから、ここでは、内容についての詮索はせず、文献に記載された回数を集計している。

塩については、塩二七四、淡路片塩三、春塩四、木塩一、輸庸塩二である。

片塩は固く不純物の多い安価な塩、春塩は堅い塩を搗き砕いて使いやすくした塩である。

塩の品質の差は大きかったのであろう。

醤については、醤一九〇、荒醤五四、好醤一、吉醤二、醤悪三、上醤一、下醤一、中醤三、真作醤二、醤のかすとして酢滓醤一、糟醤十七、醤滓十七、糟交醤二がある。醤は液体で醤油にあたり、上下、吉悪など品質差を示す語も見られ、搾り糟は下級官吏などに支給されたものという。

味醤については、未醤二二六、未蘇一、市未醤五、粳未醤二などがあり、未醤の出現頻度は塩にほぼ匹敵する。

《酸味》

酢一八三、酢滓一四、吉醋一、酢（交糟）七がある。酢滓などは醤滓と同様に下級役人へ支給されたのだろう。

《甘味》

糖五三、飴三、蔗糖一、甘葛煎二、蜜三で、麦芽糖をさす糖の使用が多い。

『延喜式』

初めて〝汁物〟という言葉が登場する。

延長五（九二七）年

養老律令に対する細則を集大成したもので、延暦五（九〇五）年に編纂を開始し、延長五（九二七）年に撰進された。食事に関する事項の多くは、「大膳職」と「内膳司」の項にみられ、内容は、ともに食品や食具などの調達が主で、加工食品の加工法や具体的な調理法などはみられない。

料理、菓子の名称としては、汁物、羹、熬菜、茹菜、生菜、海菜、好物および菓餅、索餅、薄餅、漬菜がみられ、ここで初めて汁物の語がみえる。『正倉院文書』とは逆に、羹が煮物をさすと考えられ、つまるところ、羹は汁物にも煮物としても使われるということである。海菜については、『江家次第』に海藻とは海藻と魚貝とあることから、海藻と魚貝の料理と考えられ、また、膾がみられないところから、魚介を含む膾とも推測できよう。好物とは、肴物のことである。

■当時の汁とは

汁の語が出現したが、その実態はどのようなものであろうか。

「仁王経齋會供養料」では、僧一口として「豉一合二勺（好物料五勺 海菜料七勺）」のように、調味料や野菜類について調理法や分量が明示されており、調味料がどのように使われたかの概略を知ることができる。但し、仏事のため、動物性食品は扱われていないため、膾などの料理は把握できない。ここでは汁物と羹と他の料理分を含めた合計量を示した。

【表1①】料理に使用する調味料の量（勺）

	汁物	羹	合計
鹽	2	5	98・8
醤	2	1	30
麁醤	4		92・5
未醤	2	1	40・5
豉			12
酢	2		14
酒	2	1	16
搗粕			2
汁粕			56・8
糖			36

■当時の調味料

調味料は塩分濃度が異なるため、量の多少だけでは実際の使用頻度はわからない。当時の汁の塩分濃度を一・二～一・三％と見当をつけて、鹽、醤、麁醤、味噌でどれくらいの汁が仕立てられるかを計算してみる。『奈良朝食生活の研究』では、荒醤については、「荒醤弐斗五升買　得垂汁五斗」とあり、「荒醤に水か何かを加えて二、三倍量の垂汁を得ている。これに鹽を加えて鹹味を醤と同じにしたとも考えられ、不確かではあるが安価な醤として扱われた」としていることから、ここでは醤と同類として扱うことにした。

【表1②】当時の塩梅（例：塩分濃度一・三％の一五〇ml素地とすると）

	鹽	醤＋麁醤	味噌
勺	2	2＋4	2
ml	36	36＋72	36
杯	22	11	3

つまり、鹽味二二杯、醤味一一杯、味噌味三杯になり、割合で示すと、塩味六〇％、醤味二〇％、味噌味一〇％となる。醤、味噌での調味ならば出汁はなくともよいが、塩による調味では、何らかの味の助けが欲しいように思われる。

汁の実についても「仁王経齋會供養料」をもとにまとめた。

【表1③】『仁王経齋會供養料』における使用食材

	汁物	羹	好物
白大豆			5
黒大豆			5
小豆	2	4	4
胡麻子《ごまこ》			5
紫菜《のり》	2・2		
於期菜《おごのり》			1
鹿角菜《ろっかくさい》			1
角俣菜《つのまたのり》			1
大凝菜《こるもは》	6・1		
滑海菜《あらめ》			2
芥子	4		5

	汁物	羹	好物
干生姜	2		
生姜	5		1
蜀椒子《なるはじかみ》			1
瓜		1	1
茄子			
高巨《ちさ》			6
胡桃子《くるみ》	2		20
薊《あざみ》			4
荊根《けいこん》			2
生菓子			1・5
薯蕷《とろろ》			1

■当時の食材

汁の実は、小豆、紫菜、大凝菜、芥子、干生姜、生姜、胡桃子の七品種だが、実となるものは小豆、紫菜、大凝菜に過ぎず、大凝菜六両はどのように使われたのであろうか。羹の実は小豆と瓜のみである。

一方、好物には多彩の食材が使われている。好物とは、『満佐須計装束抄一』に「かうぶつとて　土高坏を折敷にしたるさかな、くだものをまいらせ」とあり、肴や菓子・果物のことであるとしている。また、『日本国語大辞典』（小学館）に「肴物　こうぶつ　公家の宴会のとき、正式の宴会のあと、くつろいでからの席に出す菓子やくだもの」とある。つまり、二次会の肴ということで、糖の使用量も多く「薯蕷」はおそらく芋粥のためであろう。

堅魚については、堅魚の出現頻度が二四、煮堅魚一〇、堅魚煎五、堅魚煎汁七となっている。堅魚、煮堅魚、堅魚煎は、いずれも煮て乾燥させたものであり、堅魚煎汁はその煮汁を煮詰めたものであることは、『正倉院文書』と変わりないであろう。

　また、新嘗祭の記録から、堅魚や堅魚煎汁が支給される量をみた。

【表1④】堅魚や堅魚煎汁が支給される量（新嘗祭の記録から）

	塩	醤	酢	薹酒	豉	油	堅魚	堅魚煎汁
新嘗祭　親王・三位已上	4合	2合	4勺	4勺	1勺	1合	1・2両	2勺
（宴会雑級）並四位参議 四位五位命婦	2合	1合	4勺	4勺	1勺	1合	1両	—

堅魚煎汁が給されているのは親王・三位以上のみであり、誰もが使えるものではなかったのであろう。また、ここでは支給人数が書かれていないが、二勺の堅魚煎汁は三十六ml、大匙二杯の量に過ぎないところから、やはり調味料と考えられる。薹酒は、調理に使う酒のことである。

　昆布については、「大膳職」では、索昆布一、細昆布四、昆布二と三種類がみられるが出現頻度は高くなく、祭祀用であろう。一方、「内膳司」では、年料として「陸奥国、索昆布《なひめ》四十二斤、細昆布一百二十斤、廣昆布三十斤」と量が示され陸奥国からの贄として貢納されている。蝦夷から運ばれるのであるから、乾燥品であろう。一斤＝六〇〇ｇとすると、煮物向きの細昆布は七十二kgになる。喫食数などがわからないので多少を云々できないが、煮昆布などに使われたであろう。

　また、昆布がみられるのは、「正月最勝王経齋會供養料」、「正月修大元帥法料」、「延暦寺定心院料」、「七寺盂蘭盆供養料」など、仏事に関する場合であり、ここでは魚類などの動物性食品は使われていない。

　精進料理において、魚介に代わる旨味をもつ食材として利用されるようになったのは、すでにこの頃からということができるだろう。

『倭名類聚抄』

「蒸」「茹」「羹」と調理法を垣間見ることが出来る書。汁の温度についてを言及。

延長八（九三〇）年〜承平五（九三五）年

平安中期の漢和辞書。承平年間の成立。天地・人倫など部門別に漢語を掲出、出典・音注・証義を示し、和名を万葉仮名で記す。倭漢の典籍からの引用が豊富。百科辞典としての機能も果たし、資料的価値が高い。

■調理法

調理法に関する語としては、菜羹類の項に生菜、蒸（無之毛乃）、茹（由天毛乃）、羹（阿豆毛乃）。魚鳥類に膾（奈萬須）、鮨（須之）、炙（阿布利毛乃）、炰（豆々三夜木）、膸（以利毛乃）。生姜蒜類には韲（阿倍毛乃）などがあるが、ここでは汁物の語はみられない。

『倭名類聚抄』が口の端に上ることが多いのは、塩梅類に「煎汁　本朝式云堅魚煎汁加豆平以呂利とあり、加豆平以呂利が堅魚を煎じた汁、つまり鰹節出汁の古い記録であるとして受け止められるためである。しかし、煎汁は、「塩梅（鹽鹹也梅酢也）、白鹽（阿和之保）、黒鹽（堅鹽）、酢（須）、醤（比之保）、煎汁（以呂利）、未醬（美ソ）」と列記されており、鰹魚煎汁はやはり調味料のひとつといえよう。

昆布については海藻類にみえる。「昆布　本草云昆布味鹹寒無毒生東海和名比呂米一名衣比須女　陶隠居注云黄黒色柔細可」とあり、幅が広く、夷からもたらされるからであろう、ひろめ、えびすめ　と呼び、黄色を帯びた黒色で柔らかく細いものは食べることができる。味は鹹いとして旨味については触れていない。

『江家次第』平安後期十一世紀末～十二世紀初頭

汁に関する言葉は見られるが、出汁に関する言葉は見当たらない。

『江家次第』は、関白藤原師通の依頼によって中納言大江匡房が儀式や行事などの次第を饗宴の部分も含めて詳細に書き記した有職故実書である。

饗宴部分の記述には、調理法や料理名も少なからずみられ、注釈が施されている語もあるが詳しいことはわからない。次の文献としてあげた『厨事類記』は、本書や『類聚雑要抄』などにみられる調理法や料理などについて、具体的に記述している。ここでは、汁に関する事例を書き上げるにとどめ、細部は次文献に譲ることにする。

■調理法

調理法に関する語としては汁物、茹物、焼物、料理名としては生鮑、煮塩鮎、汁鱠、冷汁、熟汁、温汁、雉羹、鮑羹、包焼鮒焼、物、裏焼加レ蚫ツツミ焼、鮒也、夫ニタコヲ加ヘルカ、辛䪥生姜ト蒜ヒルトヲスニテアユル也、茎立シタシ、物、署預粥ヤマノイモ細ニ切リテ砂糖ニテ煮タル物也、一名芋巻、餅餤モチノ中ニ肴ヲ包ム物也、屯食ツツミイヒト訓、純食共書クニギリ飯ノ事也、追物などをみることができる。

■汁の温度と種類について

汁の温度に関しては、冷汁、温汁、熟汁があり、熟汁は、充分に加熱した食べ物を熟食ということから類推すると、煮込みの汁あるいは熱い汁ということであろう。

「摂政関白家子事始」の『取婿事』には、

「供レ飯、次酒、冷汁相二加追物一、次温汁 ~中略~ 汁物追物如常」、「一献取二主人被一下、次二献冷汁、次三献熟汁、或及二四五献一」


とみえ、温汁と同様に冷汁の後に供されている。塩や味噌など調味に関係する汁名は見られない。汁の実に関する語としては菜汁、和布汁、鮒汁、蚫汁がある。

以上の汁でとりわけ関心がもたれるのは「汁鱠」と「追物」である。

「汁鱠」とは何か

「次居汁物。汁膾。魚盛別坏。雉焼有之」

——次は汁物を膳に据える。この汁物は汁膾である。魚は別の器に盛り、雉は焼いて出すとしている。

「追物」とは何か

「給二臣下汁物追物一」

「給二臣下追物一、飯汁物」

などとあり、汁物のみが供される例は十七回であるのに対して、汁物と追物の両方が記された例は七回であった。「追物」については、『厨事類記』に詳しいので、後で触れることにする。

この書では、汁に関係する語はあるが、出汁に関する語はみられない。

■調味料について

調味料の使い方では、汁についての調味は見当たらないが、料理では、「鯉指鹽」、「莖立有二指鹽一」、「茹物固鹽」などがみられる。

指塩とは精製度が低い苦味がある塩あるいは鹽を加えることかともされるが、ここでは後者の意で、料理に塩を添えて供したのではと推測される。

当時は、つけ味で食べることが普通であったから、饗宴においては、膳上に調味のために塩、醤、酒、酢などの調味料を入れた四種器が配膳されるが、この例は、四種器がおかれていない場合であろう。

『厨事類記』

配膳、食器、調理法…宮中の食生活の記録。

承暦四（一〇八〇）年～永仁三（一二九五）年

成立は、本文中に承暦四年十月、永仁二年三月三日の記事があり、その間二百年余となることから、いくつかの書物の残存部分とも考えられている。内容は、四巻からなり、第一巻は、宮中における食事の配膳、第二巻は食器・食具について、第三巻は調備部として汁物をはじめ料理の説明が漢文で書かれており、続いて四巻には故実の例が片仮名で記述されている。内膳司に所属する御厨子所の紀氏が書き残したものとされ、宮中の食生活の記録といえる。ここでは、調備部の漢字で表記された箇所を中心にして、必要に応じて片仮名表記の調備故実の説明を引用することにする。

調理法については、窪器物、干物（削物）、生物（鱠）、汁物、追物（焼物）のように区分される。窪器物とは、窪器に盛られた料理のことで、「窪器物　醤類也」とあって鯛醤、鮑醤などが盛られる。

■汁について

次のように説明をしている。

「依レ時調美不同也。或供二鳥䐑《あつもの》汁一。或供二鯛汁鱠一。然而近代多供二蚫汁一可為二佳例一歟。盛レ汁器追物中央居レ之。汁實盛二別坏一居二加之一。又供二寒汁一。（或号二冷汁一）」

――時に応じて準備されるものである。あるときは臛、あるときは鯛の汁鱠とする。しかし、近代は蚫汁とすることが多い。追物の汁を盛る器は中央に据え、汁の實は別の器に盛る。

汁に関係する語としては、追物、温汁、寒汁（冷汁）、鯛汁鱠、鳥臛汁、鯛汁、蚫汁が見られ、また、煎汁はこれまでのように調味料としての扱いになっている。

「追物」については、詳しい記述があるものの、それがどのような料理であるかを理解するのは難しいが、他書ではほとんど見られないので、ともかく読んでみることにしよう。

追物については焼物であると添え書きがあり、「雉足《キシノアシ》。以二薄様一裹之。」「零餘子焼《ヌカコヤキ》同差物。」「鯛面向《タヒノオモムキ》。」の三品をあげ、四巻の故実によれば、次のように説明されている。

「鳥足ハ。或説云。鳥ノ右ノ別足也。ヤキテフシヨリ切テ。薄様ニテツヽミテモルヘシ。フシヨリ上ハワリテキリカサネテ。ソバニモル。前ヲキウシロオキトテヲク也。故實云。晴ノ御膳ニハユテヽモリタルガヨキ也。或説ニハ。左足ヲモルベシト云々」

――雉の右のもも肉を炙り焼いて、食べやすいように切り目を入れ、足の先を紙で包む。晴れの御膳では、或説では茹でるのがよく、左足を使うべきという。

としている。

零餘子は本来は山芋の脇芽であるが、故実によれば、

「鯉ノミヲ皮ニ二分許ツケテ。スキテ。ソレヲヒロサ五分許ニ切テ串ニサス。スリビシホツケテアフルベシ 或説。クルミヲツケテアフルヘシ」

とあって鯉の醤付け焼である。

鯛面向は「魚ノ右ノミヤキテマイラスサラタケニ切ヘシ」とある。面向とは鯛の異名で、鯛の右側だけを使う焼物である。更に、追物には、温汁と寒汁（冷汁）があり、それぞれ次のようである。

■温汁について

「蚫汁。鳥臛。鯛汁等也。汁實ヘチノサラニモリテ。追物ニ居　クハヘテ供レ之云々」

——鮑汁や　羹、鯛汁などがこれである。汁と汁の實は別に盛り、追物に据える　汁の實に汁を加えて供する。

としている。寒汁では、汁と実を和えるのは御前で行うことであるとしているところから、温汁は合わせてから供すると、わざわざ断っているのであろう。

■寒汁について

式正に従っているのであろう。調理法が特殊で理解し難い。

「寒汁實　与利實トテ」

——寒汁の實は与利實という。

として、説明が始まる。

「カサネ皮ノウヘノスキタルミヲカマホコノミノコトクヲロシテカサネ　カハヲウスク切カサネテ　三枚ハカリニソノミヲ中ニ入テ　一ヲハ左ニ　一ヲハ右ニ　中フトニヨリテ　サラニ青カヒシキシテ　二ツナラヘテモルヘシ　ソノソハニ　タチハナノ葉　ワサヒ　シタメシホ　トロヽナトモリ　クシテマイラス」

そして「アヘラルヽ事ハ御前ノ儀ナリ」とある。

説明は込入っており、魚の扱いについては理解できないが「与利實は魚の身のすりみにその魚の皮を刻んで混ぜたもので、皿に青掻敷を敷いた上に盛る。別の器に橘の葉、山葵、焼き塩、とろろ薯などを盛って供す」という。そして「与利實を和えるのは御前で行うことである」というのである。また、

「或説云　寒汁ニ鯉味噌ヲ供ス　コヒノミヲヲロシテサラニモリテマイラス　タシ汁或説イロリニテアフヘシ或説ワタイリノ汁云々ニテアフヘシ。イタメシホ。ワサヒ。山ノイモヲロシテモルヘシ。タチハナノ葉イルヘシト云々」

――ある説によれば寒汁に鯉味噌を供する。鯉の身をおろして皿に盛って出す。タシ汁は煎汁や内臓の煎り汁であえる。

というのである。

この書では、「イロリ」について「色利煎汁。イロリトハ大豆ヲ煎タル汁也云々。或鰹ヲ煎タル汁也云々」とあり、更に、四種器に関して「酢。酒。鹽。醤。或止レ醤用二色利一」の記述があり、醤の代わりに色利も使うことができ

るとしている。大豆のイロリは精進のためであったろう。

追物について考察を進めてきたが、これまでの記述からいえることは、「追物　焼物」とあることから、魚介類の焼物を実とした汁と考えてしまうが、焼物を実とする汁は温汁であって、寒汁は生物を実とする膾ではないかと推測される。献立の上では、汁に位置付けられながら、実体は膾に近く、汁鱠の呼称も納得がいく。

また、追物の語については、温汁の実である焼物を指す場合と、焼物にかけ汁をかけた料理を指す場合があると考えると理解しやすい。この追物方式の汁は特殊なもののように思われるが、汁の実を先に器に盛り付けて置き、あとで汁を注ぎ入れる方法は、美しい盛り付け、汁を冷まさない、給仕しやすいなどの利点があり、いまも普通に行われることである。

■「タシ汁」とは、何か。

ここで、話が変わるが、「タシ汁 或説イロリニテアフヘシ 或説ワタイリノ汁云々 ニテアフヘシ」の「タシ汁」について、私見を述べたいと思う。この部分の表記は、原本は「タシ汁」、「イロリニテアフベシ」とあるが、「群書類従本」では「ダシ汁」、「イロリニテアルベシ」となっていることもあってのことであろう、「タシ汁」を煮出汁の「出汁」の初出であると、誤って広く伝えられてきたように思われる。というのは、ここでいう「タシ」は「出汁」ではなく、調味料を「足す汁」と理解するのが妥当ではないかと考えられるからである。

理由は、出汁の語は後の『大草殿より相伝の聞書』に「煮出し」と出現するまで見られないこと、盛り付けの器が皿であること、また「或説云。梨子ヲヲロシテグスベシ。アフルトキ。オロシタルナシノツユヲトリテカキアフベシ」のように、和えると表現していることなどがあげられ、現在の出汁の初出とするのは難しいのではと考えるのである。

『四條流庖丁書』奥書

「包丁式」で知られる流派の指南書。調理具、盛り付け、調理方法などを幅広く。

延徳元（一四八九）年

室町時代の料理の流派の一つ、「四條流」の料理書である。

また大草家の『大草家料理書』には、「右此條々相傳之趣。努々不レ可レ有二外見一者也。于時長享三年二月下旬多治見備後守貞賢在判」とあり、記事の末尾には口伝、當流の秘事也などと付記している。いずれも一子相伝の書であったとされる。内容は、式三献、調理具や盛り付け方、供し方、調理の方法と幅広く、四條流のきまりに則って書かれている。

■汁について

汁に関係するものを拾うと、冷汁、精進の冷汁、ホヤ汁、菊ノ汁のほか、汁に準ずるウシホニがある。

また、配膳に関する語として大汁の名がみえる。菊ノ汁では、素地を下地と呼び、

「若キ菊ヲ摘テ能スヽギ。下地ヲカヘラカシテ。扨菊ノ葉ヲ入テ。シホサカシホ味ヒテ参スル時。クルミヲスリテ上ニ置テ参スル也」

――若い菊の葉を摘んでよく洗う。下地を沸かして菊の葉を入れ、塩、酒で調味して、供するときくるみを摺って上におく。

とあり、夏から秋は菊の葉、秋から冬の間は花を使い、湯をかけて苦味を取ると続く。

素地を「下地」と言うのは初めてである。以後、現在に至るまでよく使われる語だが文献によって使われ方が様々であり、味付けしない素地から、醤油、天ぷらやそばなどのつけ汁なども指すことがあるなど幅が広く、実態がはっきりしない語である。ここでの下地は、菊の葉を煮てから塩、酒を加えているので、調味前であり、この素地は、次に見られるように、鰹を入れることが当然のこととしていることから、鰹煮出汁を指すのであろう。

「シホサカシホ」は塩と酒のことである。因みに「サカシホ　酒鹽」といえば酒を指し、こちらは、以後長く使われる語である。

■ウシホニについて

ウシホニは、文献によって汁物にも煮物にもされる料理である。

この書では「ウシホヲ汲テ先煎ジテ。サテ魚ヲ入酒シホ入テ参ラスル也。イツモノ如カツホ入ベシ」とある。興味深いのは、「イツモノ如カツホ入ベシ」で、鰹節を常用することを示唆していることである。

汁に添える吸口について、「参ラセ物ノ上ニ置カウタウノ事」の項がある。

カウタウは香頭とも書き、魚や肉などでは匂いがあるのでそれを紛らわすために使うもので、夏には柚子の皮をへぎ、鳥の皮煎ではへぎ生姜を上に置くなどとしている。

「當世吸口ト名ヲ付テ。萬ノ毎レ物ニ香頭ヲ入ル事如何ナル仕立ゾヤ。非二當流一不レ可二承引一」

――今では吸口と名付けて何の料理にも使うが、四條流では承知することではない。

としている。

『山内料理書』

「吸物」と言う言葉が見られるようになった。

明応六（一四九七）年

頭書に「山内三郎左衛門尉殿相傳申料理之事」とあり、足利幕府の料理人であった山内三郎左衛門からの聞き書きである。本膳の例があり、本膳に汁、二膳に雉汁と鯉汁、三膳に冷汁、引物一に鳫汁、引物二には鯛とろとろが示され、各膳に汁がつく形になっている。また、二の膳の汁として「すい物」が組まれている。

「吸物」の初出は、『鈴鹿家記』応永元年十二月二十六日条の「石花《カキ》ノ吸物」とされる。料理本では、このあたりから「吸物」がよくみられるようになる。

『食物服用之巻』

食事に関する作法を細やかに。汁をご飯にかける食し方も見られる。

永正元（一五〇四）年

巻末に「小笠原備前守政清　永正元年九月七日　伊藤又右衛門尉」とあって、小笠原氏から伊藤氏へ伝えられた伝書と考えられている。内容は食事に関する作法を細やかに示している。

そのうち汁に関する記述を拾うと「食にかくる汁は大汁又はそへしるほん也。魚鳥のしるかけべからず」とあり、さらに、「四足の汁は食にかけず、其汁へ食を入まいるべし」とある。食とはご飯のことで、「魚鳥の汁はご飯にかけてはいけない」「四つ足の動物の汁は、汁のほうにご飯を入れる」との意味である。

『宗五大草紙』大永八（一五二八）年にも「武家にて八　必飯わんに汁をかけ候」とある。汁をご飯にかけることが多かったのであろう。

『武家調味故実』

配膳や料理について言及されている。

天文四（一五三五）年

巻首は欠落していると初めにことわったうえで、四条藤原隆重が執筆したものを伝授されたものと書かれている。内容は、配膳や料理に関する事項を聞書きの形で書き記している。

汁に関してはもづくしる「こぶを煎出して。あまかりに入べき也」が見られる。

「こぶを煎出す」とは、昆布を煎じて旨味を溶出させることであろう。昆布出汁を予測させる。

「あまかり」については『厨事類記』の膳組の図に「阿末加津土器」があり、焼鯛、雉足等焼物を盛る皿と同形で、汁を盛る器にはみえず、詳細はわからない。

『大草殿より相伝の聞書』

出汁をつかって汁を仕立てるようになった始りの頃の書。

天文四（一五三五）～弘治二（一五五六）年

巻末に「右大草相傳聞書以伊勢貞春本挍合了」とある。

ご飯や汁の食する順、箸使いなどが実に細かく記され、料理に関する記述は理解し難いが、注目すべきことが多い。

汁に関係する語としては、煮出し、白水、下地、袋出汁、すまし味噌、ふくさ味噌、すたで、などの語がある。

「すたで」は『日葡辞書』に「簀立」とあり「小麦と豆から製する液体で、食物を調味し、味をつけるために非常によく使われる」とあり「たまり」に相当するものであろう。

■汁の仕立て方

〝くぐいのりうり〟を例にして

汁の仕立て方が、順を追ってきっちりと示されるようになったのは、この書からであろう。

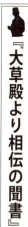

「くぐいのりうり」を例に、仕立て順を箇条書きして追ってみることにする。汁とはついていないが、汁量は人数によって加減するとあるので、汁物として扱ってよいだろう。くゞいは白鳥の古名である。

《一、素地（出汁）を準備する》

「かつほ二ふし程　うへのわろきかわをけづりのけて。能所を布の袋に入て白水にてよく〳〵にだし。物にてよくこしをくなり」
——鰹節二本の表面の黒いところを削り除けて、中の良いところを布袋に入れ、米のとぎ汁の中でよく煮出し、漉しておく。

とあって、鰹節を削るとは書いていないが、袋に入れるところから察して削ったのであろう。

《二、調味する》

「其後　すましみそ一盃に　いまのにだし三盃入て合也。人数のけうりょうによりて。汁の大小心得」
——味噌汁の上澄み一に対して鰹節の煮出し三の割合で合わせ、量は人数で加減する。

とある。〝すまし〟とは、味噌を水で溶いておき、上部が澄んでくる上澄みである。

《三、実を煮る》

「くゞゐのつくりやうは。四方二三分ばかりにいかにもうすくつくり。くぐゐのみばかりいれ。一ふきふかするやうにしてあるべし」
——くぐいは四方角二三分薄切りにする。前の水溶き味噌の上澄みに入れ、ひと煮する。

《四、仕上げに酒塩を加える》

「さか塩よき程に合べし」

――酒を適量加える。

鰹節を白水で煮出して漉したものとすましを合わせたものを素地、つまり出汁としている。水の代わりに白水を使うことは、本書のみならず、江戸期以降の料理書でも見受けられる。

〝ふへまき汁〟を例にして

汁の仕立て方のもう一例として「ふへまき汁」をあげておくことにする。ふへまきとは、尺八ほどの竹にすり身を巻き付け、ゆでてから抜き取るもので、竹輪のようなものである。上置はせり、はぎな。吸口は柚の葉、

「しるの仕様は。すめ味噌一はいに三ばんとぎの白水二はい合て。又かつをけずり。布の袋に入煮だし候てする也。袋を取上ゲふへまきをいれにるべし。」

「酒鹽はすこしさす也」

――すめ味噌に白水を合わせ、削り鰹をいれた袋を入れて煮出してから、袋を取り出し、ふえまきを入れて煮る。あとで酒を少し加える。

というものである。

ここにある「すめ味噌」とは、すまし味噌のことであろう。因みに「すまし味噌にしろ水をあはせたるは。うはみしるると云也。すまし味噌一盃に白水小わん一ッあはせべし」とある。すまし味噌＋白水＋鰹節を素地として、仕上げに酒を加える形である。「煮出し」の語は初めてであり、いわゆる出汁を用いて汁を仕立てるようになった始まりの記録といえよう。また、鰹節を削ると明記していることもはじめてのように思われる。

『庖丁聞書』

簡潔ながら要領よくまとめられた料理手引書。

天文九（一五四〇）～元和五（一六一九）年（推定）

中世の料理書とみなされてきたが成立年代は確定されていず、著者もわからない。

内容は、料理名や調理方法が簡潔ながら要領よく説明されている手引書的な料理書である。

一方、まな板の寸法や改敷の扱いなど式法に関する記述もみえ、末尾に口傳有として詳細を伏せることもある。

■汁について

汁名としては、打海老の吸物、鳥とろゝ、鯛とろゝ、青かち汁、越川汁がある。

〝打海老の吸物〟を例にして

「生にて皮をむき。葛の粉を交て摺板の上にてをしねやし。うどんを打ごとくして。色々に切てたれ味噌にて煮也」

――生海老の皮をむき、くず粉をまぶしながら打ち平め、色々の形に切って、たれ味噌で煮る。


というものである。吸物といえば、現在ではすまし仕立てが一般であるが、これは味噌仕立てである。

吸物といいながら、実体は煮物に近い。「たれ味噌」とは、水溶きした味噌汁を袋に入れ、汁を垂らし取ったものである。

〝鳥とろゝ（鯛とろゝ）〟を例に

「鳥とろゝといふ事。冷汁也。鳥をあぶり細末して。たれみそをかへし。鳥を入出す也」

――鳥を炙り焼いて細かに砕き、煮たてたたれ味噌に入れて煮る。

鯛とろゝも同じに仕立てるとしている。

〝青かち汁〟を例にして

「青かちしる」は大事な汁であると断りがあり、他書にもみられる料理である。

「青かち汁の事。鳥の肉を細に作り。すりひしほして。鳥の腸を能ときて鍋に入いり付。酒を少しづゝ指。能時分に水を入。もみ鰹を入煮立。鳥を入必見て。胡椒の粉をはなし。柚を入奉る也」

――鳥肉は細かに切って、塩を振り、酒をかけておく。鳥の腸をよく溶いて鍋に入れて煎り付け、酒で少しずゝ伸ばして水を加え、粉にした鰹節を入れて煮たて、鳥肉を入れる。必ず味を見て、胡椒の粉、柚子を入れて供する。

というものである。

もみ鰹とは、削った鰹節を手もみしたと解釈したが確かではない。

『南蛮料理書』

修道院の料理覚書。

天文十九（一五五〇）〜慶長五（一六〇〇）年

キリスト教の布教が禁止されたことから、関係する資料が少ない中にあって、南蛮に由来する菓子や料理の作り方がまとまって記載されている稀有な料理書である。

内容からみて、ある修道院の厨房において、調理する際の覚書であったと推測される書物である。

汁ではなく煮物に近いが、鶏の料理である「てんふらり」の項に汁に関する語が使われている。

それは、胡椒、肉桂、丁子、生姜、葱、にんにくを細かに刻み、鶏を下ごしらえしておく。

鍋に油を入れ、香辛料と鶏を入れて炒め、くちなし水で染めて、

「たしをいれ　なまたりさし　またさかしをさし　あんはい候てよし」

とあり、鰹節を加えて煮て、垂れ味噌で調味し、仕上げに酒を差している。

出汁は『日葡辞書』では鰹自体をさしており、ここでは、鰹節一本のままか、削ったものかどうかなどは分からない。

『邦訳 日葡辞書』

キリスト教宣教師の日本語辞書。日常に使われる言葉を網羅し、当時の日本の生活を知る貴重なものに。

慶長八（一六〇三）年

キリスト教の布教にあたって、宣教師が説教、聴罪に必要な日本語を習得するために編纂された辞書で、三万二千余語を収録する。特徴は、日常使われる語が採取されていることから、当時の生活を知るうえで貴重な資料となっている。汁に関する語を拾ってみる。

出汁については、「だし（daxi）ある魚を干したもので、インドで鰹（combalamaz）と呼んでいるもの」とあり、鰹自体をだしと呼び、出汁を取るものとなっている。また「一節（Fitofuxi）鰹とよばれる魚の干したものなどの数え方」、「かか（caca）鰹の婦人語」などの語も採取されている。

また、煮出す（nidasu）「鰹のような物を、その精と味を抽出する」、煮出し（nidaxi）、煮出した（nidaxita）とあり、鰹自体を出汁とよび、それを煮出して出汁をとるものという認識が定着していたことが窺がわれる。

しかし、削ることについての語は採録されていない。

昆布については揚昆布（aguecobu）「煎昆布という方がよい」、炙昆布「海藻の一種を炙った物　煎昆布の卑語」、炒昆布「炒るか油で揚げるかしたある海草」などがみえる。

出汁に関する語は見当たらないが、「揚昆布」については「煎昆布と言う方がよい」とあり、「煎ずる（xenzuru）薬などを煮出す」ともあることから、出汁用昆布を指すのかもしれない。

■汁について

汁に関係する語も様々に記載されている。
料理は勿論、味わいについての言及は注目されたい。いくつか列挙してみる。

【種類】

汁 ……………… 中になにか食物がはいっている日本のスープ。
冷汁 ……………… 野菜を実にした冷たい汁で、夏に食べる物。
吸物 ……………… 「添物ともいい、その方がよい」「来客のために出される煮た肴で、汁とともに煮たもの」ともしている。
澄まし ……………… おりが沈んでしまった後の澄んだ味噌汁。澄め味噌「同前」などがある。
上汁《うわしる》 ……………… 魚や肉がはいっていないただのスープ。
小汁 ……………… 食膳に出される二番目の汁。

【具材】

青み ……………… 汁に入れる細かに刻んだ野菜。
吸口 ……………… 一層よい味をつけ、食欲をそそるための物。
上置 ……………… 風味を添えるために汁の上に置く、野菜などのようなもの。
汁の実 ……………… 汁に入れて煮る肉、魚、野菜等がある。

【汁名】

青腸汁《あおがちしる》 ………… 雉を材料とした肉汁。

鯉のけぎりの汁 ……… 鯉ヲ材料にして、鱗をも一緒に入れた汁。

味噌炙汁 ……… 豆腐と細かく切った大根とが入っている汁。

水雲冷汁 ……… もづくの冷たい汁。

納豆汁 ……… 納豆を材料として作った汁。

糟糠汁 ……… 糠味噌と呼ばれる米糠で作った味噌の一種で調理した汁。

蓼水汁《ただみしる》 ……… 蓼と味噌とを煮ないで作った汁。

蓼冷汁 ……… 蓼で作った冷たい汁。

とろろ汁 ……… 山芋と他の野菜で作った牛乳煮のような汁。

芋苴《イモマキ》 ……… いもをすりおろして、汁に入れてつくる食物。

【味わい】

しつこい ……… 「汁がどろどろしている」また「物に味噌が沢山含まれている」と言い表している。

くどさ ……… 「嫌気がさすほどくどくどしい」また「物に味噌が沢山含まれている」などの表現がある。

『りうりの書』

汁の仕立て方に、出汁の取り方を細かく見ることが出来る料理書。

天正元（一五七三）年

巻末に「進路入道氏晴判、力丸最案信宗于時天正元年三月吉日書之」とあり、さらに裏表紙内面に「南部藩に伝はる料理書の文献として其年代の古き恐此書以上のもの存せざるへし」と、後世のものと思われる書き込みがある。

内容は料理の作り方が主で、盛り付けに関することも多い。

記述は要領を得てはいるが、簡潔にすぎて理解し難く、「重々口伝在」など口伝で閉じていることも多い。

「下地」の語については、これまでも出会ってきたが、その意は文献によってまちまちであった。

この書では、前出の雁の汁から推察すると、味噌を溶いた上澄であろう。

■汁について

汁の仕立て方に関する料理も多くみられる。それらの汁を素地で分けてみると、味噌を溶いた上澄みである下地《すまし》、酒、鰹出汁、昆布出汁の四方法に分類できるように思われる。

それぞれの料理例から、出汁のとりかたについても詮索してみる。

《一、すまし（味噌を溶いた上澄み）を素地とする》

〝雁の汁〟を例にして

「味噌をよく〳〵水にてたてゝをきて、よく、すみたる時、そとなへにうつして、さて、かとをゝけつりてぬのゝふくろに入、よくせんして　さけもくわひてかへし　ほねをいれてよくにて、さて、よき時分にほねをとりあけて　雁のみとりたるを入て、をろしさまにあつきゆを三ひさくはかりいれ、そのうゑゝよきさけをくはひてすひ見て、よき時分にもりて出すへし」

――味噌を水でよく溶いておき、澄んできたら静かに上澄みを鍋に移す。鰹を削って袋に入れよく煮て、酒も加えて沸騰させ、骨を入れてよく煮て、適当なときに骨を取り出し、身をいれる。火からおろしざまに熱湯を入れ、酒を加えて味見し、良ければ出す。

「味噌をよく〳〵水にてたてゝをきて」とは、味噌を水で溶くということであろう。茶をたてると同意と考えられる。

“蛤の汁”を例にして

「はまくりをしるにする時は　かいなから　よきすましをもつてりうり申也。すましをうすくして　さけをくはひてはまくりを入てりうり、そのまゝからことかんもりなとにもりて出す也」

――殻付きのまま薄めのすましと酒と蛤を入れて煮る。殻に盛って供する。

現在では味噌仕立てにすることは少ない。他の汁には鰹節を加えているが、蛤の汁では使っていない。

《一の二、下地《すまし》を素地とする》

〝鶴の汁〟を例にして

「つるをしるにする時は　つるをよく〳〵つくりて　ゆをわかしてかけていろをとりて　さてしほりあけてしたしをかへし　鰹ゝけつりて入さてつるをそへて　しをさけをくはひてすいてみて　物こくはあつきゆをおろしさまに入　さけをさしてすひてみて　よきほとにして出す也」

――鶴は下ごしらえしておく、下地を沸騰させ、鰹節を削って入れ、鶴も入れて、塩と酒を加える。味をみて、味が濃いようなら湯を加え、仕上げに酒を差す。

〝雉のなつたう汁（雉の納豆汁）〟を例にして

「なへにしたしを入、かとうをを入てせんし、なつたうをよく〳〵まないたにおきてほうちやうにてなつたうをこまかにうちて　さて　なへに入　そのゝちきしをいれてりうりて出すへし」

――鍋に下地を入れ、鰹を　いれて煎じる。納豆は細かにたたいて鍋に入れ、そのあとで雉を入れて出す。

《二、酒を素地とする》

〝雁のなまかわ〟を例にして

「かんのよくをろして、うすくすきて、かわともにいかにもほそく引て、さて、ゆをあてゝいろをとり、しほりあけて、又、水をかけてよく〳〵ひやしてしほりあけて、さけをわかしすこしすましをさけにくわひて、しやうかをほそく引て入へし　しやうかなくはねふかをほそく引くはひ　さけをわかしてそれにてりうりて出すへし」

――雁はおろして、身も皮も細く切って、湯をかけて色を取り、水をかけて絞っておく。酒を沸かしてすましを少し加え、生姜や葱を入れて雁を煮て出す。

「色を取る」とは、湯をかけて生身の赤色を白めることではないかと推測する。

酒を調理に使うといえば、現在では、魚の生臭みを除くために少量加えるというのが普通の使い方であるため、汁の素地として、出汁代わりに酒を使うことには違和感を覚える。

しかし、この書では、酒を使うことに二つの目的がある。

一つは、汁の素地として出汁代わりのように使うこと、もう一つは、調味料として、汁に限らず煮物においても最後に加えて、味を「調える」とするものである。

まず、出汁としての酒を考えてみると、清酒の味はコハク酸、乳酸などの有機酸やアミノ酸の味である。

コハク酸は貝類に特徴の味だが、蛤には少ないために、今も蛤の吸物にはたっぷり目の清酒を加える。

アミノ酸については、昆布出汁と比較すると、アスパラギン酸は少なめだが、旨味の代表であるグルタミン酸はほぼ同量含み、他のアミノ酸も惣じて清酒の方が多い。つまり昆布出汁に近い旨味を持つものということがいえよう。そのために塩味との相性もよい。

一方、調味料としての酒の役割については、汁でも煮物の場合でも同様で、例えば、鱈の雪汁「あけさまに　さけをくわひ　しほをすいてみて　さけすくなくは幾度もさして　よきころの時にもりて出すへし」というように、最後に味見をして、酒で味を調えるという記述が料理本では非常に多い。

酒に含まれる微量のコハク酸が旨味をもたらすだけでなく、旨味には塩味をやわらげる性質がある。

塩味が強すぎるときに、旨味調味料を一振りすると、塩の角がとれて、塩味がまろやかになる。

この書では、酒を加えて塩梅することが多く見受けられる。

《三、水に鰹を加え煎じて素地とする》
〝きしの山かけ〟を例にして

この汁は、雉の身を味噌で和えて加えるのだが、引用文では、この部分を略する。

「なへに水をもいれて　かつうほゝけつりて水に入　せんして～中略～なへの湯をよくかへし候て　それへきしをそへてよくにて　さけしをよきかんにくはひていたすへし」

――鍋に水と削った鰹節を入れて煎じる。よく沸騰したところに雉を入れて、よく煮て酒と塩を加える。

鰹節を削っているが袋には入れず、また漉していない。

《四、昆布を煮出して素地とする》
〝くろつくり〟を例にして

この料理については、汁か煮物か判然としないが、昆布を煮出して素地とする汁のように思われる。

「こふをよくすなをひきてたんしゃくにきりて　それを水を入て、よくにて、にへすは又みつを入てにて、にゑ候時にすましを入　さけをくはひて入て、さて、かまほこのことくに、うをゝまきてそれをはしにてはさみ入て　よくりうり申也」

――昆布の砂を落として短冊状に切る。水を入れ、よく煮る。煮えたところに、すまし、酒を入れる。蒲鉾のようにしたすり身を魚に巻き、よく煮る。

昆布を煮出すということについては、『武家調味故実』に「こぶを煎出して」とあったが、同じことであろう。「くろつくり」という料理では、すましが下地としてだけでなく調味料としても使われるようになったこと、昆布を煮出して素地としていることの二つの特徴がみられる。

"鮒の汁"を例にして

「ふなをしるにするには、こけをよくはきて、こふかわかめのしを〻引て　大なるふなをつ〻みてなへのそこにしきて、さてそのうゑに少ふなをつみて、たてみそを入　さけをみそと一度にいれて、いかにも久しくにて、あつきゆをくわへ、しをさけをそへて、りうりて出すへし。そのこふをしるわんの下にしくへし。条々くてんにあり」

――鮒は鱗をひいて昆布か和布で巻く。鍋に鮒の昆布巻きを並べ、水溶きした味噌、酒を加えて、長く煮て温湯を加え、塩、酒をさす、鮒に手を加えて出す。そしてその昆布は汁椀の下に敷いて供する。

この書では、汁の素地として、すまし（味噌溶き汁上澄）、酒、鰹節を煮出した汁、昆布を煮出した汁の四種がみられるが、基本としては、味噌の溶き汁の上澄を素地として、仕上げに酒で味を調えるということがいえよう。

『料理物語』

日常料理の作り方をまとめた書。料理本の先駆け。汁物と煮物が区別される。

寛永二十（一六四三）年

後序に「右料理一巻は庖丁きりかたの式法によらず」とあるように、本書は、式法に縛られることなく、料理の作り方を中心とした料理本の先駆けである。「武州狭山書之」と締めくくっているが、著者は不明である。

内容は、これまでの料理本が、式法に則って書かれたものであったのに対して、食材と適する料理、なまだれ・出汁、調理法別料理の作り方、万聞書となっている。

出汁が独立して扱われたことは、調理の長い営みにおける、大きな節目といえよう。

食材としては、魚介類九十種、鳥獣類二十五種、野菜・海草類百十四種、合計二百二十九種を取り上げ、そのうち、汁に適する料理としているのは百三十二品で約六十％、鳥獣類ではすべてが汁または吸物に適するとしている。

■出汁について

出汁に関しては、「なまだれ出汁」の部に、出汁、精進の出汁、たし酒、生垂、垂味噌、煮貫を挙げ、次のように説明している。

【出汁】

「かつほのよきところをかきて一升あらば水一升五合入　せんじあじをすひ見候て　あまみよきほどにあけて
よし　過候てもあしく候　二番もせんじつかひ候」

単に出汁と言えば、鰹節出汁である。また、鮒汁の中でも「甘味が少ないときはすりかつほを入れる」としており、鰹出汁の味を甘味と表現し、旨味とはしていない。

【精進の出汁】

「かんへう　昆布やきても　ほしたで　もちごめふくろに入にる　ほしかぶら　干大根　右之内取合よし」

【出汁酒】

「かつほに塩ちと入　新酒にて一あわ二あわせんじ　こし　さましてよし」

水の代わりに酒でとる出汁のことである。

【生垂《なまだれ》】

「味噌一升に水三升入　もみたて　ふくろにて　たれ申候也」

【垂味噌《たれみそ》】

「味噌一升に水三升五合入せんじ　三升ほどになりたる時　ふくろに入　たれ申候也」

【煮貫《にぬき》】

「なまだれにかつほを入せんじ　こしたるもの也」

これまでの文献では、味噌を溶かした汁あるいはそれに鰹節を加えて加熱して静置し、澱が沈んで生じる上澄を「すまし」とよんで、素地として使ってきた。

しかし『料理物語』では、すましは上澄をとるのではなく、布袋で漉したものを「生垂」、「垂味噌」、「煮貫」とよぶようになった。また、それらを調味料的に使うようになった。

但し、調味料として扱うことは、前文献でもみられており、この頃から一般化したといえよう。

■汁について

汁に関する料理は、汁之部に四十五品、吸ものゝ部に六品を数える。

《一、出汁について》

"ねぶか汁"を例にして

「みそをこうしてだしくはへ　一塩の鯛を入よし　すましにても仕たて候」

――濃い味噌に出汁を加え、一塩の鯛を入れる　すましで仕立ててもよい

味噌に出汁を加えて素地とし、これに実材を加えることが最も多く、汁の部の仕立ての五十%を占める。

"鶴の汁"を例にして

「…だしにほねを入せんじ、さしみそにて仕立候」とあるが、「はじめより中味噌にても仕立候」ともあり、出汁を使うことの方が先行している。

"狸汁"を例にして

「味噌汁にて仕立」と限定しているのは、狸臭を消すためであろう。

《二、精進出汁について》

"鱸の汁"を例にして

「昆布だしにてすましよし　うは置　こんぶ　おごも入　雲腸入てよし　うすみそにても仕たて候也」

――昆布出汁ですまし汁にするのがよい　昆布やおごのり、雲腸を入れてもよい　薄味噌仕立てにしてもよい。

昆布出汁の例は二例で、昆布出汁の語も見られるようになった。

また、すましとは、「出汁ばかりにかげすこしさす」とあり、出汁ばかりというのは、味噌を加えないことを意味し、その代わりにたまりを差すというのである。

これまで、すましと呼んでいたものは、味噌の上澄で素地として使われてきた。

ここへきて、出汁が素地となり、すましや醤油で調味する新しい形が生まれ、現在の汁の基本が整ったといえよう。

《三、生垂、垂味噌、煮貫について》

生垂は一例、垂味噌を使う例は見られなかった。

煮貫はとろろ汁、冷汁などに四例見られるのみである。

冷汁は、「いつれもにぬきにて仕立候　もづこ　あまのり　のろふじにても入よし　くり　牛姜　めうが　かまぼこ　あさつきなども入よし」とある。

冷汁には海藻を使うことが多く、食材の磯草之部に上げられた海藻二十四種の半分が冷汁に適するとしている。

《四、古酒、白水について》

〝鯛の汁〟の二種を例にして

古酒に白水を加え塩や醤油で調味するという古い形の仕立てになっているが、酒や白水の使用は影を潜めつつある。

また、仕上げに酒を加えることも少なくなっている。ついでながら、「羹」の語も見られない。

〝はこべ汁〟を例にして

「はこべをきり　もみあらひ　三月大こんなどくはへ入　是もみそにて仕立候」と、「仕立て」の語が見え、現在も「味噌仕立て」「すまし仕立て」などと使っている。

吸物については、汁とは別に吸い物の部があり、出汁に醤油または、たまりを加える「すまし吸物」が八十％、あとは、味噌仕立ての「味噌吸物」である。

また、煮物においても出汁を使うことが、普通になったことで、汁物と煮物が区別されるようになったともいえよう。例えば、桜煎「たこの手ばかり　いかにもうすくきり　出汁たまりにてさっとに申也」のように、「出汁たまりにて煮る」とするものが二十四品で七十％あり、「出汁に塩を加え」、「出汁にかけを落して」煮るなどがある。「さっと」「よく〳〵」など煮方を指示することも多い。

『料理塩梅集』

『料理物語』と同様に、現代に続く汁の概念が確立された書。

寛文八（一六六八）年

著者は塩見坂梅庵。

料理についての見識、式法の知識をもち、自身が庖丁を持つ人ではないかとされる。

内容は、食、味噌、汁、鱠、煮物、糟物、焼物、曳物、鮨、酒、湯、後段、吸物、肴物、豆腐、麩、菓子餅、茶、雑物、物置用、毒物差合の各部から構成されており、このうち、味噌部、汁部、吸物部味が汁に関係する部分である。記述は具体的で詳しく、ときに具材の扱い方や季節による仕立ての違いなどに及ぶこともある。

味噌部には上々味噌、白味噌、五斗味噌などの味噌をはじめ、醤油、醤、酢など、汁に関する調味料の調製法にも触れている。

出汁については、鰹出汁、鰹水出汁、昆布出汁がある。また、たれ味噌、なまだれについては『料理物語』と、ほぼ同じである。相違するところは、なまだれ「生味噌をかきたて　是をたれ味噌のごとくに袋へ入　澄まして扨　鰹節入せんじ候　少うすく候故醤油入あんばいをする也」とあるが、『料理物語』では、「扨」以前を「なまだれ」とし、後を「煮抜」として分けている。

■鰹出汁のこと

「能節を上皮をけずり　正味をひら〳〵とけずり　袋に入候　だし袋は大振成がよく候　鍋の中にてにへあがり〳〵する時　袋の内緩々と仕候へば　だしよく出る故に広がよし。袋だしのよきと云は　うまみいまだ無之時は　其儘入置　うま過候時は　だし袋を其儘取事の自由なる故なり」

鰹節の量、煮出汁時間などは示されていない。鰹煮出汁の味を旨味と表現したのは初めてである。但し、甘味と旨味の味の区分が明確にされていたかどうかはわからない。

「袋出汁」の成語は初見で、旨味の出具合によって取り出すことが出来ることの効果と、出汁袋の大きさについて、「はゞ五寸長　八寸ほどがよし　袋の内にて　鰹ゆな〳〵と廻り候為也」としている。

鰹出汁は臭みがあると考えられていたのであろうか、「だしにする鰹　水にて洗候へば　くさくなく候　妙若鰹けずり申し候共さっと水にて洗ふがよし」としている。

■鰹水出汁のこと

「皮けづり捨　真の正味を水にてよく洗ひ　扨　桶に水を入　其水に鰹の真入　小半時　水に入置　其水を則用ふ」

鰹節を削らないように見える。水出汁については、『大草家料理書』天正十八（一五九〇）〜寛永二十（一六四三）年にみえ、のちの『黒白調味抄』ともども、何れも水に浸し置くだけである。

《鰹昆布出汁について》

〝鱈すまし汁〟を例にして

しかし鱈すまし汁の箇所には、「水だしにて仕立る也」とありながら、その水出汁の仕方は「水一升に鰹節一本昆布二枚ほど入　せんじ申候」とあって加熱している。

ここでいう水出汁とは、味噌を使っていないことを意味するかとも考えられるが、確かなことはわからない。この疑問はさておいて、この水出汁の調製法は、鰹節と昆布を合わせ使う鰹昆布出汁の初めてのことである。

《昆布出汁について》

ここには「昆布幾つにも切　昆布洗てにるよし」とある。汁部では、まず、土用であっても口をやくほど熱いのがよいと説いたうえで、「惣而味噌汁は」と前置きして味噌の扱いと仕立て方を述べている。

「味噌汁は　白味噌斗はしんみりとなく　しょびくとする故に悪也　又赤味噌斗はしつこき上に塩辛き味出しっぽりとうまきなき故悪也　此故に　赤みそ一升ならば　白味噌二合半又は三合まぜに合て　味噌汁仕立候へば　よき程に成申候」

と白、赤味噌を合わせるのがよいとしている。

「しんみりとなく、しょび〱」ということは理解し難いが、現在も、季節に応じて赤、白味噌の割合を替える合わせ味噌を勧めている。また、仕立て方は「赤みそと白みそと各別にすり置　すいのふにて能越置　白みそ三合まぜの心得にして鍋に入　鰹出汁袋も入焼立申候」とあり、味噌の溶き水の中で鰹節を煮出すということである。

〝納豆汁〟を例にして

「中みそよりうすくたて　袋だし入さわ〱と　五かへりほどににへ申時　菜とたうふを入　以後に納豆入申候」のように、味噌の溶き水に鰹節を入れて煮出した中で実材も煮る。

精進の場合も、昆布出汁に味噌を加えた中で実材を煮ることが多い。

すまし汁の場合は、出汁袋で煮出した素地中で実材を煮て、醤油または塩で調味している。

《白水と酒を素地として》

〝蕪や菜の汁〟を例にして

汁の素地として、「白水＋酒」が使われる例もみえるが名残であろう。白水と酒を素地として実材を煮てから味噌を加えており、白水や酒を素地とすることが少なくなるなか、まだ残っている例である。

『合類日用料理抄』に、「今世間に白水を取に一番白水を用ゆ　大なる誤也　一番は油気つよくして毒甚し　二番三番の水を用ひてよし」とあり、本草で時珍が言うとしている。二番、三番白水についての説明を見ることができず、洗米時の加減がわからない。概ねのところ『料理物語』と同じで、味噌汁と清汁、日常の汁と精進の汁など、現在の汁の概念に近づいたように思われる。

『古今料理集』

「一番出汁」が初めて見られる書。

成立年代不明

刊年、著者ともに不明とされるが、吉井始子氏は解題において、延宝のころ、料理に関わった人の手によるのではないかと推測したうえで、「著者のいきごみさえ感じられる充実した内容を持った、すぐれた料理書が、このような形で残されたことの無残さに感慨無量であったことを付記する」と記している。

内容は、食品の季節や適する料理、献立例、汁物、煮物、焼物、鱠、焼方等の調理法などである。

調理については、他書では見られないほど丁寧に方法が記されているだけでなく、供卓の時期を見計らって仕事をすすめる配慮、味わいの良否の見分けなど細部にわたる記述になっている。

出汁のあとで「本、二、三汁」の順に汁の例を見ていくことにする。

出汁については、「煮方の善悪は　出しのわざなれば　先出しの善悪を吟味して用へき也」としている。

煮方とは、汁物、煮物というくらいの意味であろう。

■出汁について

出汁の取り方について、手順を記している。

「いつれのふしにても　ひねふしのかたく赤きを用へきなり　上かわを赤身の出る迄けつりのけて　赤み計を

うすく大平にけつりて　諸事に用へきなり　先　水壱升に大しんぶし弐つ程の積にして　さて　水をざはく
と煮たて　右の積にして　ふしを水にてざっとあらひなかして打込　三あわほと　とつくとせんし　吸合せ
出しのさかりを用へき也」
――鰹節は表面を削り除き、薄く削って使う。水一升に節二本程である。湯を煮立て、ざっと洗った削り節を
入れて、三煮立ちほど煎じ、味見をしてよいところを使う。

また、当時に「良い」とされていた味を示し、過去と比較して嗜好の違いを述べている。

「さかりと云は　はなはたしくかるく　しゅんとうまき所なり　此さかり過候へは　もはや　出しもたれ　い
や成におい出てあしゝ　此さかりと云所をよく心へへき也　出しはよくせんしぬれは　よきといへ共　当代は
もたれ候とて不用　何につかふ共今の出しかけん専なり」
――味の良いところというのは、軽くて旨味のあるところである。よいところを過ぎると、もたれた味になり、
いやな臭いもでる。現在は、以前のようにもたれる味は好まれない。

■汁について

汁については、生鱈のすまし汁を例に、心配りの細やかさをうかがうために、少し長いが仕立て方を引用する。

「一番出しに塩を喰塩に入て　羽二重の水越にてよくこして　鍋に仕込置て　御客一両人と申時にかけ、こん
ふ等を入て　一あわ煮立　鱈を入て　とつくと能程に煮て　塩かけん吸合　出し前ならば　袋出しを入て　し

んみとうまく出しかけんして　袋を出し　醤油を覚る程さしておろし置　御膳と申時かけ　一あわ煮立　吸合塩あんはい調て　酒をさして出すへし　惣て鱈の汁は　ちとうま過たるはよし　かるきは宜かるましきか」

――一番出汁に塩を加え、羽二重の布で漉して鍋に入れておく。（客が到着と聞くと）、鍋を火にかけ、昆布を加えて一煮立ちさせ、鱈を入れて煮る。味を見て、味不足ならば出し袋を入れ、良い味になったら出し袋を引き上げる。醤油をさして下ろして置く。（客が食卓に着いたら）、ひと煮立ちさせ、塩を調節し、酒を加えて供する。鱈汁は、少し味わい濃いのがよく、薄いのはよくない。

これは、客の様子を見ながらの調理である。また「一番出汁」の成語は初出かもしれない。

本膳の形式における汁について、本汁は基本的に白味噌仕立て、二汁はすまし汁、三汁は赤味噌仕立てと明記しているのをみるのは初めてである。

本汁についての記述は、実材は鳥は鶴から小鳥まで、魚は鯛から小えびのざこ汁まで、野菜は集汁、菜汁など数多い。白味噌仕立てが主体だが、赤味噌を混ぜる例も見られる。

ここでは、供卓への配慮は削除して仕立て方を抽出して書き出してみる。

■菜汁について

『料理物語』では、仕上げに酒で味を調節することは殆どみられなくなった中で、本書では普通のことのように行っている。

「白みそに赤味噌三分一加て　うすみそに　右のことくにたてゝ　大あしならは袋出しを入てかるく味を付て

おろし　袋を取り出し　いろ〳〵入て　よきほとに煮立　塩あんはいして酒を少くわへ出すへき也」
――白味噌に赤味噌を三分の一加えて薄味の味噌汁にして煮立て味が足りないようなら袋出しを入れて味を足す。菜を入れて煮立て、塩で味付けし、酒を加えて出す。

「こなにてもかいわりなにてもさっとゆにをして　そのゆをすてすして　六分め計にゆかけんをして　なも一つに入て　其中へ生みそ汁のこきをさして　うすみそかけんにあんはいして　よきほとに煮立あんはいして酒をすこしさして出すへきなり」

菜汁の仕立て方は興味深い。指味噌のときは、菜汁などの時、菜を茹でて、菜も茹で汁もそのままにしてその上に味噌汁を差すとして、次の項で説明をしている。灰汁の少ない「菜の茹で汁」を出汁にして汁を仕立てている。

■菜汁に見る「より美味しさを求める」意識

また菜汁の味わいかたを、次のように記している。

「菜のきんを汁にもたせるを賞くわんとするなり　惣て菜汁はいつとても指し味噌かよき也」
――菜汁は菜の僅かな風味を味わうもので、菜汁はこの指味噌の方法がよい。

また、もう一法として、洗いざまの菜を鍋に入れ、ぴっちりと蓋をして加熱し、鍋蓋にあたって落ちる滴を利用して汁にする例もみられる。

これらの例からは繊細な汁のような印象を受けるが、当時としては、灰汁の少ない菜や大根、芋などの汁では、実材の煮汁に味噌を加える仕立てが、むしろ庶民の場合は普通ではなかったかと想像される。更に、菜は香りをもたせるため、茹でずにそのまま煮汁に入れるのがよいともしている。現在は、味噌や醤油の香り、あるいは吸口を汁の香りとする傾向があり、野菜の香りを大事に思うことは少なくなっている。

仕立て方が細かくなり、煮物と汁物の区別が明確になっているのも、本書の特徴である。三汁は、赤味噌が主体となる仕立で、本汁の白味噌仕立てと同じ要領である。菜汁、干葉汁、菜をさくさくと刻むさくさく汁、生のり汁、寒汁、蛤汁、などの名がみえるが、本汁に比べると例数が少ない。

実材を煮る方法は、味噌汁では、出汁や水で伸ばした味噌汁の中で、すまし汁では、醤油を加えた出汁の中で煮ている。また、汁の味を調整できるとして出し入れが自由な袋出汁を利用することが多い。吸物については「味噌吸物は上中下のみそかけん汁に同前」「すまし吸物は大方二ノ汁のかるき物也」とするくらいで、汁に比べて、記述量を軽く扱っている。

味噌の使用加減については、濃味噌、薄味噌、中味噌があり、中味噌より少なく薄くする、濃味噌と中味噌の間くらいにするなど細かく指示している。

煮物と汁物が区別される傾向が強くなり、〇〇煮のほか、実材を味噌汁中で煮る杉焼、貝殻を鍋にして煮る貝焼、汁気がなくなるほど煮る煎物、湯吹ともいう蒸し物なども煮物として扱かっている。

『合類日用料理指南抄』元禄二（一六八九）年

料理に関して幅広く収集した今様本。酒を多く使う例が多い。

序に無名子とあって著者名はわからない、料理に興味があり、秘事口伝や聞き書き等を広く集めて再編したものとしている。

酒・味噌、餅・菓子、漬物・保存法、鮨・膾・指身・鳥、魚類の雑、薬などに分け、製法や調理法が平易に書かれている。

汁に関しては、鳥の類に、雉の山かげ、雉のすり汁、魚の雑類に、鯛の潮煮、鯉鮒の汁、蠣、蛤、生鼠の各吸物がみられるくらいである。

■汁について

〝鯛の潮煮〟を例にして

「鯛身もほねも常のごとく切候て　古酒をひたくに入　火を細して煮申候　酒の匂ひ無之時　其上へ水を入塩斗にて仕立申候」

——鯛の身も骨も下ごしらえしておく。古酒で煮て酒気がなくなったら水を加え、塩で調味する。出汁は使わず、酒で煮て塩で調味する単純な仕立てである。

〝鯉鮒の汁〟を例にして

「古酒をひたくに入　酒斗にて煮候て　酒の匂ひなき時分　みそを立さして　出し袋入申候　みそこすぎ候へは　取湯さしてよし　小味なくは少醤油をさして能候」

――古酒で魚を煮て　酒気がなくなったら、溶いた味噌を加え、袋出汁使う。味が濃すぎるときは飯の取湯、味不足なら醤油をさす。

鯛、鯉鮒とも酒と水を出汁の代わりにしている。いずれも簡便で、いかにも日常の調理らしいが、他書と比較しても、このように酒をふんだんに使うことは一般的ではないように思える。

酒を使う。〝蛤吸物〟を例にして

「酒と水と等分に入　酒くさくなき程に能煮申也　焼塩にて仕立候」とあって、味噌を使わないのは、初めてである。『古今料理集』の蛤の汁では、仕上げに「過ぐる程に酒を入」とある。蛤は、貝特有の旨味であるコハク酸が少ないため、現在でも酒を多く加えている。鯛の汁では、酒を使うことが多いが、本書では鯛に限らず、酒を惜しげもなく使う記述が目立つ。

『料理網目調味抄』 享保十五（一七三〇）年

清汁《すまし》が、現代のように澄んで濁りないものと紹介した。

著者は嘯夕軒宗堅である。

頭書に食材や調理法、料理名を羅列して読みや簡単な説明を施している。大部分は調理法別に料理用語や材料の適性が要領よく説明してあり、食品辞典のように使うことができる。汁之部においては各食材ごとに、「本、二、三汁の別」、「味噌汁」と「清汁」のいずれに適するか、食材の取り合わせやその扱いを簡単に記している。

■出汁について

出汁に関する語は「煮出《にだし》甘湯甜液一書ニ下地」（＊割注内「甘湯甜《だし》仝」）とみえ、他書では下地も出汁としていると記している。

■汁について

汁の種類として豉汁《みそしる》、清汁《すまし》、吸物《すいもの》汁物ト可云、また、汁には臛《しる》、饌《しる》、液《しる》があり、これらは皆羹也としている。

■味噌汁の味噌について

「豉汁《みそしる》　白豉《しろみそ》　赤―　溏《たれ》―、薄《うす》―、和《ふくさ》―ハ中豉也　指豉」をあげている。

■清汁《すまし》について

「塩仕立　甘湯《たし》仕立ハ漿を不レ加　若漿を用ハかくして用様あり」

――塩仕立て　出汁仕立てなら漿を加えない。若し、漿油《しょうゆ》を使うなら、隠し味として使う。

また、「一書曰」として「清汁の下地の仕やう　かつほだし　昆布たしハ常のごとし　豉を紙につゝみ煮出し　取捨べし　かくし味噌とて　何れのすまし汁にも　よく合もの也　物により芋のねばりだしをもさし加ふべし。」ともある。

かくし味噌に関しては、『大草殿より相伝之聞書』にあるのが古く「かくしみそとて小皿一ツ程みそ　またかつををこまかにけずり　能すりあはせて　かみ四五枚かさね　すりたるみそをつゝみ　口をよくゆひ候て　又　竹の葉のつとに　まへのつゝみたるみそをいれ　よく上をゆひ候て水にてよくにる也　物により芋のねばりたしをもさし加ふべし。」として、味噌と鰹をよく摺り混ぜて、紙や竹の葉に包んで煮出している。

「スマシ汁」を「清汁《すまし》」と表記するのは、初めてで味噌汁の上澄を使うことがなくなり、澄んで濁りがない状態をさして清の字が使われるようになったのであろう。

■『料理綱目調味抄』にみる「汁」とは

汁の実として「具、取合、吸口」の三種があるとし、「鱸　一　清　取合青昆布　みる　吸口茗荷茸　しそ、葱」のように「食材　膳数　調味　取合　吸口」のように示している。現在では「具」を〝椀種〟、「取合」を〝あしらい〟とする場合が多い。この三種を現代に見ると、主になる魚、豆腐、芋などを「椀種」、これに添える春菊やわかめなどが「あしらい」、木の芽や柚子など香りを添えるものを「吸口」としており、三種をそろえた初めての例であろう。

汁と煮物の区分については、『料理塩梅集』のころから明らかに区分されるようになったと記したが、この書では、煮物之部に「羹也　大概汁におなじ　少の差別あり」と、さりげなく書いている。

本書の羹とは、加熱したもの全般を指すということであろう。また「煮醬《にあえ》、杉焼、貝焼、煎鳥、准麩之類皆煮物也」としている。

『伝演味玄集』

出汁の取り方を細やかに、より実用的に。　延享二（一七四五）年

諸星半六郎の署名があり。

伝演味玄集は父兄頼堅・国周から教わったことを集録したものであるとしている頼堅・国周の両人は、江戸幕府などの料理人をつとめた人であるところから、著者も料理に携わる人であろう。

多くの料理について食品、調理法を示し、出汁、汁についても記述は実際的である。

出汁については、鰹出汁があり、細やかな注意をこめて方法を記述している。


「中のふし弐つ位ひら〳〵とけづり　鍋のうちへふしをいれ　扨　水を入るゝなり　水の中へふしを入る事大にいむなり　扨　水を入るれば　うき立有しづむ有り　うきたるはながしすつべし　此浮たるを其まゝ置けばだしにあしき匂ひ出　其上風味もよろしからず　水弐升入てせんじ　あわなど浮たるとても其まゝ置べし　せんじのうちいろへば　ふしの匂ひ出也　弐升の水壱升五合につまりたるとき　火をおろし　しばらくおどめて

毛すいのふにてこし　又さめたるとき　下のおりの立ぬやうにそと上をとりて用也　上けづりなど　そまつにすればあしき所多有　又あらくけづりても不宜　可レ用二鉄鍋一」
――鰹節を薄く削ってなべに入れて、水二升を加え、煮て一升五合に煮詰まったとき、火からおろし、しばらく置いて鰹が沈んだら濾し、冷めるのを待っておりが入らないように上澄みを取る。（＊手順のみを抜粋）

■汁について

汁については、まず膳組みの汁について、「本汁　白味噌仕立　品により赤みそを加ふ事あり　薄からず　濃からず　加減有べし　鰹ぶし出しにてのべ用」「二の汁　大抵　だしにて澄し塩梅うまくすべし」「三の汁　赤味噌斗にて随分うすく仕立ル也　本汁に不二差合一様に塩梅すべし」とある。

その他の汁に、特異な仕立ての菜汁がみられる。

小菜汁「かつほぶし出汁にて　赤味噌随分うすくのべ　小菜を此の汁にて湯にして　本仕立の汁へなを移し　湯煮したる汁を本仕立の汁へさし　酒たっぷりとさし　炭にてそろ〳〵とくと煮べし」とある。菜は味噌汁で茹でる。茹汁を本仕立の汁にも加えるというのである。茹で汁を使うことは前文献でも見られたが、菜の茹で汁の灰汁っぽさを好んだのであろうか。

■清汁、吸物について

“鱈の澄し”を例にして

「鰹ぶしだし　昆布だし當分に交べし　惣て澄しに色のつくは嫌う事なり　たら斗は右のだしの内へ少し醤油をさして塩梅すべし」

——鰹出汁、昆布出汁を等分に合わせせた素地で鱈を煮て、醤油で味を加減する。

このように合わせ出汁の一例を採り上げている。袋出汁は見られない。

吸物についての一言

「澄しみそ汁　煮ぬき澄し、ふくさみそなどの作意種々あるべし」

このようにあって、味噌吸い物、澄まし吸い物などさまざまで条件によるとしている。

冷汁についての一言

「だし　煮ぬき三分一交　醤油をさし　酒塩にて塩梅かろくうまく仕立　其器冷水へ漬て冷すなり　ひへて以後右の品々入ル也」

——出汁に煮抜きを三分の一混ぜる。醤油を加え、酒でうまく仕立てる　器を冷水につけて冷やす

右の品々として、もづく、豆腐、すりいも、茗荷の子、柚子などをあげている。

その仕立ては細やか。煮ぬきを素地とし、仕上げに酒で味を調えている。

仕上げに酒を加えることは次第に行われなくなっており、次の『黒白精味集』でも例がみられず、本書のころから姿を消すことになったと思われる。

『黒白精味集』

丁寧でわかりやすい料理書。現在も使われる調理法や言葉も見られる。

延享三(一七四六)年

江戸川散人孤松庵養五郎編集とあり。

著者は江戸の人であろうことは推測されるが、どのような立場の人かはわからない。

内容は味噌、醤油、酒、漬物などの製法や保存法が詳しく、味噌の箇所では買味噌「神田田町辻与兵衛味噌　大名の味噌や也　あか味噌一入よし」などにも触れている。調味料のあとに飯、汁、膾の調理法が続く。

記述は丁寧でわかりやすい。

新たな語彙が多く、現在行われる調理法や言葉遣いも散見されるようになる。

汁については、出汁や調味料のことなどに触れながら約五十品を取り上げている。

出汁については、出汁、水出汁、薄出汁、精進出汁、酒出汁の出汁のとり方の説明がある。

■出汁について

【出汁】

「常には中節を用　中の鰹節一つ上けづりよくして　血あいをも取捨　しん斗一つけづり　水一升入　八合に煎じつめて直にこして吉　出し柄《がら》に付置ば　出汁かへるなり」

――常には中節を使う。鰹節は表面を削り、血合いも除いてしんだけを一節削る。水一升を加えて八合になるまで煮て、直ぐに漉す。漉さずにそのまま置くと、出し殻に出汁が吸収されてしまう。

【水出汁】

「冬は一日一夜　夏は一夜　一節に水八合入置ば　せんじ申さず共　能だしに成也」

――鰹節一節に水八合加え、冬は一昼夜、夏は一晩漬けておく。加熱せずとも、良い出汁がとれる。

【薄出汁】

「中節一つに　水一升五合入　壱升三合に煎じ詰るなり」

――中節一本を削って、水一升五合を加え、一升三合になるまで煮る。

水量が多いものである。「薄出汁」は他では見られない。

【精進出汁】

「昆布を洗　湯煮するごとく煮て用ゆ　柿の皮を干置　出しに用ゆ　かんぴやうをせんじて用ゆ　初茸を干し置用ゆ」

――昆布を洗い、茹るように煮る。柿の皮を干しておいて出汁に使う。干瓢を煮る。初茸を干しておいて出汁に使う。

【酒出汁】

「常の酒を煎酒のごとく　酒気なき程せんじ　さまし置用ゆるなり　いか程さしても　酒くさき事なし」

――酒を煎り酒のように、酒のにおいがきえるほど煮て、冷まして用いる。いかほど使っても酒臭いということはない。

「酒出汁」の語がみられた。

これは出汁ではなく調味料として使う酒のことで、現在も同様に酒やみりんを煮切って使う。

また、酒塩とは酒のことをいうのと同じ用法である。『料理物語』に「出汁酒」があるが、これは酒で取る出汁である。

酒に関しては、新たなことがみられた。

これまでの汁では、仕上げ際に酒を加えて味を調えることが多かったが、本書では六十余品の汁がありながら、仕上げに酒を加える例はほとんど見られない。鱈汁、鶏汁においても仕上げに酒を使うことはしていない。

■汁（清汁、吸物）について

《出汁の取り方》

〝鱈汁〟を例にして

「鍋へ水斗先へ入て煮立　青こんぶを入　一あわ煮て青こんぶを取　鱈を入　醤油少し入て塩梅する也　醤油を先へ入候へば鱈こわく成也　鱈汁にかぎり出汁を入れず　醤油塩梅にしてよし」

――水だけを煮立、青昆布を入れひとふきしたら昆布を取り出してから鱈を入れ、醤油で味を調える。醤油を先に入れると鱈が硬くなる。

「鱈にかぎり出汁を入れず」とあることから、汁には出汁を使うことが常法であることを示している。

昆布は水から入れずに、沸騰湯に入れているが、ひと煮して取り出すところは、現在の扱いに近い。

清汁について一言

「出汁にて仕立　煎塩か焼塩にて塩梅して煮申し候　若味付ざる時は醤油少しかくし入る　汁に色付ざる様にすべし」

――出汁で仕立てる。塩で調味して煮る。若し、味が薄いようなら、醤油を隠し味ほどに入れるが、汁に色がつかないようにする。

吸物について一言

座着吸物、料理後吸物、ふくさ吸物などの語について説明があり、蛤、じゅんさいなど五十品程の吸物例を挙げている。

「料理後吸物」についてはわからない。酒宴に移る前の箸洗い、一口椀に相当するものであろうか。

ふくさ吸物は味噌吸物で「多くは赤味噌の薄味噌也　～中略～　酒の上にて白味噌は遣ぬ事也」としている

味噌の使い方

味噌加減については、濃味噌は白味噌三分二と赤味噌三分一、中味噌は白味噌赤味噌等分、薄味噌多は赤味噌斗、どぶ汁は赤味噌三分二と諸白留粕三分一としている。

『料理早指南』

本膳に会席、重詰めと弁当、調理器具に料理の秘訣と幅広く紹介。四編からなる総合料理書。

初・二編　享和元（一八〇一）年
三編　享和二（一八〇二）年
四編　文化元（一八〇四）年

著者は醍醐山人。

四編で構成され、初編は、本膳と会席の献立、二編は「花船集」ともいい花見や舟遊びのなどの重詰めや弁当、夜食など、三編「山家集」は生鮮物がない時の塩干物の調理法と付録に普茶料理の献立がある。

四編「談合集」は焼物等の料理法、調理器具の図を掲げている。

また巻末には料理の秘訣が書かれている。

■出汁について

出汁類については、鰹出汁、精進の出汁、生垂、垂味噌がみられるが、いずれも『料理物語』とほぼ同じである。

精進の出汁については、かんひやう（干瓢）やこんぶ（昆布）などを、水で煮出して使う、としている。

また、干なすの項に「唐なす　切てほしおく　しやうじんのだしに遣ふに一段よし」とある。

「唐なす」とは南瓜のことである。

■味噌汁について

味噌汁については味噌の別、実材の別に記述している。

赤味噌汁……「上あかみそ八分に上しろみそ弐分にしてすりまぜ煮かへしてすいのふにて濾ス但赤ばかりニては味わろし」。

白味噌汁……「上々白みそばかりよくすり　酒にてのべ　さてよきほどに水入て　煮たてすいのうにて漉す」とあり、酒と水で味噌を溶いており、出汁を使っていない。

煮ぬき汁……「常のみそ　すらずして　だしと酒とをくわへて　煮あげてすいのうにて漉す」とあり、『料理物語』の煮貫「なまだれにかつほ入せんじこしたるもの也」に、酒を加えたものになっている。

五斗味噌……「常のみそ汁のごとく仕立　煮上ケて　かげをおとし漉てよし」。

糠味噌汁……「極ふるきぬかみそをすりだしにてのべ　煮上てこし　どぶをさし　あんばいする也」。

冷　汁……「常のみそ丸め　やきていろ〱の役みをすり交　水にてのべ　煮かへし　かスをこしてさます」とある。冷やし方が面白い。「右のにかへしたる汁を　大きなるとくりへ入　口をよくして　ほり井戸へ縄にてつり下ケひやすは　一だん暑中などにはよろし」とある。垂味噌を使う例が鴨味噌にみられる。「鴨の身を酒にていりあげ　たたきて　味そにすりまぜてたれ味噌にてのべて　又煮返して用」（鴨味噌）のように、酒煎りした鴨に味噌を摺り混ぜて、垂味噌でのばしている。

常の清汁……「だしに酒とたまりとくわへ　あんばいすべし　又平などの下地にはせうゆにてからめにする也」。

生清汁……「是は酒のてうじたる上の吸ものなどにする也　水としやうゆばかりにてする」。

味噌清汁………「常のみ噌汁にたてゝ鉢に入おきて　さませば　みそはおとみてすむ也　それおみて用」。味噌を溶いて上澄みをとり、それを素地としてきたが、ここでは、上澄自体がすまし汁になっている。

塩　清　汁………「たまりにやきしほくわへ　水よきほと入　にかへし　鉢にあけ　をとませてすみたるをくむ」のように塩仕立てもある。

『素人庖丁』

一般向け家庭料理書としながらも、四季の魚料理、精進料理などの式正にこだわる。

初編　享和三（一八〇三）年
二編　文化二（一八〇五）年
三編　文政三（一八二〇）年

著者は浅野高造。

三巻三冊からなり、四季魚類之部、精進之部、雑魚仕様之部、魚鳥飯乃部、魚類粥雑吸之部、精進青物の部からなり、調理の方法が中心の記述である。

序に、「ここに著はす料理の書は式正にはあらず。七五三、五五三などは庖丁人のあづかる所なり。この書は百姓家、町家の素人に通じ、日用手料理のたよりになるべきかと献立の品々を分かち、俄客の折から台所の友ともなるべきと心を用ゆ」と記し、また「此書は料理家者流の本式に拘はらず　人家日用酒販の設に輯《あつむ》るを以て素人庖丁の題号を冠らしむ」ともあり、「実に素人方の料理したまふに有益の書なり」と、家庭料理の書であることを強調、標榜している。

しかし鶴の汁などもあり、確かに式正のしきたりなどは感じられないが、素人の日常食というのではないように感じられる。

■出汁について

出汁については、調製法の記載はなく、汁物、煮物には鰹節出汁、精進には昆布出汁を常用していると推測される。

■汁について

いくつかの仕立て例をあげてみる。

"まな鰹"を例にして

「塩仕立吸物　水洗よく三枚におろし　両肉に塩を当置　扨水より先へ鍋に塩を入て　煎付　其後に水を入る魚の肉を心任に切　湯のにへ立時肉ヲ入るなり　かつを出しにても素水にてもよし」

――塩仕立ての吸物である。魚はよく洗って三枚におろし、塩をしておく。鍋に塩を入れて乾煎りしてから水を加え、湯が煮え立ったところに適当に切った魚を入れる。鰹出汁でも水でもよい。

素地は出汁でも水でもよいとしている。塩仕立て吸物の表記は初めてである。

〝鱧摺ながし〟を例にして

「味噌汁をかつをの出しにてよきかげんに仕かけ　よくにへたちし時　はむの皮を頭ともにこまかに刻み　すいのふに入　右のみそ汁の中へ浸し　すり木ニてすれば　骨はみなすいのふにのこり　刻　すり流しの汁になるなり」

――鰹出汁で味噌汁を準備しておく。鱧の皮を頭と共に細かに刻んで水嚢に入れ、味噌汁が煮え立った味噌汁に浸し、摺り木でこする。骨は水嚢に残り、すり流しの汁になる。

このように、すり流し汁がみられる。

〝鱧吸物〟を例にして

「ほねきりにして　よきほどにきり　油に揚げる　わりねぎ　ささがきごぼう　みつば　せりの茎計　木くらげ　岩たけ　うど　くわんさう　めうが　めうがたけ　白うり　かもうり　この類にて　みそ或はすましすくず何れにてもよし　尤吸口其時の見合にすべし」

――骨切りして適当に切り油で揚げる。わり葱、ささがき牛蒡などをあしらう。味噌汁、あるいはすまし汁、莚葛汁のいずれでも良い。吸い口は時節のものを見計らって使う。

■揚物料理、多彩な吸い口を紹介しているのも、『素人庖丁』の特徴

油揚げした魚を椀種にするところが目新しいが、この書では揚物料理が数多くみられる。吸口が多彩で、ふきのとう、こせうのこ、つぶこせう、柚の皮、花、花をち、葉、せうが汁、木のめ、わさび小口ねき、梅の花、同若葉、小きくのは…など三十三点をあげ、「其外見合」とある。

『新撰庖丁梯』

「出汁」の呼称が一般化したことが見られる。現在にもある種々な出汁を指南する。

享和三（一八〇三）年

著者は杉野駿華。

「古今諸庖丁家卓識《ものしり》の秘めおけるを乞ひ、猶平日家々に煮食物《にてくらふ》といへと細書し　倚によらす取捨して卒業《そつぎょう》しぬ」

とある。専門家を訪ねて教えを乞い、平常の家庭料理のために、偏りのない知識を細かに書き記すという趣旨の書物で、古い、新しい料理を取捨選択して、現在に適したものを取り上げているともしている。

種々の出汁と調味料その使い方について詳しく説明し、その後には、いろは順に食品をあげて、本草的な解釈、適する料理、調理上の注意事項などが記述されている。

■出汁について

格言ごとく記された箇所をいくつかあげてみる。

①「煮汁《にだし》に心を用うる事専たるへし」

――何をおいても出汁を第一とすべしとし

②「古へは　下地《したじ》甘湯《あまゆ》なとの名を呼り　今はだしとのみいふ」

「出汁」の呼称が一般化したことが知られる。

③「諸煮汁《だし》を製するには　先清水二斗を鉄釜に入て煮　三歩一を減じて水嚢にて漉し　よく冷し澄せ後

ふたゝひ煮　よく〳〵沸《にや》し　其中へ乾鰹　乾瓢　昆布　椎茸の類好みに随て水量に応し投《いれ》て煮　湯たぎりたる時　四歩一を減じ　投品《だしがら》をとりあけてより　清《すま》し用に充べし」

――まず水を一度沸騰させて三分の二までつめて漉し、よく冷やしてから、再び沸騰させたところに出汁の材料を入れ、四分の三に煮詰めて出汁殻を除き、清汁用にする

さらに基本的な注意として、水は沸騰させてから用いるようにとしている。

④「何れの煮汁を製するにも　はじめ水より品味を投すれば…大に調和の味ひを損す」

――何の出汁を取るときも、材料を水から入れるのはよくない

鰹節も昆布も水から入れず、沸騰したところに入れている。

■様々な出汁の取り方について

個別の出汁の取り方は、次のようである。

【乾鰹出汁】

「乾鰹一箇よく洗ひ　上皮を去り　淡紅色なる所はかりを削り　細かにして煎水（清水を三分の二量になるまで煮て漉したもの）一升をもて煮　四歩を減して用に充つ」

――鰹節をよく洗って上皮を除き、淡紅色のところばかりを削って細かにする。煎水（清水を三分の二量になるまで煮て漉す）一升で鰹節を煮て四割を煮詰めて使う。

とあり、鰹節の選び方や水の準備は詳しいが、取り方の注意は書かれていない。

【昆布出汁】

「しばらく水に浸し　よくあらひ土砂を去りて　凡長さ一尺計に切　煎水一升五合を以て煮て一升にいたり
昆布を引あげ　煮汁を澄し用う」

――昆布はしばらく水に浸けおいてよく洗い、三十センチばかりに切る。一升五合の煎水に昆布を入れ、一升になるまで煮て引き上げる。煮汁を澄まして使う。

とあって、水量が三分の二になるまで煮るというので、現在からすると加熱時間が随分と長いことになる。加熱前に水に浸し置くとある。また「洗ひ浄《きよく》したるを　一夜水に浸し置　その水を用うる事よし　世に出汁といふの名にも叶ふとぞ」とあり、水出汁がよいとしている。

【椎茸出汁】

「香気つよきもの一升に煎水三升五合をよく沸《たぎら》し煮て　二升をとりもちう」

――薫り高い椎茸一升を、煎水三升五合を沸騰したところに入れ、二升になるまで煮て使う。

【干瓢出汁】

「かけ目拾匁　よくあらひ浄くし　煎水一升をもって煮て　六合にいたるとき干瓢をとり去　汁をすまし用う」

――干瓢十匁を良く洗い、煎水一升で煮て、六合になったところで干瓢を取り出す。煮汁を澄まして使う。

■出汁の材料について

材料についても書かれている。鰹、昆布、椎茸について要約して紹介する。

【鰹】

鰹は干したものを乾鰹《かつほふし》といい、細かに削って使うと諸味をなじませ、脾胃に良いものであるとしている。出汁のみでなく上置などに使うことも含んでの記述であろう。松魚《かつお》についてはこのように、鰹節は諸味をなじませるものとするに止まっている。

【昆布】

出汁昆布といえば、昆布屋にて酢水で処理した昆布を使うが、この類のものは酸味が出て味わいを損なうので、使ってはいけないと注意している。

【椎茸】

羹、汁、鱠、煮染等の具として精進ものゝ冠《おやだま》であり、出汁としても優れているとある。

■調味料について

「醤油　酢　味噌この三品最もえらふへき第一也」として、醤油、味噌、酢の製造法とその善悪についての詳しい記述がある。

【醤油】

「煮汁《だし》法に叶ひ美也とも醤油さし酒の悪きを用ゐは又塩梅を損す　故に醤油をえらぶべし」

――出汁はよくとれたものであっても、質の悪い醤油や酒を用いると、味わいを損ねる。従って、醤油を選ぶべきである。

美味しく仕立てるのに、醤油選びの大切さを説いている。

【味噌】

「諸饗の甘美第一なる物也　是又こゝろを用ゐ吟味すへし　本膳汁吸もの等此ものゝ善悪によりて品味を損じ濃淡の趣を異にす」

――饗宴において美味しくありたい第一のものであるから、心して吟味すべきである。本膳の汁、吸物などは味噌の良否で味わいを損じることがあり、濃い薄いの仕立て方によっても趣は違ってくるものである。

味噌の使い方が饗応の良し悪しを左右すると説いている。

■吸物について

「みそ　せうゆ　しほ共に　すべて煮汁《だし》を用るはいふ迄もなく」

――吸物は、味噌、醤油、塩で調味するもののいづれも、出汁で仕立てることはいうまでもない。

「味噌清《すまし》塩仕立」ともあることから、清汁は醤油仕立てであること、汁には、出汁を使うことが当然となっていることが知られる。

■調味、味の調え、仕立てについて

調味にある細やかな心遣いを助言している。

「本膳より外膳《にのぜん》まで心を配らせ　食をすすめ　酒を酌《くま》しむの料なれば　濃淡寒熱の趣をつくすへし」

――本膳から他の膳に至るまで心を配り、ご飯を食べ、酒を飲ませるためのものであるから、それぞれ調味の濃淡に心を配るように。

「大饗は膳まへ膳ご度々なれは酒興を妨ぐるにいたる故に　吸物は濃きを禁也」

――大きな宴会では汁が度々出されるが、酒を楽しむには吸物は濃い味を避けるようにするのがよい。

『精進献立集』

「鍛錬の人見てわらふことなかれ」との一言があるが、調理方法は極めて簡潔に記す。

初篇　文政二（一八一九）年
二篇　文政七（一八二四）年

山音亭越吉郎兵衛著。

精進料理の献立の書で、「手近き退夜料理より百年の遠忌法事に心安き献立をあぐるのみなり」とあるように、逮夜や法事の際の精進の献立で「当世流行の献立をあつめしやうじむ献立集と名づけ　切きざみ　煮たきかげんの仕様まで委く記す」としている。

初篇の献立はすべて本膳のみの一汁三〜五菜、二篇では一汁三〜五菜および二膳付きの二汁五〜九菜の例をあげている。「料理たんれんの人へ備ふとの書にあらず　誠に素人手細工りようの便りともなれかしとおもふのみなれば、鍛錬の人見てわらふことなかれ」とあるが、調理法は簡単に記すにとどまる。豆腐料理約三十品、湯葉料理約四十品、麩料理約三十品と大豆製品の料理が多い。

■出汁について

「いづれの物を煮るにも　先まへかたに　上々の山出しこんぶを水に煮出し置　たゞし少し酒を入てにる　又は水に山出しこんぶをつけて置　たかずに出すもよし」

——昆布を煮出し置くが但し酒も少し入れてにる。又は、山出し昆布を水に漬け置くだけで煮なくともよい。

■汁、吸物について

汁については、掲出のすべての汁に調味方法が記されているので、初篇、二篇に見る汁と吸物の調味についてまとめてみた。

味噌仕立てについて一言

九十一品を紹介。そのうち白味噌仕立てが七十品で、本汁の八割が白味噌仕立てである。

赤味噌と白味噌を混ぜることもあり、白味噌に赤味噌を混ぜることをあかざしというと断りがあるのは、白味噌が基本ということであろう。

本汁は味噌汁が基本とされながらも、晩夏、初秋にはすまし仕立てが九品見られ、暑さへの心遣いであろう。

二篇には二膳付きが八例掲出されているが、二汁はすべてすまし仕立てになっている。垂味噌の使用は一品のみで「白味噌　あら味噌にて　こんぶ出汁しるにのばし　すいのふにてこす」とある。

吸物について一言

飯のコースの後は酒のコースへと移行し、本書では、ほぼすべての献立が吸物になっている。

吸物は七十五品中、すまし仕立てが五十七品で八割近い。他は味噌仕立て十六品で味噌吸物の例は少ない。

残りの二品はさ湯仕立てである。さ湯仕立てはこれまでは見られなかったものである。

〝さ湯仕立て〟とは何か

「さゆしたて　さくらのり　さとうせうが　△さくらのりかんぶつやにあり　水につけひきあげそのまゝおか入もつとも　のりはすいぜんじのりにてこしらへたるものなり　△さとうづけのせうがこれもそのままおかいれ　△さゆよくにへたゝせて」（△を区切りにして各材料について述べている）
——桜のりと砂糖生姜　△桜のりは乾物屋にある。水に浸けて引き上げ、温めて置く。このの りは水前寺海苔で作ったものである。△砂糖漬けの生姜も温めておく。△さ湯はよく煮え立たせて使う。

と記述され、現在で言う桜湯であろう。

もう一つは、山芋を擂って竹の皮にのばして蒸し、角に切って中にうれしのを一つ入て、四方のすみより包んで、吸物の椀種にするものである。

■現在にはない「おか入」について

また、この書では、「おか入」が頻出するが、現在では使われないので、少し長いが引用する。

「おか入といふは、煮こみてあしきものなり　これは器にそのしなをもり　したじも入て　跡よりさしこみに入る事なり　しかし冷めては悪敷《あしき》ゆへ　あるひは　別に湯につけ　あたゝめて置入るもあり　せいろうにてむし置いれるもあり　またはしたし汁など小なべへわけて別に能くたきいるゝもあり」

――「おか入れ」とは、後で給仕する料理を冷まさずにおくことをいう。煮込みを避けたい場合、器に料理を盛って湯煎したり、蒸籠で蒸して保温する。汁の実などは、小鍋に出汁を入れて温めることもある。あまり見られない語である。

つまりは、汁の実など取り置くものを湯につけたり蒸し器に入れて冷まさないようにすることである。

これまでの汁では汁を煮立てておき、別に準備した実をそれに加えるとすることが多く、具を冷まさないでおくための特別の工夫は見られなかった。

精進料理では昆布を煮出汁、水出汁などで常用するようになっている。

『料理通』

花形料亭による総合料理書。多種多様な味噌を紹介。

初篇　文政五（一八二二）年
二篇　文政八（一八二五）年
三篇　文政十二（一八二九）年
四篇　天保六（一八三五）年

著者は、江戸の料亭八百膳の主人八百屋善四郎。

初篇は本膳、精進、会席における汁、膾などの料理例、二篇は春夏秋冬における料理例、三篇は精進料理に関する料理例、四編は普茶、卓子料理という構成である。

普茶、卓袱料理以外の調理法についての記述は少ない。

■汁について

新しい知見はないが、味噌の種類が多くみられる。座付味噌吸物には赤味噌、田舎味噌、佐野味噌、煮こし味噌、三わり味噌、常味噌、並味味噌、南部味噌、三州味噌、尾張味噌、仙台味噌、尾州味噌などの産地、等級などがみられる。

汁には、これに加えて伊勢味噌、麦麹味噌、三河味噌などの地方の味噌も見られ多彩である。

この書では吸物中、味噌吸物五十六品、すまし吸物五十八品とほぼ半ばしている。

『魚類精進　早見献立帳』

庶民のもてなし手料理書。

天保五（一八三四）年

著者は東籬亭主人。

本書の主旨は、式法による貴人の館での饗宴でなく、民間の遊宴のための手料理を集めたものである、としている。出汁や汁に関することはほとんど見られない。

魚類の部には、吸物「赤出汁　ふな」とあり、赤出汁の語がみえる。

精進の汁では、汁「ふくさ　かも瓜　ときからし」とある。現在は味噌を合わせて使うことを合わせ味噌、ふくさ味噌ともいうが、古くは、滑らかな味噌とすることもあり、どちらを指すかわからない。

『年中番菜録』

日常の惣菜を書き記す。明治に再び復刊された名著。

嘉永二（一八四九）年

著者は千馬源吾。

書名からも推察されるが、序に「関東にてはさう菜と称し　関西にて雑用のものと唱ふる献立の数〻をかき集て年中番菜録と名付け…」、「ありふれたる献立をあけ　めつらしき料理または価とふとく番さいになりかたき品は一さい取らず」とあるように、家庭の惣菜を書き記したものである。

食品名を掲げ、汁、平などに使う際の助言を簡単に記している。

出汁の調製法に関する記述はない。

■味噌汁について

「味噌汁はよくたきたるよし　すまし汁はさらりとたきたるよし　そのうちばんざいはこってりとしたるうけよし　客用はさらりとしたる　そしりすくなし」

——味噌汁はよく炊き、すまし汁は軽く炊くのがよい。番菜はこってりしたのが好まれ、客用はさらっとしたのが不満が少ない。

「味噌汁はよく炊くのがよい」ということは、現在ではむしろ戒めることである。

■汁の仕立てについて

ねぶかでは「なつ冬とも　ねぎはばん菜には第一のものなり　吸口は唐からし　柚よし　魚るいにあしらふてもよし」にみるように、出汁や味噌については触れず、汁ごとに吸口をあげ、種類が多い。からし、唐からし、木の芽、青山椒、すりごま、からし柚子、干し山椒などの名がみえ、菊菜が椀種の時は「香あるものゆへ　吸口なくてもよし」としている。

貝の汁の調味では、蛤の汁は「すましの吸口はこせう　木の芽よし」、しゞめの汁では「味噌汁は赤白ともよしすましはあまりせぬことなり」とあって、現在に近い。

汁の美味しさは調味料の味と吸口の香りを基本とし、出汁には触れていない。

■出汁を使わない煮物

出汁を使わないの例は煮物にもみられる。

かいわり菜「あぶらあげ又じきかつをにてもよし」、大根「しほ魚とせんば煮又あぶらけ　棒たらのるい取合すよし」とあるように、旨味の出る素材と共に煮ている。

とりわけ多いのは油揚で、菜の類何にも取り合わせてよいとあり、外には、昆布や鰹節、棒鱈などの干魚、するめ、身鯨、直鰹などがみえる。

また、この書は『日用手料理』として明治十六（一八八三）年に内容をそのままに復刻される。

『四季献立　会席料理秘囊抄』

訪ね歩いて見聞きした包丁法などの調理法をまとめる。

文久三（一八六三）年

池田東籬編。

序に「茶事の世に行るゝや已に久し　往古は貴族雅客の睦なりしも当時は四民の専ら楽しみとなれる」。

そこで、茶客のための膾炙《くわいせき》取合を集めることにして、諸名家に行って書付を探して四季料理の取合わせを写し書き、庖丁法や煮方などについても家々を訪ねて見聞きし、この書にまとめたとしている。

しかし、東籬は食への関心が高いとはいえ本業は絵描きであり、聞き集めたとしながら他書からの引用が多いことが指摘されている。

■出汁について

甘湯《だし》出汁とは何か

「だしは煮出しの略言なり　又下地ともいへり　精進魚類とも料理のもとなり　心を用ゆべき事也
松魚《かつを》を吟味し真を用べし　尤出し多く入ときは　上皮をけずり除　鉄づちにてうちくだくべし」

——出汁《だし》とは、煮出しの略言である。また、下地ともいう。精進もそうでない場合も出汁は料理のもとである。心すべきことである。松魚《かつお》は吟味して選び、しんばかりを使う。出汁が多量に必要なときは、上皮を削り除けて、鉄つちで打ち砕いて使う。

出汁の重要性と、削らずに砕いていた鰹節を吟味することを説いている。

精進料理に用いる出汁とは何か

「昆布　かんぴやう　しゐたけ　めうがだけ　柿の皮など用ゆべし　ねばりだしは山のいもを薄く切りて一夜水にひたし置は　ねばり出るなり」

——昆布、干瓢、椎茸、茗荷竹、柿の皮などを使う。ねばりだしは、山芋を薄く切って一晩水に浸けておくと、粘りがでてくる。

とあり、山芋を出汁に用いる「ねばり出汁」についても言及している。

■汁について

例えば、鯒《こち》の汁では「赤味噌仕たてにて　葱の小口ぎり　とうがらしのるい　すひくちニ入べし」のように、多くは出汁には触れていない。しかし、出汁については、前述のとおり「精進魚類とも料理のもとである」としており、また、汁の実に鶴、鯛の目、早松茸など贅沢な品が使われるなど、この書の性質からして、出汁を使わないというのではなく、むしろ「出汁を使うことが普通であったから」と理解するのが妥当であろう。

味噌については、赤味噌、白味噌、中味噌、垂味噌、なれ味噌の名がみられ、使い方として、赤白の味噌を合わせることが多い。

『治庖会　日本料理法』

調理教育（料理学校）の教科書。教養としての調理をまとめる。

明治三十五（一九〇二）年

赤堀峰翁　安西古満子共著。

治包会は、女子に調理教育が必要であるとして教場を開いた。

この書については「世に傳ふる所の料理法の書に説明せざる秘伝口訣などゝ称する条件も皆本書中に掲載して漏らす所なし、故に本書に據りて、之を実習せば、教師の手授口傳をまたずして自から其法を會得すべし」とあり、三百三十余りの料理を掲載している。

■出汁について

手順を含めて、具体的な出汁の取り方を紹介している。要約して紹介する。

【鰹節煮出汁】

水一升を煮立て、鰹節四十目を入て煮立たせて鍋を下ろし、一、二分置いて漉す。

一番出汁がらに水を三、四合加えて火にかけ、煮え立ったら鍋を下ろし一、二分置いて漉す。

【昆布出汁】

水一升を煮立て、二寸四角の昆布を拾枚（濡れ布巾で拭く）入れて直ちに鍋を下ろし、一、二分置いて漉す。

【徳用の出汁】

水一升を煮立て鰹節盃六坏（二十四匁）入れて煮立たせ、盃四坏の昆布を加え、直ちに鍋を下ろし、一、二分置いて漉す。

この鰹昆布出汁について、この書では徳用としているのに対して、『素人料理　年中惣菜の仕方』明治三十一（一八九八）年では、

「通常の料理の清汁は、鰹出汁を用う。若し、上等にするときは、鰹出汁と昆布出汁と半割にして淡く醤油を加ふる」

として、見解が異なっている。

出汁の取り方としては、鰹節、昆布共に沸騰水中に投入しており、江戸期と変わらない。

『宇多式　和洋家庭料理法』

出汁に加えスープの取り方が書かれている。西洋料理が実生活に浸透されつつある様子も窺える書。

大正十三（一九二四）年

著者の宇多繁野。

家庭の主婦であったが、大阪割烹学校で学んだあと家庭料理講習会を開いた。

「家庭料理は、左程六ケ敷しい物では御座いません。栄養と経済とを重んじ迅速にお料理の出来るのが、今日のご家庭に最も適はしいと存じます」

と、はしがきで述べている。

和風総菜、精進料理、行事食、缶詰料理などのほか、和洋折衷料理、惣菜向き西洋料理（ベジテーブルスープ、フライポテト、ポークソテー、シチウ）、病人食（野菜・鶏スープ、病人向茶碗蒸、ジャガ芋のこふき）など西洋風を取入れ、江戸時代とは一線を画する内容になっている。

多国籍の料理も交える日常食に、伝統的な行事食もあわせて営む現在の食への始まりを思わせる一書である。

■出汁について

出汁については、鰹節の出汁の取り方としながら、鰹昆布出汁になっている。

【一番出汁】

水一升を煮立て、沸騰したところに昆布を入れ　一分程度煮て浮き上がるとき引き上げる。鰹節二十匁を入れ、二、三分煮たてて火から下ろす、二、三分して外の器にかすが出ないように移す。

【二番出汁】

一番出汁のかすを水から二十～三十分煮て　出汁昆布五六寸加え、一分ほど煮て下ろす　煮物ならば二番出汁でよい。

【煮干出汁】

水一升が煮立ったら昆布五、六寸を入れ、一分間程して引き上げ、煮干二十尾を入れ、十四、五分間煮て、火から下し、二、三分間して外の器に移す。

頭と腸を除いて鍋に入れ、熱湯をかけ、一分ぐらいして手早くギンく\した皮を洗い落して下ごしらえする。

■汁について

味噌汁の仕立てについて言及しており、味噌汁は具を出汁で煮てから、味噌を加えるようになり、現仕の調理法に近い。

■スープについて

この書では、外国料理を実生活に持ち込むように努める姿勢が窺われ、スープの取り方については「鳥の骨一羽分、水一升、を鍋に入れて火にかける。煮立ったら昆布四、五寸入れ、二分間ほどにて昆布を引き上げ、一升を五合になるまで煮る。玉ねぎ、人参を少し入れ、、味の素を少し加える」とあり、昆布と味の素を加えている。

『宇多式　和洋家庭料理法』大正十三（一九二四）年

『料理の拵へ方五百種』

和中洋料理を採り上げた初心者向け料理書。

大正十三（一九二四）年

「家庭料理講習会」編。

大正八年のはしがきに、

「料理上手の奥の手は、常々心がけて料理の本を読み、それを実地にやってみるのが第一で、この本もその目的で作りました」

とある。編者の氏名の記載はない。

内容は食材の選び方、調理法のほか、代用食、安価料理、手軽な中国や西洋料理、会席と本膳の調え方など幅広い。初心者を対象としたもので、記述は要領を得ている。

■出汁について

取り方を示す前に「今では、味の素とか「粉末《こな》かつを」とかといって、出汁にも重宝なものが出来てゐますから、そんなに骨を折らなくてもよいやうですが、甘味《おい》しい出汁を作るには、自分でやってみねばなりません」と断りをつけている。要約をして紹介する。

【鰹節の煮汁《にだし》】

一升の水が沸騰する中に削った鰹節茶碗で二杯入れ　七、八分煮て火から下ろして漉す、と記している。

また、出汁がらは、煮る時間さえ長くすれば二度も三度も出汁が取れるとしている。

【昆布の煮汁】

昆布は水に浸して洗う。水三升に五寸切昆布二枚をいれて、あまり強くない火にかけ、今や湧き立たうとするとき火から下す、としている。

昆布を水から入れて加熱する現在の方法へと変わった始めての例である。

これより後、出汁の取り方で変化が見られるのは、昆布の加熱後の引き上げ方で、次第に必要以上の心配りがなされるようになっていく。

『家庭料理法』

「小匙三杯、大匙一杯…」の現代でも見られる親しみやすい料理書。

昭和三（一九二八）年

著者は秋穂敬子。

東京割烹女学校の校長を務める傍ら、当時の著名な専門調理人、料理学校等の調理教育者を講師陣とし、一般の家庭婦人を対象に、日常調理の実際的技術を教授することを目指す「大日本料理研究会」において家庭料理を担当している。はしがきで、ここでは、簡易にして家庭で行なはれそうな料理の作り方を述べるとしており、調味料を匙の大小で示すなど、現在の料理本に近い。

■汁と出汁について

汁については、栄養、食品の両面から科学的に論じたうえで調理法を記述し、出汁については、細かく記述している。煮出汁をとる心得として「いずれの材料も味成分は水に非常に溶けやすいので、長く煮る必要はなく、却って風味香気を失ふ。但し、魚骨や煮汁魚など生臭いものは、煮沸によって臭気を揮発させることができる」と、説明している。

鰹節と昆布の併用については「植物性と動物性とは、それぞれに特徴がある。「鰹節」と「味の素」を混用すると、一層効力を増し、風味よくし、経済上も有利であることを特筆しておく」と述べて、旨味調味料の使用を肯定している。

因みに、昆布の旨味がグルタミン酸に由来することが見出されたのは一九〇八年のことで、これが「味の素」として商品化される。

一方、鰹節の旨味がイノシン酸であることが知られたのは一九一三年で、その後、両旨味成分の間に相乗効果が認められ一九六〇年ごろ複合調味料が市販されるようになる。

■出汁の取り方について

ここでは、鰹昆布出汁については触れてなく、出汁と言えば鰹節出汁である。要約して出汁の取り方を紹介する。

極上等な煮出汁の場合では

水一升が沸騰したら、鰹節四十匁を入れ、二、三回転がったら（この間三十秒）直ぐ火から下ろして漉す。

最も経済的な上等煮出汁の場合では

水と鰹節で極上出汁のように煮出汁を取り、これに味の素一匁（茶匙一坏）を加える。

何故「経済的」なのか、その根拠を極上煮出しをもとに費用を比較計算している。

「鰹節を十匁二十銭とすれば一升の煮出汁は金八拾銭也の材料費を要するが、味の素一匁を金八銭と見積ると金二十八銭で仕上がり、味においてはむしろ優れた感がある」と家計を意識した記述があるのは、注目に値するものである。

水で取る煮出汁の場合では

鰹節二十匁は薄く削って器に入れ、升《ます》一升の水を少し高くから瀧のやうに落入れる　杓子で鰹節を掬っては落すことを数回繰返して、十分置いて漉す、味の素を入れて用いる。

浸し物や茶碗蒸等によく、この方法では、二番出汁が取れないほど味がよく出てしまうという。

二番出汁の場合では

煮出汁を取った滓と残した鰹節の表面の黒い處を鍋に入れ、水一升を加へて火にかけ、少し煮つめる位にして漉す。

野菜の煮物、蕎麦汁、味噌仕立てなら吸物用としても使う。

色がついているので白味噌には適さないが、惣菜用のお汁《つゆ》には、味の素でも加えればよいとしている。

削節の煮出汁の場合では

水一升が沸騰したところに削節十五匁を入れ、冷水を一合加えて再沸騰したら火からおろして漉す。

削節は市販のものであろうか、薄く削られているからと推測されるが鰹節量が少なく、加熱時間が長い。

用途が示されていないが、質的には低い出汁なのであろう。

昆布煮出汁の場合では

昆布は堅く絞った濡布巾で拭く　水一升が将に沸騰せんとするところへ昆布四寸角五枚を入れ　沸騰したら火から下ろし　約二分蒸らして昆布が鍋底へ着くのを待って漉す。

■汁について

吸物として五品、茶碗盛として三品、椀盛として三品の例を挙げているが、味噌汁、清汁の名称はみられない。

『食物調理指導書』

調理実習の指導書として、レシピの計量は細かく記されている。
現在の鰹昆布出汁の原型を見ることができる。

昭和七（一九三二）年

奈良女子高等師範学校内佐保会の編集。女子中等諸学校の食物調理実習指導書として編纂したもので、序に「学校教育は、日常生活に即したものでなければならない。しかし、実用的であればということで、旧来の伝統に囚われ、何ら工夫、研究の跡を認めないものであってはならない」とし、計量の単位はg、mlで、米もgで表示し、計量スプーンで計量した塩、砂糖、バターなどの重量も示している。

■出汁の取り方について

鰹節出汁の場合では

水八dlが沸騰したら薄く削った鰹節二十gを入れて、直ぐ火を止めて上澄をとる。

煮出汁をとる時に蓋をすると、鰹節臭くなるとしている。

煮出汁の場合では

水八dlに昆布五gを入れて火にかける。沸騰したら昆布を引き上げて鰹節十五gを入れて、すぐ火を消して漉す。

この方法は現在の鰹昆布出汁の取り方の原型といえよう。

また、単に出汁といえば鰹昆布出汁を指す初めての例である。

■シチューに見る肉煮出汁

因みに、シチューでは肉煮出汁を使うとあり、鳥をさばいて、肉は切り分け、骨は敲いて水に入れて煮出汁を作るとあり、肉煮出汁の代わりに煮出汁や水でもよいとしている。

蛤の潮汁には「蛤は水と共に鍋に入れて煮る」とあって、初めて、蛤を水から加熱するようになった。

『日本料理精説』

一般家庭でも用いられた割烹料理書。

昭和八（一九三三）年

小林梅吉著。

日本料理研究会師範で、一流料亭の主任を歴任する一方、割烹学校などの教員らの指導にもあたる。

日本料理研究会長竹内薫兵は序において、「日本料理道の本流、大草流、四條流伝ふる所の書物は、あまりにも礼儀に拘泥し過ぎて居り、近来の料理書は、概ね家庭料理に堕している観がある」と述べ、また、同研究会師範渋谷利喜太郎は「序　本書が専門技術者には勿論亦一般ご家庭にも欠くべからざる割烹教科書であることを確く信じる」としている。

自序は「実際に料亭の料理場に庖丁をとりつつあるものの著書はほとんどなく、その説くところは所謂素人向きにて御家庭料理の域を出ざるもの多し。筆者はこれにあきたらず、日本料理をその職とせらるゝ方々のために斯道四十数年の蘊蓄を披露して御参考たらしめんとす」と述べている。

しかし、「鯛の塩焼も鰯の塩焼も家庭料理、たとへ手のかゝるむづかしき料理も御家庭にて調理すれば家庭料理と云ふべく、これをとりたてて区別するは困難なり」とあって、家庭料理のための特別の配慮は見られない。料亭料理と家庭料理の違いを上下の関係で捉えたうえで、専門家が素人に向けて書いたものと言えよう。

以後、教科書の内容が、専門家の調理法を目指していったことが理解される序である。出汁については、鰹節出汁とあるが、鰹昆布出汁である。出汁と汁について要約して紹介する。

■出汁の取り方について

鰹節出汁の場合では

水四合を煮立て、沸騰したら鰹節小一本を削って入れ　二、三回ぐらと煮立ったとき、昆布三寸三枚を入れ、火から下ろす。おどませて漉す。

鰹節、昆布ともに、沸騰水中に入れている。鰹節は生温湯で二、三分煮てから皮を包丁でかきとり、亀の子たわしでよく洗って周りの上皮を削って用いるとしている。

■汁について

三州味噌汁の場合では

味噌を手でかためて包丁で薄く切り、鍋へ入れ、適度に水を入れてかき回し、火にかける。鰹ぶしを入れ、沸立てゝ火よりおろし漉す。

三州味噌汁については、「これをおどまして上ずみだけを使うのを味噌すましと云ふ」とある。出汁の取り方、汁の仕立て方は江戸期の方法に近い。

また、「本膳の汁は好みは別として、ふつうは白味噌汁を用ふ。二の膳の汁は、汁と称してもすましなれば心得置かれたし」と、本膳の汁について注意を喚起している。

『日本料理独習書』

多くの支持を得た料理本。「節昆布出汁」と鰹節と昆布の出汁を称する。

昭和二十六（一九五一）年

著者は小林完。

大学商学部卒業。食料研究、料理研究会を組織、女学校、高等学校などの講師をつとめ、のちに日本家庭料理学校を経営する一方、「大日本料理研究会」にも所属している。

この書が日本料理の家庭教師としての役目を果たすことを願うとも記し、内容豊富な書である。

主婦の友社の独習書全集のうちの一冊で三年間に三十六版を数え、評判の書であったのだろう。

■出汁について

それぞれについて要約して紹介する。

鰹節の出汁の場合では

水一升を煮立て　削った鰹節二十匁を入れ　ふっと一煮立ちしたら　塩大さじ一杯を加えて火から下ろす

鰹節がしずんだら濾す。

長く煮たり、火からおろして長く置くと汁が濁ったり、溶けた蛋白質が鰹節に吸収されるので注意する。

一番出汁は相当に濃いので、適宜薄めて使う。味の素を補えば三倍いくらいに薄めても美味しいとある。

鰹節二番出汁の場合では

水一升を煮立て、一番出汁の鰹節二十匁の残りと血合い十匁を入れ、二、三分煮て火から下ろし、そのまま置いて漉す。

濁り汁や煮物につかう。出し殻は、野菜と炊き合わせたり、砂糖と醤油で甘からく炒り煮にする。

鰹昆布出汁の場合では

水一升に昆布十gを入れて火にかける　昆布がふっと浮き上がってきたら引き出す　さらに煮たったら鰹節十匁を入れ　一煮立させる　火から下ろして漉す。

残りの昆布と鰹節は五合の水を加えて二番出汁をとり、残りの昆布は、野菜と煮合せたり、佃煮に利用する。

節昆布出汁としているが、鰹節と昆布を併用していることを示す初めての語である。

昆布出汁の場合では

一　水一升　昆布三十匁　水に昆布を浸して四、五時間置く

二　水一升　昆布二十匁　水に昆布を入れて火にかけ　昆布が浮き上がったら火から下ろして漉す

昆布出汁をとった後の昆布は、乾かすと二番出汁にも使え、また精進、魚料理に合うことを記述している。

『日本料理』

包丁法から調理、盛り付けを初心者向けに。つきじ田村の初代店主が綴る。

昭和三十七（一九六二）年

著者は田村平治。

京都瓢亭において茶懐石にもとづく伝統的日本料理を修める。

つきじ田村初代店主。長年、女子栄養大学の講師を務める。

本書は庖丁法から始まり、調理法、盛り付けの仕方までを初心者向けに平易に、丁寧に記述している。

汁物については分類、調理上の心得、出汁の取り方などに触れている。

■出汁について

出汁の取り方についてを要約して紹介する。

一番出汁の場合では

切れ目を入れた昆布二ｇを六カップの水に入れて火にかける　沸騰寸前に昆布を引き出す　煮立ったら水を差し　鰹節二十五ｇを入れる　すぐに火から下ろす　鰹節が沈んだら漉す。

昆布を併用しているが、鰹節が主体の出汁である。

二番出汁の場合では

一番出汁をとった後の昆布と鰹節に五カップの水を加えて火にかけ、煮立ったら昆布だけ取り出し、あと少々煮て漉す。

二番出汁においても昆布を煮立つとすぐに取り出すのは、昆布臭くなることを避けるためということであろうか。

煮干出汁の場合では

煮干は頭とわたをとって細かく裂くか、包丁で刻む。鍋に水六カップと昆布二ｇ、煮干三十ｇを入れて火にかけ、中火で煮出す。沸騰直前に昆布を取り出し、沸騰したらすぐ火を止めて濾す。

昆布を沸騰直前に取り出すには、その臭さから煮干しの特長的な香りを損ねると考えてのことであろうか。

『料理　考え方と作り方』

煮る、焼くなどの調理方法別に掲載する。また健康づくりに食が大切なことを記す。

昭和三十八（一九六三）年

著者は熊田ムメ。
広島高等女学校教諭、東京帝大病院特別調理所主任、文部省師範学校教科書の編纂委員などを経て、広島女学院大学教授を務める。北大路魯山人の妻であった時期もある。調理の基礎的な学習は、煮る、焼くなどの基礎的調理法の修得にあるとの考えから個々の料理は調理法別に列挙し、一方で健康に対する配慮も大切であるとして六つの基礎食品をもとにした献立の立て方にも触れている。

■出汁について

鰹出汁の場合では

水二〇〇〇瓩が煮立ったら薄く削った鰹節二～六瓦を入れ三十秒～一分沸騰させ、火から下ろし　静かに置いて上澄みをとる。

鰹節は極めて薄くかき、かきたてがよい。分量は鰹節の産地、種類、用途によって異なり、沸騰時間は鰹節の量、種類、出汁の量によって加減する。鰹節を多く使用した場合には二番出汁をとる。

昆布出汁の場合では

昆布一、五瓦は予め湿らせて置き　二〇〇竓の微温湯に入れ湯が煮立つ直前　出汁が出たのを度として引き上げる。

昆布の分量は用途、産地、生育度にもよることと、沸騰直前に昆布を引き上げることを旨にしている。

水出汁の場合では

昆布は一夜水に浸け、そのまま粘りのある汁を火にかけて上に浮き上る粘りを除いて使う。

口ざわりの軟らかいコクがあるから、動物性の煮出汁に加えるとよいとしている。

鰹・昆布出汁については記述がないが、科学調味料に触れ「イノシン酸ナトリウム、グルタミン酸ナトリウムなどに属する調味料で、非常にすぐれた製品が多くなってきた。汁や酢の物等に少量使用って美味しい。使用法を考えて、小量適時用うのに便利である」と、旨味調味料の使用を否定していない。

■汁について

「味噌汁は、日本独特の味噌の旨味と栄養と芳香とを慕って出来た料理である。煮え加減と温度、すなわち和味、香を最も尊重する料理である」とある。従来、味噌汁の香りは吸口による香りを重んじる傾向があったが、現在のように味噌の香りを大事とする指摘は、このあたりから言われるようになったのであろうか。清汁については「煮出汁の上澄を火にかけ、沸騰して直ちに、約一％の塩を加える。沸騰後ただちに醤油を約一％加え煮立ち加減を見て椀に盛る。決して煮過ぎてはいけない」とある。「直ちに」「決して」など、仕立てに細心の注意を求める記述になっている。

『現代日本料理法総覧』

江戸期において日本料理の基礎が確立したことを感じさせる総合料理書。

昭和四十三（一九六八）年

著者は清水桂一。

クッキングスクールの校長を務め、自序によれば、『日本料理法大全』に、徳川時代から明治初年にいたる料理を収集、ここでは明治二十年から昭和十年までの間、日本料理として行われたものを一万種以上集め、ほぼ網羅していると述べている。しかし、江戸期の料理本から引用したものも少なからず見られ、それに、解説をつける形になっている。

■出汁について

鰹出汁（明治三十年ごろの出汁のひき方）「鰹節をかいたもの一升に水一升五合を入れて、煎じて、味わって、うま味のよい加減のとき、かつおぶしをあげる」とあり、これは『料理物語』と近似し、常のすまし、生清《きすま》し、味噌清汁、塩清汁の各語については『料理早指南』と、ほぼ同じである。

明治期の出汁のとり方は、鰹節、昆布ともに沸騰水中に投じるなど、江戸期と変わらないと言ってよい。

一つには、江戸期において日本料理の基礎が確立したこと、二つには、西洋からの新しい料理への関心が高まってきたことなどが理由であろう。

『上田フサのおそうざい手ほどき』

調味料の量を、すべての材料に対する割合で示し、誰もがその味を共有できる画期的な書。

昭和五十六（一九八一）年

著者は上田フサ。

女子栄養学園卒業後、戦前の朝鮮総督府衛生課に勤務。戦後は女子栄養大学に勤め、同校名誉教授。

調理は伝統的でありながら科学的根拠を基本とする。

なかでも調味料の使用量をすべて材料に対する割合で示していることが大きな特徴であろう。

そのことは、出来上がりの料理の味を数値で表すことでもあり、○％の塩味といえば、誰もがその味を共有できる画期的なことといえよう。

■出汁について

出汁の取り方とあるが、鰹昆布出汁となっている。

「水三、五カップに、乾いた布巾で拭いた昆布七g（水の一％）をいれて中火にかける。煮立つ直前、昆布が浮き上がろうとするときに手早く引き上げる。この間五～六分の火加減が適当。水大さじ一杯を差して沸騰を抑えて鰹節（薄く削ったもの）十五g（水の二％）を一面に入れ、煮立たない火加減で約一分おき、火を止めて約三分、鰹が沈むのを待つ。ボウルにこし器をかけ、出汁がらを動かさないように上澄を静かに移す」

とあり、極めて細やかに指示している。

昆布出汁の三つの方法

① 水と水の一%の昆布を中火にかけ、沸騰直前に昆布をとる
② 約八十度の湯に昆布を入れ　沸騰直前まで約三分かかる火加減にし、昆布をとる
③ 水に昆布を入れて三十分〜一時間置く　気温、水温が低い時は一晩置く

「精進出汁」ともいい、懐石や会席の箸洗い（小吸物）の素地に使う。

■菜について

菜についても極めて丁寧な調理法になっている。魚の煮物とほうれん草のお浸しを書き出してみる。

〝カサゴの煮つけ〟を例にして

魚の煮物は酒と醤油が煮汁で出汁は使わず、沸騰したところに入れる。

① 下ごしらえして、水洗いする。
② 平なべで酒、水、みりん、醤油を煮立てる（醤油三分の一の量は残しておく）魚が浸る程度に水の量を調節する。
③ 表を上にして魚を並べ入、落しぶたと本ぶたをする。
④ ふたたび煮立ったら、中火で十五〜二十分、煮汁が三分の一の量になるまで煮る。途中二〜三回鍋を傾けて、

汁を魚にかける。時間が半ばを過ぎたころ、残りの醤油を入れる。汁につやが出てきたら本ぶたを外してよい。

"ほうれん草のお浸し"を例にして

①洗う　株根に二〜四の切れ目を入れる。

②茹でる　ほうれん草の五倍重量以上の沸騰湯に〇・五％の塩を加え、強火にし、ほうれん草を根本の方から入れる。十五〜二十秒後に、葉の方を押し入れ、ふたをして約一分茹でる。上下を返し、二〜三分後に茹で加減をみる。

③水冷する　水をかけ流して冷やし、同時に灰汁出しをする。（茹で加減や水晒し時間を知るには経験が必要）。

④水切　根本をまとめ、笊かまな板の上で自然に水切りする。

⑤切る　料理、器に合わせて切る。

⑥下味　醤油を出汁で割り、三分の一の量をかけて軽く混ぜる。混ぜ過ぎは禁物。

⑦絞る　二回に分け、両手で包んで、軽く水気をきる。（生の重量の七十五〜八十％になるのが良いしぼり加減）。

⑧本味　残りの割醤油をかける。

⑨盛る　器に小高く盛、残った汁をかける。

⑤〜⑨は食卓に出す直前に行うとある。

当時は、グルメの風潮が強まる中、お惣菜ではあっても、ひと手間かけてこその料理が望ましいとされて、簡単な調理法は手抜き料理とよばれ、表に出すことは憚られた。

『基本調理テキスト』

現在に重用される一番出汁の昆布の旨味成分を分析する。

平成十（一九九八）年

筆者著。

近年は出汁の素の使用が普通になったことに加えて家族数が減少して出汁の使用量も少なくなり、二番出汁が必要とされなくなった。それならば、一番出汁に昆布の旨味成分を出しきるのが望ましい。

実験の結果から、昆布は沸騰温度に達すると旨味成分が溶出しやすいことから、昆布を沸騰前に取り出さないまま、鰹節を加えて共に煮てから漉すことを提唱している。

一般に、昆布は沸騰させると昆布くさくなるとされてきたが、家庭用の昆布を使用する限り沸騰しても昆布くさくなることはない。昆布くさいというのは、香りの強さを指すのではなく、料理屋のように上等昆布を大量に使って沸騰させると、溶出する旨味量が過度になってくどく感じるようになり、そのくどさを昆布くさいと表現していることが明らかになっている。

そこで「水二カップに昆布四ｇ入れ十分程おく。火にかけて五、六分で沸騰させ、煮立ったら鰹節八ｇを入れ三十秒くらい加熱して火を止め、三分ぐらいして漉す」というものである。

昆布の旨味は溶出しきっているが、おでんや佃煮に活用できる。

■菜について

菜についても、核家族化による家族数の減少、女性の社会進出、野菜の灰汁の減少、強い火力の加熱器具、簡便な調理器具の普及等々、調理を取り巻く環境の急速な変化を背景に、調理法も変化せざるを得ない。

ひと手間かけての掛け声は次第に潜まって、簡便で手早い料理が日の目を見るようになる。

煮魚は「煮汁の沸騰を待つことはせず、冷たい煮汁に魚を入て煮始める」。家族数が少ないと煮汁を沸騰させてから魚を入れるのでは、煮汁が詰まってしまうからである。

ほうれん草のお浸しは「初めに切って茹でる」家庭では、料理屋のように切り揃えて器に盛ることはない。茹でたほうれん草を水にとって拾い集め揃える手間を省くためである。

茶碗蒸しは卵液を漉すことはしない。茶碗蒸しは、かつての料理書では、卵液を漉すのは丁寧にするならばと注が付されていた。

また、蒸し器を使わずとも、普通鍋で蒸すこともすすめている。

『野崎洋光が考える　美味しい法則』

和食第一人者の出汁への考えが赤裸々に綴られている。

平成二十八（二〇一六）年

著者は野崎洋光。

料亭「分とく山」の総料理長を務めるかたわら、料理屋料理と家庭料理とは異なって然るべきと視座を定めたうえで、和食の専門家としてテレビ出演や執筆活動を活発におこない幅広い支持を得ている。

料理人としては、従来の考えや技に捉わらず、自身の経験から生み出された独自の調理論、調理法を展開する。一、二の例をあげれば、素材本来の味を生かすことを基本とし、実沢山の汁や、動物性食品を併用する汁や煮物など、素材からの呈味が期待されるときは、出汁よりはむしろ水が良いとする。

出汁が過剰に評価される現下において、再考を促す一事である。加熱温度については、沸騰温度を避け、葉物は八〇度前後、肉類は七〇度前後の加熱が適温であるとし、出汁についても同じであるとしている。

■出汁について

【鰹昆布出汁の取り方】

一番出汁の場合では

ボウルにポットの湯五百mlを入れ、五cm角昆布一枚（三g）、削り節ひとつかみ（五g）を加える。一分おいて漉す。

二番出汁の場合では

ボウルに一回目の昆布と削り節を入れ、湯二百五十ml（一回目の半分）をポットから直接注ぎ入れ、五分おいて漉す。

三番出汁の場合では

他書では二番出汁殻をぽん酢につけ、残りの味成分を溶出させて、三番出汁と呼んでいる。茹でた野菜に絡めてお浸しにするなど出汁殻の活用を勧めている。

【煮干し出汁の取り方】

二番出汁までとり、一番出汁は水につけおくだけである。

一番出汁の場合では

ボウルに水五百ml、煮干し十gを入れ、二〜三時間おき、煮干しを引き上げる

二番出汁の場合では

出汁殻の利用法についても、次のように触れている。

鍋に一回目の煮干し、水五百ml、昆布（五㎝角）一枚を入れて火にかけ、沸騰したら漉す。

■菜について

野菜、魚・肉ともに、下ごしらえとして霜降りすることが多く、雑味や脂肪分などが抜けてさっぱりした仕上がりになるとしている。

また、料理によっては、理由を述べながら従来とは異なる調理方法を示している。

煮魚の場合では

霜降りにしておけば、冷たい煮汁から煮てもうま味が逃げることはない。

ほうれん草を茹でるときは塩の必要なく、茹で湯の温度が下がり過ぎないようにすることの方が大切。

南瓜の煮物の場合では

南瓜自体に甘味があるので出汁は使わず水で煮てもよい。牛蒡は香りを失うので水にさらす必要はない。

里芋の煮物の場合では

家庭料理ならば、とろみがある方がご飯のおかずに合い、下茹でしなくてよいとするなどの例がある。

そして、正しい調理法は一つとは限らず、環境や家庭によってそれぞれに適した料理法があってよく、そのためには「なぜ、そうするのか」を考えることが必要と説く。

まとめ

一汁三菜が献立の基本とされるが、いま少し簡単にといえば、一汁二菜、一汁一菜と菜の数は減っても汁は一つのまま残される。とりわけ、本膳形式においては、各膳に汁がつくなど、汁は献立の上で重い役割をもってきた。また、汁は多量の液体が主体の料理なので、液体である出汁の良否がおいしさを左右することは容易に考えられる。

現在では、鰹節と昆布を併用する鰹昆布出汁が、日本人の味覚を育ててきた味として尊重されるが、四、五十年前のころ、東京で自宅の味噌汁の出汁は何かを質問すると、八割は鰹節のみで昆布は使っていなかった。

単に出汁とのみ言えば鰹節出汁を指すのは、江戸初期の『料理物語』まで待つことになるが、出汁を使って汁を仕立てるようになるのは『大草殿より相伝の聞書』からで、出汁とは言わないが実態は鰹出汁で、その歴史は、五〇〇年に近い。

一方、鰹昆布出汁を単に出汁というようになるのは、一九〇〇年代に入ってからのことである。

鰹節と昆布を併用して出汁をとることは江戸期から行われていたが、鰹節も昆布も沸騰水中に投入しており、昆布は水から入れ、鰹節は沸騰水中に入れる現在の取り方に変わるのは、一九〇〇年初頭である。

以後、出汁の取り方で変化が見られるのは、昆布の扱いである。

- 「…沸騰した時、昆布を引き上げ…」（一九三二年）
- 「…沸騰寸前に昆布を引き出す…」（一九六二年）
- 「湯が煮立つ直前　出汁が出たのを度として引き上げる」（一九六三年）
- 「…煮立つ直前、こぶが浮き上がろうとするときに手早く引き上げる」（一九八一年）

このように次第に難しくなっていく。

北大路魯山人は『料理大国』（一九六〇年）において、

「水でほとばせた昆布を熱湯の中へサッと通す。それでよい。～中略～　量はどのくらい入れるかは実習すれば、すぐにわかることである。この出汁は鯛の潮などの時はなくてはならない」、

また、

「鍋の一方から長い昆布をを入れ、底をくぐらして一方から引上げる方法もある。この引出し昆布の方法ならば、どのような食通も文句の言いようがない」

と述べ、極めて短時間でよいとしている。

食通で知られる著者の調理法は、調理に関係する料理研究家や教員にも大きな影響を及ぼしたであろう。

また出汁への関心が高まる一方で、実際には「出汁の素」の使用が一般化している。

懸念されるのは「出汁の素」の風味が、鰹節や昆布のそれとは違うものになっていることである。

コラム　羹　―あつもの―

「アツモノとは、熱きに宜しき物なるをいひし也」と、新井白石は『東雅』に記している。

『正倉院文書』にも見える古い言葉で、汁気が多い煮物あるいは具が多い汁物と想像される。

出汁が使われるようになって、汁と煮物がそれぞれに独立していく、近世以降に廃れていった料理名である。

また、中世の精進料理においては、羹と呼ぶ動物性食品をまねたもどき食品があり、食禁の暮らしの中で、食に満足感を与えるものであった。

砂糖羊羹が今に引き継がれている。

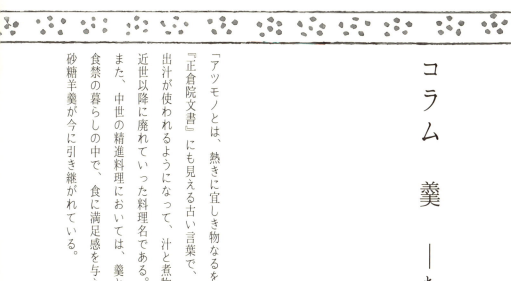

古代の文献から、汁に関する語を拾うと、『正倉院文書』（七〇一～七八一年）、

『万葉集』（七〇〇～七八〇年頃）、

『倭名類聚抄』延長八（九三〇）年～承平五（九三五頃）年に「羹」が見え、

『延喜式』（九二七年）、『江家次第』『厨事類記』（推定一二九五年頃）で「羹」に「汁」が加わる。

遅れて、『書言字考節用集』（一五〇〇年頃）で「吸物」がみられるようになる。

「羹」は、古代から中世までは盛んに使われたが、近世以降すたれていった料理用語である。

『正倉院文書』（大宝～宝亀年間（七〇一～七八一年））

『正倉院文書』には料理に関する語として、羹、煮物、茹物、和え物、生物がみられる。煮物があるところから、羹は汁を指すのであろうか。


万葉集「醤酢に蒜搗き合てて鯛願ふ　われにな見せそ　水葱《なぎ》の羹」の羹は汁とも、煮物とも判断がつかない。

水葱はほていあおいに似た水生植物で、美味しい野菜ではなかったのであろう。

近年一度見かけたが、栽培され続けている野菜ではない。

【表】料理に使用する調味料の量（勺）

	塩	醤	麁醤	未醤	豉	酢	酒	搗粕	汁粕	糖	芥子
汁物	2	2	4	2		2	2		6・1		4
羹	5	1		1			1				

『延喜式』（延長五〔九二七〕年）

料理名としては、汁物、羹、熬菜、茹菜、生菜、海菜、好物および菓餅、索餅、薄餅がみられる。

『正倉院文書』とは逆に、煮物のかわりに汁物が見えることから、ここでは羹が煮物に相当するのであろうか。

『倭名類聚抄』（延長八〔九三〇〕～承平五〔九三五〕年）

菜羹類の項に「羹（阿豆毛乃）」とあり、「〝あつもの〟と読む」としている。

続いて説明があり、「楚辭注云有菜曰羹（音庚和名阿豆毛乃）無菜曰臛（呼各反和名上同今案以魚鳥肉為羹也）」とあって、汁の實に野菜を用いるときは羹、魚鳥肉を用いるときは臛と呼ぶとしている。

この書には、汁、煮の語がないところから、羹は汁物と煮物を兼ねる語とも考えられる。

更に、臛物（以利毛乃）について、「少汁臛也」（いり物は汁が少ない臛である）とあることから、羹または臛は、汁があることを示唆している。

『江家次第』（平安後期〔十一世紀末～十二世紀初頭〕）

料理名としては、蚫羹、雉羹があり、出現頻度は、蚫羹十三、雉羹一である。これまで、羹は汁気の多い煮物あるいは、実沢山の汁であろうと推察してきたが、ここでは、「次供二蚫御羹一、二行（内膳供レ之以二件御盤一）」、「供二蚫羹一撤二索餅一」のように、盤に盛るとあるところから、汁ではなく、汁気が少ない煮物であろう。

『厨事類記』（承暦四〔一〇八〇〕年〜永仁三〔一二九五〕年）

二例の羹がみられ、「御汁物二坏。鮑羹一坏。一坏其色不定」とあり、汁二坏のうちひとつは鮑羹であるとしており、また、鮑羹は臛汁とある事から、汁物扱いである。

『色葉字類抄』（天養元〔一一四四〕年〜治承五〔一一八一〕年）

「羹《アツモノ》享同膮《ケウ》同臛《カク》同呼各反魚鳥」とある。羹は精進、臛は魚鳥のアツモノであるとしているが、羹がどのような料理であるかの説明はない。

『庭訓往来』（天文五〔一五三六〕年写し）

点心者として「龜羹、羊羹、猪羹、松露羹、驢腸羹、筍羊羹、鮮羹、海老羹、寸金羹、月鼠羹、雲鱣羹、砂糖羊羹、白魚羹、𦍌羹」があげられ、また御時之汁者として豆腐羹、辛辣羹の名がみられる。

禅宗渡来のころ、戒律によって動物性食品を食べることを禁じた禅宗寺院では、植物性食品で動物の身に似せたもどき料理を調理し、これを羹といった。

寺院の食事は、朝食の粥座、昼食の斎座と、夜の薬石である。点心は昼食のこととも、軽い食事代わりになるものとして薬石として出されるものともされる。

『扶翼』に龜羹「拵やう、摺立の山の芋壱升、砂糖一斤、こし粉の赤小豆一升、小麦の粉五勺、ねり合せ、むして龜甲の形に切る也」とあり、また砂糖羊羹は小豆餡をくず粉などで固め、砂糖を加えたもので、いずれも甘い蒸し菓子と推測される。

『庖丁聞書』（天文九〔一五四〇〕～元和五〔一六一九〕年推定）

「魚羹とはかんを魚形にして盛。龜足指す也。惣じて羹は四十八かんの拵様有といへども。多は其形によりて名有。出所口傳」としている。また、「三峯膳の羹は。五斗土器に羹三色。杉盛にして出す也」とあり、杉盛から察して、これも蒸物や寄物のようなものではなかったかと推測されるが詳細は分からない。

『邦訳 日葡辞書』（慶長八〔一六〇三〕年）

「羹　ある種のおいしい料理」とあり、「魚羹　ある調味を加えた煮魚で作ったある料理」、「香羹　香ばしい羹あるおいしい料理」、「龜羹　豆その他の物で作る甘い食物」、「猪羹　豆やその他の物で作る甘い食物」、「羊羹　豆に粗糖を混ぜて捏ねたもので作った食物」、砂糖羊羹「豆と砂糖で作る、甘い板菓子の一種」の六種がみられる。

美味しい食べ物とされ、三種は料理、二種は菓子に近いものになっている。

『りうりの書』（天正元〔一五七三〕年）

「さうかん　さうにのこをあまたあつめてするものなり」とあり、訳すと「雑煮の具をいろいろあつめたものである」となるが、さうかんを多種類の具材を用いる雑羹としてよいか否か迷うところである。

『料理塩梅集』（寛文八〔一六六八〕年）

羊羹として小豆一升、葛の粉二合、砂糖一斤を原料とする蒸羊羹の作り方を示している。

『東雅』（享保二〔一七一七〕年序）

「アツモノとは、熱きに宜しき物なるをいひし也。即今の俗、汁といふものこれ也」と、新井白石は記している。

『倭訓栞』（安永六〔一七七七〕～文久二〔一八六二〕年）

「あつもの　新撰字鏡に羮をよめり、熱物の義也　今いふ汁也といへり」とある。

『料理網目調味抄』（享保十五〔一七三〇〕年）

「羹汁液煮物吸物皆羹也」、汁之部「臛《しる》、饌《しる》、液《しる》、皆羹也」、煮物之部「羹也大概汁に同じおなじ少の差別あり」などの記述がある。汁や煮物、吸物などはいずれも羹で、汁と煮物の差は小さいとしている。

「饗応いかほど美饌を尽し取合に心を費とも　羹の飪《ニヘバナ》をうしなひ　焼ものゝ冷さハ無下の下手也」ともある。

『貞丈雑記』（宝暦十三〔一七六三〕年以降）

「あつものといふは　今の吸物の事也」と、吸物のみを羹としている。

『新撰庖丁梯』（享和三〔一八〇三〕年）

料理を「汁（吸物）、羹（平皿、坪皿、菓子椀類）、焼物（いり付、田楽）、膾（さしみ、あへもの）に区分しており、羹物の例として、「吸物　羹物《にもの》　遨付《いりつけ》　煮魚《にさかな》の方」の箇所に、煮冷し、うすくず、せんば、こくせう等をあげている。

羹を煮物とする最後に近い例であろう。

また、「精饌《ごちそう》　長座なときは　一羹濃《こうこ》き時は一羹淡《こうみずくさ》く　とかく濃《じょう》に偏《かたよる》に淡《たん》に偏なるは拙きの限り也」とあり、羹を料理全般を指す語として幅広く捉えている。

『塵袋』（文政元〔一八一八〕〜天保元〔一八三〇〕年）

「アツモノト云ハ　何ニテモアックニタルヲ云フ歟」とあり、汁物、煮物などの区分をせず、また、「…云フ歟」と疑問を残す記述になっており、すでに一般的に使われることはなくなっていたのではないかと推察される。

『料理通』（初篇：文政五〔一八二二〕年）／（二篇：（文政八〔一八二五〕年）（三篇：〔文政十二〔一八二九〕年〕）／（四篇：〔一八三五〕年）

「三羹は中華の沙汰なり　いかにとならば龜羹はすっぽんの羹也　羊羹はひつじの羹也　牛羹は牛の羹也　以て日本にては三羹を菓子に直して　所謂　べつかんは小麦焼也　羊羹は皆知る所也　牛羹は牛皮飴也」とある。

羹は、もとは中国の料理であるが、日本では菓子になったとしている。以後、現在まで羹は殆ど見ることがない。

羹とは、つまるところ、汁物や煮物など汁気《しるけ》のある熱い料理をさしたとしてよいであろう。

汁物と煮物の区分がされない古代から使われてきた語であるが、一五〇〇年ころから、出汁が使われるようになって汁物と煮物が区分されるようになると、次第に姿を消していった。

その中で、中世の精進料理において、動物性食品の形をまねたもどき食品の羹が存在し、特異なものとして定義される必要がある。

もどき食品とはいえ、食禁の暮しにおいて食に満足感を与えるものとしてそれなりの価値が認められる。

現在では、砂糖羊羹が菓子としてひきつがれている。

参考文献

【「ハレ」の日の食事／「ケ」の献立—日本人の日常の食事—】

■『甘藷百珍』珍古堂主人著　吉井始子編
　『翻刻　江戸時代料理本集成　第五巻』　臨川書店　一九八一年

■「日本人の主食の歴史」小山修三、五島淑子著
　『論集　東アジアの食事文化』所収　平凡社　一九八五年

■『都鄙安逸傳』著者未詳　吉井始子編
　『翻刻　江戸時代料理本集成　第七巻』　臨川書店　一九七八年

■『類聚雑要抄』『群書類従』巻第二六　雑部
　群書類従完成会　一九五九年

■『貞丈雑記』今泉定介、故実叢書刊行賛助者編
　『故実叢書改定増補』　明治図書出版　一九五一年

■『三好筑前守義長朝臣亭江御成之記』『續群書類従』第二三輯下　武家部
　續群書類従完成会　一九七九年

■「酒宴のはじまり」今谷明著『酒宴のかたち』所収
　紀伊国屋　一九九七年

■『當流改正節用料理大全』四条家高嶋著　吉井始子編
　『翻刻　江戸時代料理本集成　第三巻』　臨川書店　一九八〇年

■『茶之湯献立指南』遠藤元閑著　吉井始子編
　『翻刻　江戸時代料理本集成第三巻』　臨川書店　一九八〇年

■『食物服用之巻』『續群書類従』巻第五百六十四　飲食部二
　續群書類従完成会　一九五九年

■『当流料理献立抄』著者不詳　吉井始子編
　『翻刻　江戸時代料理本集成　第六巻』　臨川書店　一九八一年

■「伊勢貞丈『秋草』八抄録」植田啓司著　『飲食史林』第三号　所収
　飲食史林刊行会　一九八一年

■『日本教会史』ジョアン・ロドリゲス著　佐野泰彦他訳
　『大航海時代叢書』九巻　岩波書店　一九六七年

■『當流改正節用料理大全』四条家高嶋著　吉井始子編
　『翻刻　江戸時代料理本集成　第三巻』　臨川書店　一九八〇年

■『式三献　七五三膳部記』『群書類従』巻第五百六十三　飲食部一
　群書類従完成会　一九五九年

■「結城氏新法度」弘治二年十一月二十五日　中世法制史料集（三）

■『料理早指南』一～四編　醍醐山人著　吉井始子編
　『翻刻　江戸時代料理本集成　第六巻』　臨川書店　一九八一年

■『葛原家文書』和歌山県史編さん委員会編
　『和歌山県史　中世史料一』　和歌山県　一九九五年

■『江戸幕府の接待にみられる江戸中期から後期の饗応の形態』
　濱田明美、林淳一著　日本家政学会誌四十巻　一九八九年

■「宗及自會記　天正四年六月四日昼」千宗室編集代表
　『茶道古典全集』第八巻　淡交社　一九七七年

■『世俗立要集』『群書類従』巻第三百六十五　飲食部一
　群書類従完成会　一九五九年

■『万の文反古』井原西鶴著　新日本古典文学大系七七
　岩波書店　一九八九年

■『鈴鹿家記　延元元年六月条』　改訂史籍集覧二四
　臨川書店　一九八四年

■『普茶料理抄』未達著　吉井始子編
　『翻刻　江戸時代料理本集成　第四巻』　臨川書店　一九八〇年

■「紀州徳川家正徳新令」正徳元年「年中料理之次第定法」

■『料理通』八百膳主人著　吉井始子編
『翻刻　江戸時代料理本集成　第十巻』臨川書店　一九八二年

■「須坂領法要の宴席」『長野県立史近世史料編八巻（一）北信地方』
長野県史刊行会

■『素人庖丁』初一二三編　浅野高造著　吉井始子編
『翻刻　江戸時代料理本集成　第七巻』臨川書店　一九八一年

■『居酒屋の誕生』飯野亮一著　筑摩書房　二〇一六年

■『南方録』『茶道古典全集』第四巻　淡交社　一九五六年

■『正法眼蔵　示庫院文』岸沢佳安提唱　正法眼蔵全講所収
大法輪閣　一八七四年

■「近世京都の料理屋」橋爪伸子著『京料理の文化史』所収
思文閣出版　二〇一七年

■『四季献立　会席料理秘嚢抄』幽閑斉著　吉井始子編
『翻刻　江戸時代料理本集成　第十巻』臨川書店　一九八二年

■『会席料理細工庖丁』浅野高造著　吉井始子編
『翻刻　江戸時代料理本集成　第八巻』臨川書店　一九八一年

■『守貞謾稿』喜田川守貞著　朝倉治彦他校訂
東京堂出版　一九九二年

■『食物服用之巻』『續群書類従』巻第五百六十四　飲食部二
續群書類従完成会　一九五九年

■『東京学』石川天崖著　新泉社　一九八六年

■『西洋料理指南』敬学堂主人著　雁金書屋　一八七二年

■『魚類精進早見献立帳』池田東籬著　吉井始子編
『翻刻　江戸時代料理本集成　第九巻』臨川書店　一九八二年

■『精進献立集』初、二編　山音亭著　吉井始子編
『翻刻　江戸時代料理本集成　第九巻』臨川書店　一九八二年

■『当流料理献立抄』著者未詳　吉井始子編
『翻刻　江戸時代料理本集成　第六巻』臨川書店　一九八一年

■『料理献立集』著者未詳　吉井始子編
『翻刻　江戸時代料理本集成　第一巻』臨川書店　一九七八年

■「後水尾院様行幸二條城御献立」
『料理大鑑』第二巻　料理古典研究会　一九五八年

■「何汁何菜の称えと香の物」富成邦彦著『飲食史林』第三号
飲食史林刊行会　一九八一年

■『料理歌仙の組糸』冷月庵谷水著　吉井始子編
『翻刻　江戸時代料理本集成　第三巻』臨川書店　一九八〇年

■『邦訳　日葡辞書』土井忠生、森田武、長南実編訳
岩波書店　一九八〇年

■『書言字考節用集』中田祝夫他著
『書言字考節用集研究並びに索引』影印編　風間書房　一九七三年

■『運歩色葉集』京都大学文学部国語学国文学研究室編
臨川書店　一九八八年

■『料理網目調味抄』嘯夕軒宋堅著　吉井始子編
『翻刻　江戸時代料理本集成　第四巻』臨川書店　一九八〇年

■『當流節用料理大全』四条家高嶋著　吉井始子編
『翻刻　江戸時代料理本集成　第三巻』臨川書店　一九八〇年

■『料理物語』著者不詳　吉井始子編
『翻刻　江戸時代料理本集成　第一巻』臨川書店　一九八〇年

■『江戸料理集』『料理大鑑　二巻』所収　料理古典研究会　一九五八年

■『貞丈雑記』今泉定介、故実叢書刊行賛助者編
『故実叢書改定増補』　明治図書出版　一九五一年
■『松屋會記』『茶道古典全集』第九巻　淡交社　一九五六年
■『茶之湯献立指南』遠藤元閑著　吉井始子編
『翻刻　江戸時代料理本集成　第三巻』　臨川書店　一九八〇年
■「大名の日常食　壬生藩主の御献立帳（文化二年）から」石田節子、松本仲子、湯川晴美著
『國學院大学栃木短期大學紀要第三五号』　二〇〇一年
■「一話一言」太田南畝著　日本随筆大成別巻六　吉川弘文館　一九七九年
■『柳亭記』　柳亭種彦著　日本随筆体制第一期二巻　吉川弘文館　一九七五年
■「三食化研究序説」松野貞彦
『飲食史林』第八号　飲食史林刊行会　一九八六年
■『年玉集』佐藤民之助著　三宅秀、大澤謙二篇　教育新潮研究会　一九一七年
■『江戸の食生活』　原田信男著　岩波書店　二〇〇三年
■『富岡日誌』和田英著　ちくま文庫　筑摩書房　二〇一四年
■「甲紡績会社寄宿舎の一週間の献立表」島薗順次郎著『脚気』　克誠堂　一九二九年
■「日本人の食物を論ず」シュウベ著
「東京医学会雑誌」　一八八七年
■「養育院における大正・昭和期の食生活の変容」
湯川晴美・鈴木隆雄・松本仲子・高橋利恵著
『日本食生活文化調査研究報告集一五』
日本食生活文化財団　一九九八年
■「京城師範付属小学校　給食六日間献立」
京城師範付属小学校同窓会誌「蔦」　一九三八年
■『毎日のお惣菜料理法』　主婦の友社編集局　一九二六年
■『赤堀　和洋料理法』赤堀峰吉著　弘成社出版部　一九二五年
■『食物調理指導書』奈良女子高等師範学校内　佐保會編集　一九三二年
■「四季の一週間の献立」
『料理—基礎から応用まで—』河野貞子、松元文子著　光文社　一九六一年
■「栄養と料理」一、四、七、十月号別冊付録　女子栄養大学出版部　一九六五年
■「栄養と料理」一、四、七、十月号別冊付録　女子栄養大学出版部　一九一四年
『有職故実』下　石村貞吉、嵐義人校訂　講談社学術文庫　一九九七年
『たべもの史話』鈴木晋一著　平凡社　一九八九年
『日本の食事様式』児玉定子著　中公新書　一九八〇年
『和食と日本文化』原田信男著　小学館　二〇〇五年
『日本人はなにを食べてきたか』原田信男著　角川学芸出版　二〇一〇年
『日本料理の歴史』熊倉功夫著　吉川弘文館　二〇〇七年
『和食とは何か』熊倉功夫、江原絢子　思文閣出版　二〇一五年

【コラム　香物からサラダへ】

■『四季漬物塩嘉言』小田原屋主人著
『日本料理秘伝集成』第十四巻　同朋社出版　一九八五年
■『実用百科事典　料理　栄養』　主婦の友社　一九六七年
■「日本の漬物文化—その変遷と特色」朝倉聖子著

国士舘大学博士（学術）甲第四十二号博士論文　二〇一六年

【料理書に見る出汁の変遷】

■『正倉院文書』東京大学史料編纂所編『大日本古文書』（復刻）　東京大学出版会　一九六三年
■『奈良朝食生活の研究』関根真隆著「日本史学研究叢書」　吉川弘文館　一九六九年
■『正倉院文書事項索引』関根真隆編　吉川弘文館　二〇〇一年
■『続日本紀』霊亀一年十月丁丑条　黒板勝美編『新訂／増補国史大系』　吉川弘文館　二〇〇〇年
■『万葉集』高木市之助他校注　日本古典文学大系　岩波書店　一九七四年
■『煮るか蒸すか』佐原真著　『飲食史林』第七号　飲食史林刊行会　一九八五年
■『延喜式』藤原忠平他撰　黒板勝美編『国史大系』　吉川弘文館　一九七五年
■『江家次第』大江匡房著故実叢書二巻　故実叢書編集部編　明治図書出版　一九五三年
■『倭名類聚抄』源順著　正宗敦夫編　風間書房　一九七五年
■『野菜の日本史』青葉高著　八坂書房　一九九一年
■『厨事類記』『群書類従』巻第三百六十四飲食部一　群書類従完成会　一九五九年
■『厨事類記』東横学園女子短期大学女性文化研究所叢書第二輯　影印　一九八七年
■『大草殿より相伝聞書』『群書類従』巻第三百六十七　飲食部四　群書類従完成会　一九五九年
■『色葉字類抄』正宗敦夫編『伊呂波字類抄』日本古典全集（復刊）　日本古典全集刊行会　現代思潮社　一九七八年
■『四條流庖丁書』多治見貞賢著『群書類従』巻第三百六十五　飲食部二　群書類従完成会　一九五九年
■『山内料理書』『續群書類従』巻第五百六十三飲食部一　續群書類従完成会　一九五九年
■『食物服用之巻』小笠原政晴著『續群書類従』巻第五百六十四　飲食部二　續群書類従完成会　一九五九年
■『宗五大草紙』『群書類従』巻第四百十三　武家部十四　群書類従完成会　一九五九年
■『武家調味故実』『群書類従』巻第三百六十六　飲食部三　群書類従完成会　一九五九年
■『庖丁聞書』『群書類従』巻第三百六十六　飲食部三　群書類従完成会　一九五九年
■『庭訓往来』石川松太郎校注　東洋文庫二四二　平凡社　一九七三年
■『南蛮料理書』著者未詳　東北大学狩野文庫所蔵
■「『南蛮料理書』の成立年代について」松本仲子著　日本風俗史学会誌　一二三　一九九六年
■『邦訳　日葡辞書』土井忠生、森田武、長南実編訳　岩波書店　一九八〇年
■『大草家料理書』『群書類従』巻第三百六十六　飲食部三　群書類従完成会　一九五九年
■『りうりの書』川上行蔵校注『飲食史林』創刊号　飲食史林刊行会　一九七九年

■『料理物語』著者未詳　吉井始子編『翻刻　江戸時代料理本集成　第一巻』　臨川書店　一九七八年

■『鈴鹿家記　応永六年六月十日』「改訂史籍集覧」二四　臨川書店　一九八四年

■「料理本あれこれ」平田萬里遠著『近世飲食雑考』所収　個人社　二〇〇四年

■『料理塩梅集』塩見坂梅庵著　松下幸子他校注「古典料理の研究（二）」　千葉大学教育学部研究紀要　第二十五巻　一九七六年

■『古今料理集』著者未詳　吉井始子編『翻刻　江戸時代料理本集成　第二巻』　臨川書店　一九七八年

■『合類日用料理指南抄』無名子著　吉井始子編　『翻刻　江戸時代料理本集成　第一巻』　臨川書店　一九七八年

■『貞丈雑記』今泉定介、故実叢書刊行賛助者編「故実叢書改定増補」　明治図書出版　一九五一年

■『料理網目調味抄』嘯夕軒宋堅著　吉井始子編　『翻刻　江戸時代料理本集成　第四巻』　臨川書店　一九八〇年

■『伝演味玄集』諸星吮潮斉著　松下幸子他校注「古典料理の研究（四）」　千葉大学教育学部研究紀要　第二十五巻　一九七八年

■『黒白精味集』狐松庵養五郎著　松下幸子他校注「古典料理の研究（十三）」　千葉大学教育学部研究紀要　第三十六・七巻　一九八九年

■『料理歌仙の組糸』冷月庵谷水著　吉井始子編　『翻刻　江戸時代料理本集成　第三巻』　臨川書店　一九八〇年

■『鸚鵡籠中記』元禄六年正月二十九日　『名古屋叢書』続編九―一二巻　名古屋市教育委員会　一九六五～九年

■『料理秘伝記』著者未詳　『日本料理法秘伝集成』第十四　同朋社出版　一九八五年

■『料理早指南』一―四編　醍醐山人著　吉井始子編　『翻刻　江戸時代料理本集成　第六巻』　臨川書店　一九八一年

■『素人庖丁』初―三篇　浅野高造著　吉井始子編　『翻刻　江戸時代料理本集成　第七巻』　臨川書店　一九八一年

■『新撰庖丁梯』杉野駁華著　吉井始子編　『翻刻　江戸時代料理本集成　第八巻』　臨川書店　一九八一年

■『精進献立集』初、二篇　山音亭著　吉井始子編　『翻刻　江戸時代料理本集成　第九巻』　臨川書店　一九八一年

■『江戸流行　料理通』八百屋善四郎著　吉井始子編　『翻刻　江戸時代料理本集成　第十巻』　臨川書店　一九八二年

■『寛永十三年『料理物語』について』松下幸子他「古典料理の研究（八）」　千葉大学教育学部研究紀要　第三十一巻　一九八二年

■『魚類精進　早見献立帳』池田東籬著　吉井始子編　『翻刻　江戸時代料理本集成　第九巻』　臨川書店　一九八一年

■『年中番菜録』千馬源吾著　吉井始子編　『翻刻　江戸時代料理本集成　第十巻』　臨川書店　一九八二年

■『四季献立　会席料理秘嚢抄』幽閑斉著吉井始子編　『翻刻　江戸時代料理本集成　第十巻』　臨川書店　一九八二年

■『日用手料理』千馬源吾著　嘉永二年出版　明治十六年補刻　大阪松村久兵衛　一八八三年

■『治庖会　日本料理法』赤堀峰翁　安西古満子共著　大倉書店　一九〇二年

■『素人料理　年中惣菜の仕方』花の屋胡蝶著　玉潤堂　一八九八年

■『食味の真髄を探る』波多野承五郎著　萬里閣書房　一九二九年

■『宇多式　和洋家庭料理法』宇多繁野著　元元堂書房　一九二四年
■『料理の拵へ方五百種』家庭料理講習会編　春盛堂書店　一九二四年
■『家庭料理法』秋穂敬子著　太陽社書店　一九二八年
■『食物調理指導書』奈良女子高等師範学校内　佐保会編　至誠堂　一九三二年
■『日本料理精説』小林梅吉著　芸文社　一九三三年
■『お料理十二ケ月篇』廣部りう・寺島以登代著　至誠堂　一九六一年
■『日本料理独習書』小林完著　主婦の友社　一九五一年
■『日本料理』田村平治著　女子栄養大学出版部　一九六二年
■『料理　考え方と作り方』熊田ムメ著　広島女学院大学家政科研究室　一九六三年
■『現代日本料理法総覧』清水桂一編　第一出版　一九六七年
■『上田フサのおそうざい手ほどき』上田フサ著　女子栄養大学出版部　一九八一年
■『基本調理テキスト』松本仲子著　女子栄養大学調理学研究室　一九九一年
■「昆布出汁の調製と調理適正」甲田道子、松本仲子著　日本調理科学会　第二十三巻　一九九〇年
■「昆布出汁の呈味に関与する成分について」松本仲子・甲田道子・菅原龍幸著　日本食生活学会誌十七巻　一九九六年
■『野崎洋光が考える　美味しい法則』野崎洋光著　池田書店　二〇一六年
■『春夏秋冬　料理大国』北大路魯山人著　淡交新社　一九六〇年
■『市販だしの素の表示成分と嗜好』工藤貴子、松本仲子著　日本食生活学会誌二十五巻　二〇一五年
■『日本料理事物起源』川上行蔵著　岩波書店　二〇〇六年

【コラム　羹　―あつもの―】

■『正倉院文書』東京大学史料編纂所編『大日本古文書』（復刻）　東京大学出版会　一九六三年
■『延喜式』藤原忠平他撰　黒板勝美編『国史大系』　吉川弘文館　一九七五年
■『江家次第』大江匡房著　故実叢書二巻　故実叢書編集部編　明治図書出版　一九五三年
■『倭名類聚抄』源順著　正宗敦夫編纂　風間書房　一九七五年
■『厨事類記』『群書類従』巻第三百六十四　飲食部一　群書類従完成会　一九五九年
■『色葉字類抄』正宗敦夫編『伊呂波字類抄』日本古典全集（復刊）　日本古典全集刊行会　現代思潮社　一九七八年
■『庭訓往来』石川松太郎校注　東洋文庫二四二　平凡社　一九七三年
■『庖丁聞書』『群書類従』巻第三百六十六　飲食部三　群書類従完成会　一九五九年
■『邦訳　日葡辞書』土井忠生、森田武、長南実編訳　岩波書店　一九八〇年
■『東雅』新井白石著　杉本つとむ編著　影印・翻刻　早稲田大学出版部　一九九四年
■『倭訓栞』谷川士清著　三澤薫生編著　勉誠出版　二〇〇八年
■『塵袋』大西清隆校注　平凡社　二〇〇四年
■『料理通』八百屋善四郎著　吉井始子編『翻刻　江戸時代料理本集成』第十巻　臨川書店　一九八一年

おわりに

和食が世界文化遺産に登録されたと聞いて、改めて日本人の食事を振り返ってみることになりました。

世間でも和食に関する関心が高まってゆき、戸惑いつつ論じられていく中で、「和食の献立の基本は一汁三菜である」と「日本料理の基本は出汁である」の二つに集約されていきました。

教科書などにあたってみると「一汁三菜」の献立や「本膳の様式」が散見されますが数冊を比較すると幾分の相違がみられ、また出汁が使われるのは何時ごろから?などの疑問が解ける書物は見当たりませんでした。

「それならば!」と、少しずつ文献を読みはじめてみたものの、その謎ときは予想外の難しさでした。

しかし、あれこれと文献を読み漁っていくなかで、思い染むことに出あうことになりました。

一汁三菜は室町時代に発生した武家の饗宴でとられる食事の様式である本膳の献立です。

日本人はこの本膳の様式を規範として、献立は一汁三菜（香物）を基本とすることに始まり、ご飯は左汁は右と配膳し、お箸は右手に持って、ご飯とおかずは交互に食べてなどなど、献立や給仕、行儀作法など全般を習ってきました。

しかし、現代の生活に、これらの規範を沿わせるのは難しくなっています。

実際、本膳様式のもとの献立構成は「一汁三菜香物」でしたが、醗酵を利用した香物が平成のいま消滅して「一汁三菜」へと変化しています。

大仰にいえば、日本の食事の基本が崩れたということができるでしょう。

香物には、二つの存在意義がありました。

第一義は野菜の保存であり、第二義はご飯のおかずとしての存在です。

宗教的な禁忌もあって動物性食品を忌避してきた食事では、必要な熱量やたんぱく質を主食の米に依存するために、大量のご飯を美味しく食べるには香物が欠かせませんでした。特に副食が少ない場合には、香物が果たす役割が大きかったのです。

しかし、経済的に豊かな食生活では、香物の二つの意義は一気に失われ、さらには、生活習慣病予防を理由に減塩運動が高まって、塩分濃度の高い香物は敬遠されるようになり、低塩の浅漬け風の漬物にとって変わることになりました。

香物は、古代から菜の数に入れないくらいにご飯に寄り添ってきたことを考えると、その香物の消滅を目の当たりにしたことはとりわけ感慨深く思われたことです。心寂しい一事になりました。

また、ひとつ加えるなら、本来の饗宴は、まず、食事をすませてから酒宴に移るという食事主導型であったのが、幕末ころからこの順序が逆転し、酒盛りの後に食事をとるという飲酒主導型に変化して、食事が軽んじられることになりました。

ひいては酒肴を主とする料亭料理を上位、家庭の惣菜やその調理法を下位にみる風潮が生じたのではないかとも思うのです。

出汁を中心に汁・菜のあとを追ってみると、出汁の出現は一五〇〇年まで待たねばなりませんが、汁、茹、蒸、焼、鱠などの調理法に関する語彙はすでに正倉院文書に見え、室町時代には日本料理としての形が整い、江戸時代に醤油が加わって多彩となり、それが現在まで脈略と受け継がれています。

話が飛躍しますが、近年、魚と肉類の消費量が逆転し、油の使用量が増加する現状において、日本の食事は洋風化の波に飲み込まれてしまうと危惧する向きが強くなっています。

確かに乳類や卵、肉類など洋風食材の摂取は増加しましたが、それらの食材は、実は、どこかで和風に調理されています。

料亭の吸物の至福の味は、出汁そのものであることは紛れないことですが、食卓に並ぶ日本料理の特徴は、出汁のみによるのではなく、四季折々の豊かな食材に出汁や醗酵を伴う多種類の調味料をさまざまに組み合わせる多様性にあることを見てきました。

こうして、その多様な味に馴染んできたことが、繊細な味覚を育み、外来の味をも容易に受容してきたのでしょう。生活に応じて嗜好は変化し、いまは油を取り込んだ料理へと志向していますが、日本料理の域内での変容であることがみて取れ、安堵感を覚えるのです。

一方で、気がかりなことがないわけではありません。

ここへきて、出汁への関心は一気に高まったものの、実際には出汁の素への依存度が高いのが現状です。その出汁の素は、昆布、鰹節以外の多種の添加物が加えられて、本来の出汁の味とは異なるものになっています。こうした実状と「出汁への関心」をどのように考えればよいのでしょう。

日本の食事を通してみること進めるうちに、とりわけ敗戦とそれに続く高度経済成長を機に、「食べること」が大きく変化したように思われました。

かつては非日常の〝ハレ〟の日の御馳走と日常の〝ケ〟の粗食がはっきりと区分されていましたが、もとはハレの日の食事であった御馳走がごく日常の食事になったのもその一つです。

ハレの食事の原点は，人が神に願いあるいはその成就を感謝して供する神饌であり、更には、神人が共食して神をもてなす宴で、節供には行事の意義が込められ、意味を持つ食事でした。

正月の祝肴でも、ごまめには五穀豊穣、数の子には子孫繁栄、黒豆には健康長寿の祈りを込めたものでしたが、その願はいずれも充分過ぎるほどに叶ってしまい、今では、願が叶ったことへの御礼の気持ちを込めるものになったといえるでしょう。

日本人の誰もが白米のご飯を食べることができるようになったのも、敗戦後の混乱期には外国からの食料援助を受けて子供たちの成長が助けられたのも、僅か七十年前のことにすぎません。

食べものが十分でなかったころは、食べ物を口にすると「美味しい」ということが、多かったのですが、近ごろは「甘すぎる」、「まだ硬い」などと分析して、まずさを指摘することが多くなっているように感じます。

いまは、単に「美味いしい」か、「栄養がある」かの二点で食べ物を評価していますが、日本の食文化を大切に、食べることの意義や、食卓を囲むことの大切さ、そして行儀作法などにも関心をむけてほしいと思ったことです。

本書では「ご馳走の文化史」とタイトルに添え書きしました。

「ご馳走」には、豪華な食事ということの他に、もてなしの意味があります。

しかし、ここでは日々の「心を尽くしての食事」と受け止めていただけると幸いに思います。

ハレの食事が、ごく日常のケの食事になってきたこともありますが、日々頂く食事への感謝の念を忘れないでほしいとの願いもあります。

食の生活に余裕ができて、人々の間に漸く文化へと関心が持たれはじめましたが、論文や雑誌記事などには、孫引きの記載が目立つようになりました。そうした現状に、料理についての原典を読む必要があるのではとお考えになった平田萬里遠氏は、川上行蔵先生をお迎えして、「江戸時代料理本原典研究会」を立ち上げて下さいました。ほかに学ぶところもなかったころですから、岡山や関西からも多くの方が参加され、やがては松下幸子先生をはじめとして、食文化関係の執筆や教育の場でご活躍なさいます方々が散見されるようになりました。が、非常なご苦労のなかで會を立ち上げ、また『飲食史林』を刊行された平田萬里遠氏の成果が、いつしか忘られていきますのをかねがね勿体なく思ってまいりましたので、ここに書き留めさせていただきました。会は、川上先生亡きあと、鈴木晋一先生を中心に他の先生方のご講演もいただきながら三十六年間続きました。会場の関係から終始雑用を務めてきましたが、思えば、食文化についてのすべてはこの間に学ばせていただいたといってよく、大きな学恩を賜りましたことに深謝いたします。

また、野崎洋光氏には、かねてより調理の面で様々お教えをいただいてまいりましたが、探究心の旺盛さ、知識の広さには感心致しますばかりでございます。この度は、過分の帯文を賜り、有難うございました。

終りになりましたが、編集部の安齋利晃様には、構成から校正まで細部にわたって貴重なご教示、ご助言をいただきどうにか上梓することが出来ました。衷心から厚く御礼申し上げます。

平成三十年師走

松本仲子

著者紹介

松本仲子（まつもと　なかこ）

＜著者略歴＞

1936年生まれ。

聖徳大学大学院人間栄養学研究科兼任講師。

1974から2006年まで、女子栄養大学、大学院において「調理学」を担当。

2006から2012年まで、桐生大学において「調理学」「食文化論」を担当。

1999年より、聖徳大学大学院人間栄養学研究科兼任講師として「食文化特論」を担当して現在にいたる。

＜主要論文＞

『大名の日常食 壬生藩主の御献立帳（文化二年）から』右田節子、湯川晴美共著／國學院大学栃木短期大學紀要第三五号（2001年）／『市販だしの素の表示成分と嗜好』工藤貴子共著　日本食生活学会誌二十五巻（2015年）。

2018年12月25日　初版発行　《検印省略》

◇生活文化史選書◇

日本食《にほんしょく》と出汁《だし》—ご馳走《ちそう》の文化史《ぶんかし》—

著　者　松本仲子

発行者　宮田哲男

発行所　株式会社 雄山閣

〒102-0071　東京都千代田区富士見2-6-9

TEL　03-3262-3231／FAX　03-3262-6938

URL　http://www.yuzankaku.co.jp

e-mail　info@yuzankaku.co.jp

振　替：00130-5-1685

印刷／製本　株式会社ティーケー出版印刷

ISBN978-4-639-02617-4 C3077

N.D.C.383　264p　21cm